WAC BUNKO

渡部昇一の昭和史 (正)

新装版

渡部昇一

WAC

㊣新装版への序――「東京裁判史観」に呪縛された「半藤史観」を超克しよう

「日本民族は昔から平和的な民族であったと思っている。戦争ができる国になれるように憲法を変えろ、なんて声が高くなるたびに、この人はことによったら日本人じゃないのかな、なんて思ったりする」

二〇二一年一月に、昭和史家として名高い半藤一利さんが亡くなりました。亡くなった直後、しばらくの間、書店には「追悼・半藤一利特集」ということで、半藤さんの数々の著作が並べられました。また遺著『歴史探偵　忘れ残りの記』（文春新書）も二月には刊行されました。この本の中で、半藤さんは右のような驚くべき発言をしていました。

憲法九条改正を主張する人を「日本人じゃない」とまで罵《ののし》っているのです。この論理は、護憲一点張りの進歩的文化人や左翼政党の屁理屈を想起させられます。だからでしょうか、半藤さんを追悼する記事は「しんぶん赤旗日曜版」（二〇二一年二月二十一日付け）でも、好意的に大きく報じられていました。

四年前の二〇一七年四月に亡くなられた渡部昇一さんと半藤さんとは同い年でした。ちなみに渡部さんは積極的な9条改憲論者でもありました。その渡部さんは、生前、「本当のことがわかる昭和史」(イマジニアーテンミニッツTV)で、半藤一利氏の『昭和史』(平凡社)について、以下のような批判をされていました。

作家の半藤一利氏が書いた『昭和史』(平凡社)は大変によく売れた本だ。昭和元年から敗戦までと戦後篇の2冊があるが、2015年現在で累計70万部を超えるベストセラーになっている。昭和史としては日本で最も多く読まれた書の一つともいえるだろう。私は半藤氏をよく存じ上げている。彼が月刊誌『文藝春秋』の編集長を務めていた頃、企画などをよく頼まれていたのだ。半藤氏は教養あるジェントルマンで、奥さんは夏目漱石のお孫さんである。私と同い年で、大東亜戦争にも大変興味を持っており、戦後、司馬遼太郎氏をはじめ、いろいろな人と交流を持ちつつ多くの関係者に取材し聞き書きを行なっておられる。だから、半藤氏の『昭和史』に書かれていることは、時代の一面を非常にうまく切り取っている。口述を文章にまとめたものだから、とても読みやすく、面白いエピソードも数多く入っている。どの話も事実であろう。

だがしかし、そうであるがゆえに、ある意味で危険ともいえる面がある。そのことを、本書の冒頭でぜひ示しておく必要がある。

私の見るところ、半藤氏は終始、いわゆる「東京裁判史観」に立っておられる。つまり、東京裁判が日本人に示した(言葉を選ばずにいえば、日本人に「押し付けようとした」)歴史観の矩《のり》を一切踰《こ》えていない。戦後、占領軍の命令で、東京裁判(極東国際軍事裁判、昭和21年〈1946〉~23年〈1948〉)のためにあらゆる史料が集められた。それがあまりに膨大なものであったため、それらの史料こそが「客観的かつ科学的な歴史」の源であり、それらなしには二度と昭和史の本を書くことができないような印象さえ世間に与えた。

だが、実はこの「客観的かつ科学的」というのが、大きな偽りなのである。一般にはあまり知られてこなかったことではあるが、終戦直後に、7千点を超える書籍が「宣伝用刊行物」と指定されて禁書とされ、GHQの手で秘密裏に没収されている。その状況については、現在、西尾幹二氏が著作を発表されておられる。また、当時の日本人の多くが気づかないうちに、戦後のメディア報道はきわめて厳重に検閲され、コントロールされていた。そのことについては、江藤淳氏の労作をはじめ、さまざまな研究がなされている。さらに、これは気をつけなくてはならない点だが、そのような状況下で「歴史観」がつくられていくと、実際に体験をした人の「記憶」も巧妙に書き換えられていくのである。

なぜなら、全体を見渡せるような立場にいた人は少ないからだ。自分が経験したことは、大きな時代の流れの一局面にすぎない。だから、外から「実はお前がやらされていたことは、こういう動きの一部分なのだ」と指摘されると、「そんなものかなあ」と思わされてしまうことも多い。

また、それに輪をかけて気をつけなくてはいけないのが、実際に体験した人々の話を編集したり、聞き書きする人の歴史観である。体験談は多くの場合、もちろん編集者の目を経て発表される。しかも体験者はプロの書き手ではないから、誰かに聞き書きをしてもらうことも多い。その編集者や、体験談をまとめる書き手が一定の歴史観に縛られていたとすれば、残された「記録」の方向性に大きなバイアスがかかってしまうのである。戦後のメディアの「言論空間」の中では、編集者や書き手の歴史観が、大きく東京裁判に影響されたことはいうまでもない（以下略）。

「東京裁判史観」に束縛・呪縛された「半藤史観」で、昭和史の解釈が一面的になるのは危険です。「東京裁判史観」を超克した「渡部史観」こそが、これからの令和の時代を生き抜く日本人にとって必要不可欠な視座ではないでしょうか。それ故に、二〇〇八年に小社より刊行された『渡部昇一の昭和史㊤改訂版』を新装版として復刊する次第です。

二〇二一年（令和三年）四月

ワック出版編集部

改訂版まえがき

この前の戦争のことを何と言うべきか、ということが時々話題になる。日本人の立場から言えば「大東亜戦争《だいとうあせんそう》」である。これは昭和十六年（一九四一年）十二月十二日の閣議によって、「今次の対米英戦は、シナ事変をも含め大東亜戦争と呼称す」と決められたからである。

これに対してアメリカでは「太平洋戦争《ザ・パシフィック・ウオー》」と言っている。そして戦後日本を占領したアメリカ軍総司令部（General Headquarters を略してGHQと言っていた）は「大東亜戦争」という言葉を公文書に使用することを禁止した。すると文部省は次官通達で「大東亜戦争」という言葉を禁止した。もっとも当時の日本政府は、「今次大戦《こんじたいせん》」という言い方をした。

しかし考えてみると、日本が戦場としたところはシナ大陸に始まり、マレー半島、ビルマ、インド（コヒマは印度）、インドネシア（オランダ領東インド諸島＝蘭印）であり、戦争末期には満蒙（モンゴル、満洲＝中国東北部）まで含んでいた。この広大なアジアの戦場を「太平洋戦争」と言うのは無理であろう。それにイギリスの東洋艦隊は太平洋ではなくマレー半島沖とインド洋で撃滅されているのだ。

「太平洋戦争」と言うのは占領軍の主観、つまりアメリカが戦場と考えていた場所を取って命名したものである。それでも「大東亜戦争」という呼び方――日本政府の正式の名称――は印刷された文字で今日見ることは稀で、占領時代のように「太平洋戦争」が横行している。それに違和感のある人は「この前の戦争」と言っているようだが、これは東久邇宮《ひがしくにのみや》内閣の頃の「今次大戦」の系統をひいていると言えよう。

満洲事変、シナ事変、ノモンハン事件なども含めて「太平洋戦争」と命名したところに当時のアメリカの戦争観が見えるが、日本から言えば勝手な話である。典型的な大陸の戦争であったシナ事変にアメリカがあれほど介入しなかったならば、――蔣介石に対するアメリカの軍事援助は中立国としての立場を超えたものであったとパル判事も指摘している――太平洋の戦争に日本が突入することは絶対になかったであろう。アメリカの「今次大戦」に対する見方は偏見に満ちていた。その偏見と人種差別を丸出しにしたのが極東国際軍事裁判（東京裁判）であったのである。

東京裁判は「文明の裁判であり、今後、戦争をなくするためのものであるから、従来の国際法に準拠しないところがあってもかまわない。むしろ新しい国際法のもとになるはずのものだ」と言わんばかりの主旨で行われたのである。このような見解に対し、横田喜三郎氏（当時東京裁判の翻訳担当）のように、賛意を示す学者も出た。横田氏は後に東京大学法学部の国際法担当の教授になり、さらに最高裁長官となり、文化勲章も授与された。これは典型的な例である。

戦後の日本の言論界や法曹界やマスコミ界において東京裁判史観が主流であったのも無理はない状況であったと言えよう。

しかし東京裁判の判決文のインクもろくに乾かないうちに朝鮮戦争が勃発し、東京裁判の判事を出した国同士が対立して戦うことになった。次いでベトナム戦争、中ソ国境紛争など、戦争はなくならなかった。しかも東京裁判条例《チャーター》を出した責任者であるマッカーサー元帥自身が公式の場で「日本人が戦争に突入したのは主として自衛のため余儀なくされたものであった」と証言した。東京裁判のA級戦犯と言われた人たちは、侵略戦争の共同謀議者ということであった。しかしマッカーサー自身が日本人の戦争を自衛戦争と認めている以上、A級戦犯という罪状項目は昭和二十六年（一九五一）に消えているわけである。それなのにまだA級戦犯を問題にする人や国がある。何たる不勉強な話だろう。

最近はかなり公正な歴史観も出てきたが、まだまだである。東京裁判のワクの中で、誰がこうしたから悪かったとか、誰がああした人事をしたから悪かったとか細かに議論している。その分野では面白い話もあるが、つまりは東京裁判の正当性を認めたワク内で敗戦に至るまでの日本国内の政治や軍事の人間問題が中心である。小林よしのり氏はこういう歴史の話を「蛸壺《たこつぼ》史観」と言ったが、うまい名称だと思う。

ヒトラーがニュールンベルク裁判に宣誓供述書を出していたら、それに言及せずに前の欧州大戦を論ずる人はないであろう。ところが日本では昭和史を書く人で東條大将の宣誓供述書をまともに取り上げている人が少なくとも私の目にはとまらない。法廷の宣誓供述書は事実の嘘を書くわけにはいかない。すぐ検事側からの反撃があるからだ。その供述書の中で東條大将は「日本は常に受身であった」ということを述べている。相手が何かしたので対抗策としてやらなければならなかったということの連続である。東條大将の言い分をすべて認めない人でも、東條内閣が戦争を回避する目的で成立した内閣であることを認めないわけにはいかない。キーナン首席検事と東條被告のやりとりは、東條の完勝であったと外人記者も認めるほどのものであった。

そうすると東京裁判を見る時も、日本の国内の人間の動きだけを蛸壺的に見るだけでなく、そういう状況を日本に起こさせるには、どういう国際的圧力、あるいは力学が働いていたかを考慮に入れなければなるまい。私自身の記憶でも、日本はだんだん首を絞められてきているという感じだったので、真珠湾攻撃を聞いた時は晴々とした気持ちになった（当時の人は有名作家でも多くはそう思っていたことが今日では明らかになっている）。真珠湾攻撃とは、首を絞められて落ちそうになっている人、つまり気絶寸前の人が、相手にパンチを食らわせるようなものだったという実感がある。

ところが戦後の日本は、東京裁判の検事側論告の見方ばかりが横行しているように思われた。その風潮に逆らって私が今から十五年ほど前に書いたのが本書である。それから種々の資料も公開されたり、細かい研究の進んだ分野も多い。しかし私の言いたいことの本筋を変える必要もなかったし、嘘だというところもなかった。したがって改めて訂正することもなく新しい読者に提供することができることを嬉しく思っている。

平成二十年九月

渡部昇一

〔附記〕本書中、「シナ」と「中国」は区別して用いた。「中国」は中華人民共和国あるいは中華民国の略称として解すべきであって、地理的・文化的概念として用いるには不適である。そこで、地理的概念、あるいは諸王朝を通じての民族・文化的概念を指す場合には、英語の「チャイナ」に相当する「シナ」の語を用いた。そもそも「中国」という語は、東夷《とうい》・西戎《せいじゅう》・北狄《ほくてき》・南蛮《なんばん》といった蔑称に対する概念として用いられる美称であり、日本においては拒否されるべきである。

また、「コリア」という語は、主として現在の北朝鮮、大韓民国双方を含んで述べる場合や、地理的概念として言う場合に用いた。

新装版

渡部昇一の昭和史㊣

◎目次

第2章 日清・日露戦争の世界史的意義 93

――「祖国防衛戦争」の真実

第3章 なぜ「太平洋戦争」に至ったか 193

――浮上した両翼の「社会主義」思想

装幀／須川貴久（WAC装幀室）

序章

さらば、亡国史観

――東京裁判が抹殺した「日本の言い分」

いつまで謝りつづけるのか日本

平成六年（一九九四）八月、東南アジアを歴訪した村山富市《とみいち》首相に対して、マレーシアのマハティール首相が「日本が五十年も前に起きた戦争を謝りつづけることは理解できない」という趣旨のことを言われた。このことは、日本の一部マスコミも報じたから、ご記憶の方も多いだろう。

また、マハティール首相は「日本に対して、今さら戦後賠償を求めるようなことは、わがマレーシア国民にはさせない」ということも語ったという。

このマハティール発言に対して、わが村山首相は何の言葉も返せなかった。なぜなら、村山首相の東南アジア訪問の最大の目的は、これらの国々に対する「謝罪外交」であったからである。〝日本の侵略戦争〟のお詫びをするつもりで行ったら、相手から「過去の話は、もううんざりだ」と言われたのだから、社会党の村山首相が黙してしまったのも当然のことだ。

同じことは、同じころに東南アジアを回った土井たか子衆議院議長に対しても起こった。外国の、しかも、かつて戦場となった東南アジアの国家元首から「過去の謝罪よりも将来のことを話し合おう」と言われたことは、日本の政府がこれまで行なってきた〝謝罪外交〟が、いかに奇妙な、理屈に合わないものであったかを、端的に示している。

これまで、アジアに対する日本外交の基本は徹頭徹尾、「謝罪」であったことは間違いない。

村山・土井両氏の東南アジア歴訪前後だけでも、平成六年五月には永野茂門《しげと》法務大臣が「南《ナン》京《キン》大虐殺はデッチ上げだ」という趣旨の話を毎日新聞の記者に語ったと報じられて、当時の羽《は》田《た》内閣は世界中に平身低頭、お詫びをすることになった。

さらに、それから三カ月経《た》った平成六年八月には、村山内閣の環境庁長官・桜井新《しん》氏が、「日本も侵略戦争をしようと思って戦争を始めたわけではない」と発言したことが問題となり、各国政府に謝罪に回ることになった。

しかし、ここで考えてほしいのは、はたして、いま日本の首相がアメリカを訪れたとして、「真珠湾攻撃は申し訳なかった」という言葉から外交交渉が始まるか、ということである。また、逆にアメリカの大統領や政府高官が日本に来て貿易問題の交渉をするときに、B29による無差別爆撃や原爆投下を謝ることから始めるか、ということである。あるいは、日本の首相がイギリスを訪問したときに、「第二次大戦のときに英領シンガポールを陥落させて申し訳なかった」と言うであろうか。

もちろん、日本の首相もアメリカの大統領も、そんな謝罪はしない。

戦後処理は解決済みの問題だ

外交というのは、マハティール首相が指摘したように、将来のことを話し合うために行なうものである。半世紀も前のことに言及する必要はない。

いや、そもそも過去の問題についてすでに決着がついているからこそ、外交関係があるのだ。過去の経緯にたいして、どちらか一方が今なお不満に思い、絶対に許せないと考えていたら、国交はありえない。

日米間の戦後の外交関係が、昭和二十六年（一九五一）に結ばれた平和条約（サンフランシスコ講和条約）から始まるというのは、そういう意味なのである。この平和条約締結によって、賠償問題を含めた戦後処理はすべて解決したのであるから、今日、日本の首相もアメリカの大統領も、外交の場において過去のことを持ち出さない。

ところが、同じ外交であっても、ことアジアの諸国となると話が違ってくるのは、どうしたことであろうか。

たとえば、日本と韓国との間では、当時の佐藤内閣と朴正熙《ぼくせいき》政権が昭和四十年（一九六五）に日韓基本条約を結んでいるにもかかわらず、現在でも日本は、まず過去に対する謝罪から対韓外交がスタートすることになっている。

また、中華民国とは昭和二十七年（一九五二）に日華平和条約が結ばれた。さらに国際的に中華民国の正統的後継政権と認められた中華人民共和国との間には、昭和四十七年（一九七二）に当時の田中首相が訪中して、いわゆる日中共同宣言を発表して国交を正常化し、その後、昭和五十三年（一九七八）に日中平和友好条約が締結されている。しかし、これもまた、日本は中国に対して今なお謝りつづけている。

これは言うまでもなく、日本側がコリアおよびシナに対して、戦後ずっと罪の意識を持ちつづけてきたということが大きい。中国や韓国がすでに決着したはずの戦後処理の問題を今なお持ち出し、また謝罪を求めるのも、そうした無理な要求を容認する空気が、そもそも日本側にあるからである。

むしろ、中国のほうが道理をわきまえていて、先の永野発言でも、江沢民《こうたくみん》国家主席は「未来に向かってわれわれは進もう」と言っている。中国の主席ですら、このような冷静な見方をしているというのに、日本では、首相自らが中国に謝罪の親書を送るという愚かしい対応をする。

一方の韓国には、いわゆる従軍慰安婦問題など、日本の戦争責任を求める人たちが今なお多いが、これは国家間の条約についての理解が彼らに不足しているだけにすぎない。韓国は、長年にわたりシナの属国であり、また、二十世紀前半においては日本に併合されていた。主権国としての外交経験は短かった。

だから、すでに結ばれている条約を無視するような勢力がいるのだが、それは本来、許されないことなのである。

最大の問題は「反日的日本人」

平和条約というのは、いうなれば「示談」のようなものである。

われわれの日常生活で揉め事があった場合、それを解決する手段としては、裁判所に訴える、つまり訴訟を起こすか、双方で話し合って示談にするという二つの選択肢が考えられる。

しかし、これが国家間の紛争となると、訴訟に持ち込むことはできない。だから、当事者どうしが話し合って、示談にするしかないのである（もちろん、国際司法裁判所が国連にあるが、これは一般の裁判所と違って、その決定に絶対的な強制力はない）。戦争して講和するということは、示談で双方が納得したということである。

そして、示談がいったん結ばれたら、その後は問題を蒸し返さないというのが近代社会の常識である。一般生活において、交通事故の示談が成立したのに、まだゴネて慰謝料を要求するというのは、普通の市民のやることではない。否《いな》、暴力団だってやらないことではないか。日韓基本条約や日中平和友好条約が結ばれたということは、まさに示談が成立したという意味なのである。

実際、昭和四十年の日韓基本条約においては、日本が総額八億ドル以上の経済援助資金を提供する代わりに、韓国側はいっさいの対日請求権を放棄することを確約している。また、日中間においても、平和友好条約に先立つ日中共同宣言において、戦争賠償の請求を放棄すると中国政府は明言しているのである。

だから、個々人の歴史観はさておき、少なくとも国家間の交渉においては、日本も韓国も中国も過去のことを持ち出す必要はないし、それをしてはならない。

といっても、私はここで諸外国の反日的勢力のことを非難しようというのではない。賠償金を求める韓国の人たちには、条約の意味を知ってほしいと願っているが、それ以上に問題なのは、日本国内にいる「反日的日本人」である。

たとえば、よく言われることだが、永野発言のようなことがあると、日本の記者たちが中国外務省に〝ご注進〟に飛んでいき、「この問題発言に対して中国側はどう思うか」と質問するというのが、毎回のパターンらしい。聞かれた中国高官にしてみれば「遺憾である」と答えるしかないのだが、それを日本のマスコミは「中国が不快感」と大々的に報じる。これを世間ではマッチ・ポンプというのではないか。

さらに韓国の慰安婦問題にしても、元慰安婦であったという韓国女性が現われ、彼女が日本に来て記者会見をする背後にも、それを積極的に援助している日本人グループがあるらしい。

こうした「反日的日本人」たちがいるかぎり、相手の国から「うんざりだ」と言われようと、日本の首相が戦争責任を謝りつづけるということは終わらないのではないか。しかし、それはけっして日本のためにも、相手の国のためにもならない。百害あって一利もないとは、まさにこのことである。

東京裁判の実体は復讐の儀式

何度も繰り返して言うが、国家間に友好条約が存在するというのは、過去のことについて示談が成立したということである。そして、示談という言葉からただちに分かるように、当事者双方に言い分があったということである。

子どもどうしの喧嘩ならいざ知らず、およそ国家と国家が戦争状態に入るというに当たっては、開戦に至るまでの経緯があり、また、開戦するうえでの言い分があったはずである。

もちろん、だからと言って、私は戦前の日本を全面的に擁護するというわけではない。しかし、どのような言い分があって開戦の止《や》むなきにいたったかということについて、少なくとも日本人だけは知っておく必要があるのではないかと思う。

ところが、戦後日本では今日に至るまで、こうした〝言い分〟について話したり書いたりすることが、一種のタブーとなってきた。戦前の日本が行なった行為はすべて悪であり、弁護の余地はないと言わねばば、その人は教育界や言論界に身を置くことができないような状況が続いてきた。先ほどのような「反日的日本人」が横行することとなったのも、そのためである。

いったい、このような状況がいつから生まれたのか。やはり、その最大の原因は、敗戦直後に行なわれた東京裁判に求められるであろう。

二年七カ月に及んだ東京裁判において、戦争指導者として二十五名がA級戦犯とされたわけだが、〝戦前の日本〟イコール〝犯罪国家〟という印象は、この裁判によって内外に広められ、それが戦後日本の思想と教育の大筋になってしまった。

しかし、この東京裁判ほど、非文明的な裁判はないと言っていい。

東京裁判とは、正式には「極東国際軍事裁判」という。国際という名称があるから、何か国際法に基づいたものだと思っている人も多いが、それはまったくの誤解である。この裁判の根拠となっているのは、占領軍が公判直前にこしらえた「極東軍事裁判所条例」（昭和二十一年一月十九日布告）という一片の文書にすぎない。

それどころか、裁判官と検事がグルになっているのだから、これは裁判と呼べる代物《しろもの》ですらない。検事がすべて戦勝国の人間であるというのはまだしも、裁判官もすべて戦勝国か、その植民地国の出身で、中立国の人は一人もいないのだ。つまり、これは裁判という名を借りた復讐の儀式だったのである。

たとえて言ってみれば、暴力団Aと暴力団Bが抗争し、A暴力団が勝った。そのAという暴力団の若頭《わかがしら》十数人がB暴力団の幹部を裁いたとすれば、それがそっくり東京裁判の構造だと思えばよい。何しろ中立の裁判官を入れるという発想がなかったからである。

石原将軍のいない東京裁判

この東京裁判を思うとき、私にはかならず思い出されることがある。それは、あの満洲国建国の中心的存在として知られる石原莞爾《かんじ》将軍の話だ。

たまたま石原将軍は私と郷里が同じで、旧制中学でも先輩に当たる。だから、子どものころから将軍の話はよく聞かされたものである。

その石原将軍が、敗戦後、郷里に隠棲《いんせい》されることになった。なにしろ、田舎《いなか》のことであるから、将軍の日常生活について、私もいろいろな噂を聞いた。中学の同級生の一人は石原将軍の結成した東亜連盟の会員であり、私の姉の一人もどういうわけか敗戦直後、東亜連盟のバッジを着けていた。その中で、私がたいへん印象深く思ったのは、隠棲中の将軍がつねに昂然《こうぜん》としておられるという、周辺の人たちの話であった。

そのころは、すでに東京裁判が始まっていた。政治家や軍人はもとより、普通の日本人でさえ戦争犯罪で捕まえられるのではないかと脅《おび》えていた時代に、石原将軍は平然と過ごされているという。聞くところによれば、石原将軍は周囲にこう言っておられたそうである。

「満洲国を作ったのは自分である。その人間を呼ばないで、どうして戦犯裁判などが始められようか。私のいない東京裁判（極東国際軍事裁判）など、滑稽《こっけい》のきわみである」と。

なるほど、石原将軍の言うことは、しごくもっともな話である。

満洲国建国が悪質な犯罪であるならば、その首謀者こそ、まず訴追されるべき人物であろう。満洲国のことについて石原将軍しか知らない情報もたくさんあるはずだから、何をおいても石原将軍を戦犯として指定し、法廷に呼ばなければ、これは話にならない。しかも、関東軍において石原将軍と並び称せられた板垣征四郎将軍はA級戦犯として訴えられ、のちに死刑になっているのである。

ところが、極東軍事法廷の検察団は、石原将軍を訴追するどころか、審問しようともしないのである（結局、本人の要求も無視できず、のちに出張審問が行なわれたが、それはまことに形式的なものに終わったようである）。

この点だけを見ても、東京裁判が滑稽な裁判であったことは明白であろう。

たしかに、当時の石原将軍は病気を患《わずら》っていた。彼が訴追リストから外されたのは、そのことが理由とされていたようだが、だからといって発言できないような体調ではなかった（石原将軍は東京裁判の開始から三年後、すなわち裁判終結の翌年に六十歳で死亡）。いったい、なぜ連合国は将軍を法廷に呼ばなかったのであろうか。

巷間《こうかん》伝わるところによれば、将軍は「もし証言台に立てるのであれば、裁判官や検事たちに堂々と〝日本の言い分〟を述べてやるのだが」という趣旨のことを語っておられたという。

石原莞爾といえば、日本陸軍最高の理論家と言われ、欧州戦史を独自分析して『最終戦争論』という本を書いた人である。

おそらく、将軍が東京裁判に出廷したら、その当時の日本が置かれていた国際情勢から説き起こして、日本の立場を説明してくれたのではないか。

もちろん、もしそんな証言をされれば、連合国はたいへん困ったことになったであろう。

そもそも東京裁判は、「日本は犯罪行為を犯したか」ということを調べるための裁判でなく、最初から断罪するつもりで始めたものである。それを今さら、被告の言い分など堂々と聞かされては、たまるまい。石原将軍が訴追されなかった背景には、そういう判断もあったと思われる。

「勝者の言い分」だけが残った

かくのごとく、東京裁判はお粗末な裁判であったが、この裁判が戦後日本に残した影響はまことに大きい。

ことに教育界においては、「日本は犯罪国家であった」という〝勝者の言い分〟のみを子どもたちに教え、〝負けた側の言い分〟については、いっさいと言っていいほど教えてこなかった。

しかも「日本人には自国に対し罪悪感を持たせるようにすべし」というマッカーサー司令部の指令が徹底的に実行された。このことが、どれだけ日本に損失を与えたかは、計りしれない。言ってみれば、物心つかないうちから「おまえの父親も、おじいさんも極悪人であった」とだけ言い聞かせて育てるようなものではないか。

たとえそれが事実であったとしても、そんなことだけを吹き込まれて育った子どもが、はたしてアイデンティティ（自分らしさ）を持ちうるだろうか。また、そういう教育を受けることが幸福と言えるのであろうか。やはり、バランスだけを考えても、「当時の日本の言い分はこうであった」、「当時の日本にとって、世界はこのような環境であった」ということを伝えていく必要があるのではないか。

本書はささやかなものにすぎないが、どのような経緯から日本が戦争に突入していったのか、なぜ開戦せざるを得なかったのか、その大筋を述べてみたい。つまり、それは、日本の立場から見た現代史ということである。

では、「日本から見た現代史」ということを、どの時代から始めるのが適当か。それは、やはり明治維新から見ていくべきであろう。戦前の日本のそもそもの原点は明治維新であり、明治維新が分からないかぎり、昭和という時代も、そしてあの戦争の意味も分からないというのが私の理解である。

ペリーから始まる日本近代史

そういえば、石原将軍は隠棲中、「なに、元を質《ただ》せば一番悪いのはアメリカだ。そもそもペリーが来なければ、日本は今だって鎖国していたはずだからな」と、いつも言っておられたそうである。

読者には「日本の戦争は黒船のせいだ」というと極論に聞こえるかもしれない。

黒船が浦賀に来たことから日本の近代化が始まったのだから、結果論から言えば、そのことは高く評価されるべきことではある。しかし、考えてみれば、ペリーの太平洋艦隊は大砲で脅《おど》し上げて日本の開国を迫ったのだ。これは、まさに暴力外交、砲艦外交以外の何ものでもない。

そしてさらに考えてみれば、アメリカが暴力的外交を行なった背景には、そうしたことを是《ぜ》とする雰囲気が、当時の国際社会――つまり白人社会ということであるが――にあったということでもある。

そもそもペリー来航の目的には、日本を植民地にしようというような侵略的なところは、どこにもなかった。単にアメリカの捕鯨船団の補給基地を日本に作りたかっただけである。だが、このような平和的意図を持ったアメリカ海軍ですら、強圧的な手段で開国を迫ったということに、当時の白人社会の雰囲気がよく現われている。

それは、白人優越意識といってもいいであろう。つまり、黄色人種に対しては少々乱暴なことをしてもいい、大砲で脅し上げてもかまわないという気持ちが、あのような砲艦外交をさせたと見るのは、けっして間違ってはいまい。

当時の世界を見れば、これは紛《まご》う方《かた》なき〝白人の天下〟である。

コロンブス以来、白人たちは圧倒的な火力を背景に世界中を席巻しつづけた。それは、全地球を覆わんとするほどの勢いであった。たとえばイギリスは、インドを手始めに、マレー、ビルマ（ミャンマー）、ボルネオと進み、アヘン戦争に見るように、シナ本国にも触手を伸ばすという状況である。また、シベリアを東進していたロシア帝国はついに太平洋岸に至り、彼もまたシナを虎視《こし》眈々《たんたん》と狙っていた。まさに白人の前には敵なしという観があった。

日本が明治維新を行なって開国した百五十年前の世界というのが、まさにそのような雰囲気に満ちた環境であったことは、いくら強調してもしすぎることはない。

　では、このような状況で、われわれの先人は何を考え、何を行なったか——そのあたりから話を始めたいと思う。

第1章

近代日本「奇跡」の源泉

――かくて日本の独立は保たれた

1 世界史から見た明治維新

白人支配に屈しなかった唯一のアジア国

近代史上における明治維新の意義を一言で言えば、それまで白色人種の独占物と思われた西洋近代文明を、有色人種も身に付けることができることを示した点にある。

前章末で書いたとおり、明治維新のころの世界において、白人の力はまさに圧倒的なものがあった。

コペルニクス、ガリレオに始まり、デカルト、ニュートンを経て、産業革命を行ない、進化論を科学にした十九世紀の白人世界に比べると、有色人種の世界はコペルニクス（一四七三〜一五四三年。日本で言えば、応仁の乱の頃に生まれ、種子島にポルトガル人が鉄砲を持ってきた年に死んだ）の時代から、ほとんど変わらないでいた。十九世紀後半ともなれば、白人世界と有色人種世界との差は、程度の差ではなく、質的な差であった。白人たちは自分たちのみが突出して進化していると確信していたし、それを有色人種も認めるに至っていた。

強力な武器を持ち、精妙な機械を操る白人の姿を見たとき、日本人以外のすべての有色人種は絶望感を抱いた。それは、「いくら逆立ちしてみても白人には追い付けない。彼らにかなうはずはない」という諦《あきら》めの心境であった。

もちろん、長い歴史と文化を持つインド人もシナ人も、白人の支配に対して唯々《いい》諾々《だくだく》と従ったわけではない。

インドでは一七五七年にプラッシーという村で、六万のインド勢がロバート・クライブ指揮のイギリス兵三千と戦った（プラッシーの戦い）。ここでインド兵が粉砕されたことは、ベンガルの運命を決した。また、それからちょうど百年後の一八五七年にはベンガル兵の大蜂起が起こっている（セポイの反乱）。だが、これもインドの支配権がイギリス東印度《ひがしインド》会社からイギリス直接統治に移るという結果を招き、インドの植民地支配はさらに確実になった。

また、シナでは一八四〇年にアヘン戦争が起こっている。清《しん》国の財政と国民を脅《おびや》かすに至ったアヘン密輸を禁ずるため、実力行使に踏みきった清国に対し、海軍を利用したイギリスは広州や上海《シャンハイ》を攻撃し、南京《ナンキン》も攻略しようとした。これを見た清国は屈して、半植民地になるような条約を結んだ。アメリカやフランスが、これに便乗したのは言うまでもない。

このように、インドやシナにおける白人の侵略に対する抵抗は、基本的には西洋に対する拒絶反応であって、彼らのような文明をわが物にしようという動きは起きなかった。そのため、白人に反抗するたびに、ますます白人の支配力を強めてしまう結果になったのである。

そこに現われた例外が日本人であった。日本人は卓越した西洋文明を見て、「あの知識と技術を学びたい」と心から思い、しかもそれを実現してしまった。それこそが世界史における明治維新の意義なのである。

もちろん、日本人が西洋文明を見て絶望感を抱かなかったのには、いくつもの原因がある。これはすでに拙著『かくて歴史は始まる』(三笠書房、知的生きかた文庫)にも書いたが、戦国時代以来、日本人の知力が不断に進展しつづけていて、それを受け容れるだけの素地があったことは、最も大きな要因と言えるであろう。

たしかに、江戸時代は三百年にわたって鎖国が実施され、外界からの刺激がなかったから、西洋のような機械文明の発達は起こらなかった。しかし、それ以外の分野においては、日本はけっして世界に遅れてはいなかったし、経済や数学などでは、むしろ世界のトップ・レベルに達した部分も多かった。ここでは詳しく触れないが、大坂の堂島《どうじま》米市場では西欧よりも早く先《さき》物《もの》取引が実施されていたし、また関孝和《たかかず》とその弟子たちは、ドイツのライプニッツやイギリスのニュートンと同時期に微積分の概念に達していた。

このような知力の発達があったため、幕末に西洋文明の力をはじめて間近に見たときでも、日本人はけっして絶望感を抱かなかったし、むしろ、好奇心を抱き、それを自家薬籠中《じかやくろうちゅう》のものにせんという気を起こしたのである。

西洋文明の力を知っていた幕末日本

もちろん、シナやインドにも旺盛な好奇心と知力を持った人たちは、学者などを中心に多かった。その他のアジア諸国においても、そうした人はいたはずである。

だが、日本の場合、ほかのアジア諸国と違ったのは、指導者階級と呼ばれる人たちに、西洋文明を理解し、そのパワーを正当に評価する知性があったし、実際、西洋文明の力をよく知っていたということであろう。もし、当時の指導者たちが、西洋文明を侮蔑《ぶべつ》したり、逆に白人の力を極度に恐れていたら、明治維新というのは、まず起こりえなかったと断言してもよい。

現に隣の清朝を見れば、「西洋に学べ」という政治家たちもいたのだが、その一方で、極端な排外主義を唱え、西洋を嫌悪するグループが力を持っていたために、どれだけ損をしたのか分からない。保守派たちが無駄な抵抗を示すたびに、ヨーロッパ諸国はそれを口実に、どんどん清朝の領土を奪い取ってしまったのである。

これに対して、日本の指導者たちは、ペリーが黒船でやってきても、無駄な抵抗をせず、さっさと和親条約を結び、開港した。

この様子を見て、事情を知らない攘夷《じょうい》派は「幕府は意気地《いくじ》がない」と怒り、討幕運動を起こすわけだが、それは大きな誤解と言ってもいい。なぜなら、幕府の指導者や雄藩の藩主たちはみな、西洋文明がどんなものであるかも知っていたし、それどころかペリー来航の意図まで正確に理解していたからである。だから、感情的な排外主義に陥らずにすんだのである。

そのことを示すために、少し寄り道になるかもしれないが、私はここでジョン万次郎（中浜万次郎）という人物のことを紹介したいと思う（津本陽《よう》『椿《つばき》と花水木《はなみずき》』〈上・下、読売新聞社〉は小説体の秀れた伝記になっている）。

ジョン万次郎は、幕末に漂流してアメリカに渡った人というイメージしか一般にはないようだが、彼は単にそれだけの人ではない。彼がいたおかげで、幕末の日本は幸せなコースをたどることができたのだ。

万次郎は土佐の貧乏漁師の息子であったが、天保《てんぽう》十二年（一八四一）、十四歳のとき、カツオ船に乗っていて難破し、無人島の鳥島《とりしま》に漂着したところをアメリカの捕鯨船に助けられる。

さて、ここから万次郎の運命はガラリと変わったのであるが、じつは万次郎のようなケースはけっして珍しくはない。難破して西洋の船に救われた漁師たちは、この他にもたくさん例がある。現に、このときも彼だけが助かったのではなく、同僚たちも一緒に助けられている。

では、万次郎が他の人とどこが違ったかと言えば、それは彼が人一倍の好奇心と理解力を持っていたという点である。彼は、この捕鯨船で積極的にアメリカ人の船員たちの中に入りこみ、彼らの言葉を覚えようとした。また、きわめて目がよかったらしく、自分からすすんでマストに登り、鯨を探す手伝いをして、船員たちからも愛されたという。

そして、この様子を見た船長が万次郎を大いに気に入り、自分の養子にならないかと持ちかけることになった。当時のアメリカは、まだ建国一〇〇年になるかならないかの若々しい国であったから、肌の色にこだわらない、この船長のような立派な人物もいたのである。

万次郎は大いに喜んでこの申し出を受け、船長の故郷であるニューイングランドで暮らすことになった。ここでも彼はみなから愛され、また大いに学んで、ついにはバートレット・アカデミーという学校に進学して航海士の勉強をする。

アメリカのアカデミーというと日本の専門学校というイメージがあるが、当時はアカデミーも大学と同じくらいの水準で、入学するのにも相当の学力が必要だったようである。また、航海士というのは、単に操船術だけでなく、高度な天文学や数学も学ばなければならない。

このバートレット・アカデミーを首席で卒業したのち、万次郎は捕鯨船の船員になったのだが、航海中に船長が脳の病気を起こしたときには船員たちから推挙され、副船長兼一等航海士にまでなった。

こうやってみていくだけでも、ジョン万次郎が単に外国で暮らしただけの人物でないのが、よくお分かりいただけるであろう。彼は、外国で正式に高等教育を受けた最初の日本人であり、しかもアメリカ社会において、一等航海士というひじょうに名誉ある地位に就《つ》いた最初の日本人でもあった。また、白人の女性と結婚をしたとも言われているから、その点においても日本最初であった。

しかし、これだけの出世をなしとげた万次郎も、やはり望郷の念を捨てられず、日本に帰ろうと考えた。故郷には老いた母がいたからである。

そこで、彼は日本に帰るための旅費を作るために、カリフォルニアで金鉱掘りをする。この直前の一八四八年にカリフォルニアではじめて金鉱が発見され、ゴールド・ラッシュが起きていたのである。ゴールド・ラッシュを実際に体験した日本人も、おそらく彼だけではないか。

万次郎を〝発見〟した島津斉彬

万次郎がようやく日本に戻れたのは、漂流してから十年後の嘉永《かえい》四年(一八五一)のことであった。彼は琉球(沖縄)に上陸する。

もちろん、当時は鎖国であるから、海外から戻ってきた漂流民は罪人である。彼の身柄を押さえたのは、琉球を支配していた薩摩《さつま》藩である。

彼らは最初、万次郎のことをただの漁民だと扱っていたが、話しているうちに——万次郎は語学の天才であったから、ただちに侍言葉が使えるようになった——、相当な学識の持ち主だということに気付いた。すでに、日本の近海にはたびたび外国船が来るようになっていたから、海外の正確な情報が求められていた時期であった。そこで、琉球支配の薩摩代官が直接、万次郎から事情聴取を行なうと、どんな質問にも的確な答えが返ってきたので、その薩摩藩の役人は大いに驚いたという。

当時の薩摩藩の藩主は、開明派として知られる島津斉彬《なりあきら》であった。斉彬は琉球からの報告書を読んで、直接に万次郎から話を聞くことにした。

万次郎に話を聞いた斉彬は大変な感銘を受けたようである。薩摩滞在中の万次郎はまことに丁寧《ていねい》な扱いを受けたという。また、漂流民の取調べをする幕府の長崎奉行に対しても、斉彬は「この男は怪しいものではない」、つまりキリシタンではないという一種の保証書までも送っている。

長崎奉行で取調べを受けた万次郎は無事、土佐に帰ることを許される。土佐藩は彼を士分に取り立て、また藩主・山内容堂《やまのうちようどう》は重臣・吉田東洋《とうよう》に命じて、彼の話を報告書にまとめさせて大いに参考にしたという。

一介の漁民であっても、重要な知識を持っていれば士分に取り立てられ、それどころか、大名と直接面会できたということだけを見ても、幕末の江戸時代というのは、単なる封建体制ではなかったということが分かるが、万次郎の活躍はこれだけでは終わらなかった。

というのも、万次郎が帰国した翌々年（嘉永六年）に浦賀にペリーが現われたからである。時の老中首座・阿部正弘《まさひろ》は、この事態に対応するため、さっそく土佐の万次郎を江戸に呼んだ。

万次郎は幕府首脳の会議において、アメリカ事情について説明する。もちろん、幕府も長崎のオランダ商館を通じて海外のことをある程度は知っていたのだが、万次郎の話はそれを裏付けるばかりか、ペリー提督自身の履歴まで詳しく知っていたから、みな驚嘆したという。

中でも重要だったのは、「アメリカには侵略の意図はなく、捕鯨船に対する補給を要求しているにすぎない」ということを指摘したことであった。何といっても、彼自身が捕鯨船の乗組員であったから、この情報には重みがある。

幕府がペリー艦隊をむやみに討ち払わなかったのには、万次郎の功績まことに大であったと言えるだろう。万次郎がもし幕末の日本に戻らず、アメリカに残っていたとしたら、明治維新の流れが大きく変わっていた可能性は大きい。

ちなみに、この後も万次郎は恵まれた人生を送っている。韮山《にらやま》代官・江川太郎左衛門（坦《たん》庵《あん》）のもとで幕府の近代化を手伝い、軍艦教授所の教授にもなった。維新後も開成学校（のちの東京大学）で英語教授として働き、明治三十一年まで生きたし、その子孫も立派な学者になっている。

このように江戸末期にジョン万次郎という人物が現われたということは、まことに日本にとって幸運であったわけだが、しかし、このような幸運を幸運として成立せしめたのは、やはり日本の指導者層が有能であったことが大きい。今も見たように、万次郎という天才的な人物がもたらした情報の意味が、彼に接した島津斉彬、山内容堂、さらに幕府首脳にはちゃんと分かったのである。ここが、ほかの有色人種諸国と大いに違うところであった。

もちろん、近代西洋文明が太平洋の向こうから突然現われたときに、みながみな西洋の強さをすぐに認めたわけではない。長州藩はその筆頭で、下関（馬関《ばかん》）海峡を通行していた外国船を意味もなく砲撃して、幕府を窮地に立たせたりもしている。

だが、その長州藩が、この砲撃事件が契機となって、逆に最も開明的な藩になるのだから、やはり日本はユニークな国なのだ。事件の報復のためにやってきた英・仏・蘭・米の四カ国連合艦隊から完膚《かんぷ》なきまでに叩かれたことで、長州は上下を挙げて西洋文明の力を認識し、奇兵隊に代表されるような軍制改革を行ない、一気に近代化に向かうのである。

また、長州と並ぶ薩摩藩も、当初は〝夷人《いじん》斬り〟をして生麦《なまむぎ》事件を起こしているが、これもイギリス艦隊から攻撃されることで、藩の世論が急転換してしまっている。

ちなみに、イギリス側も薩摩藩の武力とガッツに感心して、両者は親密になり、これが維新の大動力となった。よく戦った相手をたがいに尊敬するのが騎士道あるいは武士道であるが、この点、アメリカが関与した戦いでは、敗者は単に悪とされるという宗教戦争的色彩があることを付言しておきたい。

つまり、幕府の側も、討幕派の側も、その政治的立場の差はあれ、近代文明に対する認識という点ではまったく同じであったことが、幕末日本を特徴づけている。ここが、隣の清朝などの政治事情と大きく異なっていたところなのである。

2 明治の指導者たちの決断

国づくりのビジョンを求めて

さて、こういった事情のもとに明治維新が成立したわけだが、明治政府の中心となった薩《さっ》長《ちょう》土肥《とひ》の指導者たちがはたと気が付いたのは、これからどのように日本を変えていくべきかというビジョンを誰も持っていないという事実であった。

明治維新が成立するまでは、ひじょうに明快なビジョンがあった。それは一言で言えば「建《けん》武《む》の中興を、もう一度やるのだ」ということである。

フロイトの学説によれば、人間が危機的な状況に陥ったときに採《と》る行動というのは、みな幼児期の記憶に由来するというが、それと同じように危機に直面した民族も、まず過去を思い出すようである。その点、幕末の武士たちが幸福だったのは、頼山陽《らいさんよう》の史書『日本外史《がいし》』や『日本政記《せいき》』が広く読まれていて、歴史に対する知識をみなが持っていたということである。

討幕運動を起こそうと考えたとき、彼らの頭に共通して浮かんだのは「建武の中興でやればいい」というイメージであった。つまり、五百三十年前に鎌倉の北条幕府を倒したときに、後《ご》醍醐《だいご》天皇を戴《いただ》いたのと同じように江戸幕府を倒せばいい、ということである。

このイメージがみなに共通していなければ、長州と薩摩が簡単に手を組むということはなかった。おそらく、討幕のやり方について意見が分かれて、共同戦線を張ることはできなかったであろう。

そして、もし討幕勢力が一致していなければ、日本という国はどうなっていたか分からない。というのも、インドでもシナでも、西洋諸国は内部抗争につけこんで、その国を乗っ取るというやり方をしていたからである。討幕勢力が四分五裂するという状況が続いていたら、日本もインドのように植民地になっていた可能性は充分ある。

その意味で、歴史の記憶として、「建武の中興」という出来事が日本人の中にあったのは、まことに幸福なことであったと言えるだろう。

しかし、その明快なイメージも、幕府を倒すというところまでで終わりであった。これはしようのないことで、周囲に白人諸国が迫っている状況で、いかに日本の独立を守るかというようなことは、いくら史書を読んでも分かるべくもない。それまでの世界史を振り返っても、有色人種の国が白人に伍して自立を果たしたという例はなかったのだ。

ここにおいて維新政府の指導者たちが考え付いたのは、まことに途方もないことであった。それは岩倉具視《ともみ》を団長とする米欧回覧使節団の派遣（明治四〜六年）である。

では、この岩倉使節団のどこが画期的か。
先進欧米諸国の文明を実地に見学して、それを学ぶという発想自体、それまで有色人種の国では誰も行なわなかったことである（留学制度が日本の独創であることについては、前出『かくて歴史は始まる』を参照されたい）。この章の冒頭でも書いたように、白人の文明を有色人種もマスターしうるということを考えたのは、日本人の独創と言っていい。

だが、米欧回覧使節団の意味というのは、単なる西洋見学だけではない。最も大事なのは、政府の指導者みずからが新しい政策を立てるために、先進国を回ったということである。

この使節団に参加した主要メンバーを挙げれば、岩倉具視、木戸孝允《たかよし》、大久保利通《としみち》、伊藤博《ひろ》文《ぶみ》という、まさに明治維新の主役たちである。しかも、一年十カ月もかけて、米・英・仏・独など全部で十二カ国を回っているのだ。

こんなことは今日までの世界史で、日本以外にやった国はない。たとえていえば、フランス革命を起こしたロベスピエールやダントンが、民主主義の勉強をするためにパリを留守にして、アメリカに二年もかけて見学にいくようなものであり、毛沢東《もうたくとう》や周恩来《しゅうおんらい》、鄧小平《とうしょうへい》らが共産主義とは何かを知るためにモスクワに二年留学するようなものなのだ。

フランス革命でも中国革命でも、そんなことをしなかったのは、あらためて言うまでもない。留守にしている間に、どんな政変が起こるか分からない。「下手をしたら、もう二度と故国に戻ることさえできなくなるかもしれない」と思うのが当然だからだ。

西欧を「見た」ことの重要性

ではいったい、どのような意図で明治維新の元勲たちは二年間にわたる留学を決断したのか。残念ながら詳しい証拠が残っていないから推測によるしかないが、明治の新政府に伊藤博文と井上馨《かおる》がいたことが大きいのではないか。

この二人は若い頃、長州藩の秘密留学生として欧州に渡った人間である。自分の目で見るという体験ほど強いものはない。いくら書物で勉強したところで、現物を見るのにはとうてい及ばない――そのことを彼らは実体験から知っていた。たとえば井上の回顧談を読むと、彼がヨーロッパの町並みを見たとき、「こんな立派な家に庶民が住める国があるのか」と感激のあまり涙が出たという。

井上も伊藤も、このころはまだ二十《はたち》かそこらの若者である。血気さかんなころであるから、留学前は「フランス、イギリス何するものぞ」という気分だったろう。それが留学してみると一変した。腹の底から「攘夷《じょうい》なんぞ、何の役にも立たぬ」ということが分かったのである。

さて、この留学に出発した直後に、前に述べた下関の砲撃事件が起きた。イギリスの艦隊が長州を叩きつぶしに来るという。

その知らせを聞いた伊藤と井上は、ただちに帰国を決意する。せっかくの留学を止めてでも、戻って藩内の過激派を説得しようと考えたのは、やはり「実際に見てきた者でないと、西洋人のすごさは分からない」という思いではなかったか。もちろん、パリから日本に帰るまでには何日もかかる。間に合わないかもしれない（実際、間に合わなかった）。それでも見てきた人間だけが説得できると思っていたから、彼らはあえて帰国したのである。

話を戻せば、明治維新が成立し、これから何をしたらよいのかということにハタと気が付いたとき、このような体験をした二人がいたのは、まことに大きかった。その意味では、伊藤と井上は、またとない適任者であった。

新しい政策を立てるために、当時の先進文明たる西洋をお手本にすることぐらいは、おそらく誰でも気付くことであろう。しかし、そのために政府を二年も留守にして、為政者自身が見学に行くという決意が出てくるには、やはり、西洋を「見る」ことの価値を知っている体験者が近くにいなければ不可能だったのではないか。

これは想像だが、使節団の話が出たときに、伊藤と井上は大久保たちに「ヨーロッパの文明は、いくら本を読んでも、部下に報告書を書かせても絶対に分からない。政策を立てようと思うんだったら、西洋を見なくちゃ話にならん」というぐらいのことは繰り返し言ったのではないか。だからこそ、大久保や木戸といった人たちも決心したと思われる。

では、岩倉使節団の一行は欧米で何を「見た」か。一言で言えば、「もう〝士農工商〟では、どうにもならん」という危機感であり、さらに言えば、「これからは工と商の時代だ」という実感であったはずである。

このころはアメリカもヨーロッパも国力が充実していた時期である。行く先々で彼らが見たのは、その文明の圧倒的な力であった。

太平洋を越えて、最初に使節団が訪れたのはサンフランシスコであったが、彼らがまず仰天したのは、そのホテルの豪華なことであった。そのときの記録（『米欧回覧実記』）を読んでみると、客室に絨毯《じゅうたん》が敷いてあるとか、ホテルのロビーには大理石が使ってあって、靴が滑るほど磨かれているということを、わざわざ書いているほどである。

これは余談になるが、この岩倉使節団の十一年前に咸臨丸《かんりんまる》で渡米した福沢諭吉《ゆきち》も、ホテルの絨毯には仰天したと『福翁自伝』に書いている。その部分を引用しよう。

「ホテルに案内されて行ってみると、絨毯が敷き詰めてある。その絨毯はどんな物かというと、まず日本で言えばよほどの贅沢者《ぜいたくもの》が一寸《いっすん》四方幾干《いくら》という金を出して買うて、紙入れにするとか莨《たばこ》入れにするとかいうようなソンナ珍しい品物を、八畳も十畳も恐ろしい広い所に敷き詰めてあって、その上を靴で歩くとは、さて〳〵途方もないことだと実に驚いた」

つまり、日本では一〇平方センチでも高価なラシャの生地（当時、合繊はない）を、見渡すかぎり敷きつめて、その上を土足で歩いているという、信じられない光景を見たのだった。福沢も岩倉使節団の一行も、ホテルの絨毯を見て、欧米の富が桁《けた》外れのものであることを知ったのである。

また岩倉使節団がサンフランシスコからワシントンに向かうに当たっては、当時作られたばかりの大陸横断鉄道（一八六九＝明治二年に全面開通）を利用した。これも彼らを驚嘆せしめた。

大久保や木戸は討幕運動をするために、何度も東海道を往復した人間である。その東海道は、たしかに日本一の街道と呼ばれた立派なものであったが、それにしても馬や人の足で移動するしかない。舗装していないのだから、大八車《だいはちぐるま》で荷物を運ぶことすら困難な道であった。しかるに、アメリカでは大陸横断鉄道が使われ、千里の道もあっという間に進むことができたのである。

欧化政策以外に道はない

アメリカ訪問を終えた使節団一行は、さらにイギリス、フランスへと進む。

ロンドンやパリでも彼らがまず驚いたのは、ヨーロッパの都市では雨が降っても道がぬかるまないということであった。

当時の江戸は、雨が降れば道は水たまりだらけになるし、また、風が吹けば土埃《つちぼこり》が舞って目が開けられないほどである。風の強い日には、日光が遮られて暗く感じるほどであったという。

ところが、パリやロンドンでは道路はみな広く、しかも石畳になっていて、その上を四輪馬車が楽々と通っている。もちろん、雨が降っても、風が吹いても困ることはない。夜もガス燈があるので暗くならない。そして、その立派な道路の両側には、江戸城よりも高い石造りの建物がずらりと並んでいる。聞くと、そこには庶民が住んでいるというではないか。

このように使節団は旅行中、度肝《どぎも》の抜かれっぱなしであったわけだが、この経験のおかげで大久保や木戸らは、みな腹を括《くく》ったのである。

つまり、「もう、士農工商などと言っていては駄目だ。ヨーロッパの主要国は徴兵制だ。武士に生まれなければ武士になれないというような制度ではやっていけない。また、農より、工と商をまず振興しなければ、欧米諸国に敵《かな》わない」という覚悟が自然と生まれた。そして、工業や商業をさかんにするには、徹底した欧化政策を採る以外に道はないという結論に至るのである。

「明治政府は欧化政策を採って工業や商業を振興した」ということは、それこそ教科書にも書かれて、誰でも知っていることであろう。しかし、ここで強調したいのは、指導者みずからが海外視察をし、「今のままでは駄目だ」というような腹の括り方をした国は日本以外になかったということである。

ほかの有色人種国と違った運命を日本が歩むようになったのは、まさに指導者が「腹を括った」という点にある。だから、これ以降の新政府の施策を見ると、まったく欧化政策に躊躇《ちゆうちよ》がない。廃刀令（一八七六年）、廃藩置県（一八七一年）などにより、士族の特権をまったくゼロにしたのも、また、当時としては途方もない借金をしてでも、商工業に投資するという決断をしたのも、みな、この使節団での体験なくしては考えられないのである。

怖いのは南下するロシア

自分の目で西洋文明を「見る」ことによって、明治政府首脳は日本を徹底的に欧化することに腹を括った。一刻も早く、西洋文明を自家薬籠中のものにし、植民地にされないだけの近代的軍隊を作り、鉄道や港湾などの社会資本を充実させねば、日本の生き残る道はない。

こうした首脳部の決断は、当然ながら外交の基本政策にも影響を与えた。明治政府はその前から、当面のあいだ、西洋列国とは事を構えないという消極的な方針を持っていたが、この考えが一層強化されるようになった。

とはいっても、当時の東アジア情勢は、日本にとってけっして安閑《あんかん》としていられるような状況ではない。

この当時から明治・大正に至る時期における日本の最大の脅威はロシアであった。というより、ロシア以外に日本を脅かす国はなかったと言ったほうが正確であろう。

ペリーの来航を見ても分かるように、当時のアメリカには日本に対して領土的野心はまったくなかった。また、イギリスやその他のヨーロッパ諸国は、たしかに帝国主義の国ではあるが、あまりに遠すぎる。彼らがアジア東端の日本にまでやってきて、これを征服するということは、まず考えられなかった。本当に怖いのはロシアだけなのだ。

十七世紀末に太平洋岸に到達したロシア帝国は、徐々に南下して勢力を広げつつある。すでに彼らはカムチャツカ半島を領有し、また、一八六〇年（万延元）には沿海州《えんかいしゅう》を清朝から奪って、ウラジオストクに港を開いた。

陸伝いに領土を広げつつあるロシアの姿を見たとき、日本人がただちに気付いたのは、朝鮮半島の重要さであった。もしロシアが南下し、朝鮮を植民地にするようなことになれば、日本にとって、これほどの脅威はない。彼らはまず、日本本土と朝鮮の間にある対馬《つしま》や壱岐《いき》を占領し、島伝いに日本にやってくるであろう。かつて、そのコースで日本に攻めてきたのは蒙古《もうこ》の元《げん》であった。ロシアに〝元寇《げんこう》〟を再現されたら日本は危《あや》ういというのが、彼らの実感であったろう。しかも、それは杞憂《きゆう》などではない。すでにロシアは幕末の文久元年（一八六一）、朝鮮海峡に浮かぶ要衝《ようしょう》の地・対馬に軍港を作るため軍艦を来航させているのである。

このとき、ロシア軍艦ポサドニック号が船体修理を理由に対馬に入港し、そのまま居すわってしまうという蛮行に出た。幕府はこの対応に苦慮したが、イギリスが軍艦を派遣して威嚇してくれたりしたので、ようやく退去したという経緯があった。

こうした事件があったので、新政府もロシアの南下だけは何としても食い止めなければならないという認識があったのである。

朝鮮近代化への期待

そこで日本政府が何よりも期待したのは、朝鮮の近代化であった。

もし朝鮮が、その宗主国・清朝の真似《まね》をして、いたずらに西洋を侮《あなど》り、抵抗すれば、かえって外国の植民地になってしまう。それより、さっさと開国し、近代化したほうが朝鮮のためにもなるし、日本の国益にも合致すると考えたのである。

新政府が維新成立後ただちに、当時の朝鮮国王・高宗《こうそう》に外交文書を送ったのは、そのような意識があってのことだったが、ここで日朝両国にとって不幸な行違いがあった。この外交文書の中に、「皇」とか「勅」という字が使われていたために、朝鮮側が受取りを拒否したのである。これには、朝鮮の側にもちゃんとした理由がある。

当時の朝鮮は清朝の属国であり、その朝鮮国王は清朝皇帝の臣下という国柄《くにがら》である。だから朝鮮にとって、皇帝といえば清朝皇帝以外にありえず、また、朝鮮に勅語を出すのも清朝皇帝以外にあってはならない。しかるに、日本からの国書にこうした文字が使われているのは、「清朝ではなく、日本の属国となれ」ということに等しい、と彼らは考えたのである。

もちろん、日本側にはそんなつもりはない。政治体制が変わって、日本は天皇親政の国になったのだということを伝えたかっただけなのに、そこまで深読みされるとは思ってもいなかった。だから、明治政府も一生懸命、朝鮮に説明して理解を求めたが、いっこうに外交文書を受け取ってもらえず、当然ながら日朝間の国交は断絶状態になった。

後に日本も朝鮮の言い分を容れ、「勅」や「皇」などの文字を使わないことにしたが、朝鮮は頑迷にも日本政府との交渉を拒絶しつづけた。徳川時代のように、対馬の宗《そう》氏を通じてのみ国交を行なうというのが朝鮮の主張であった。だが、朝鮮の宗主国たるシナ（清）はとっくに日本政府と国交を結んでいるのだ。これは別の言葉で言えば、朝鮮は「明治政府を承認しない」と言ったに等しい。

このような背景から生まれたのが、〝征韓論〟であった。つまり、それほどまでに朝鮮が排外的であるなら、武力を行使してでも開国させるべしという意見である。

こうした考えの背景には、日本を無視する朝鮮への反感もあったが、それより大きかったのはやはり、「このままではロシアが南下してくる」という危機感であった。

〝大西郷〟の存在と征韓論

当然のことながら、大久保らの洋行経験者は、朝鮮半島への武力進出にはまったく否定的であった。朝鮮に陸軍を出兵するような余裕は、日本のどこを探してもない。一刻も早く、商工業を立ち上げ、鉄道などの社会資本を整備しなければ、日本は西洋に呑みこまれてしまう。朝鮮が無礼だの何だのと言ってはおれないという心境である。

しかも、当時はまだ徴兵令が施行されたばかりで（明治六年布告）、陸軍は組織づくりに追われている時期である。現実問題として、朝鮮出兵を実行できるような状態ではないのだ。

だから本来、征韓論という議論はこのまま消えてなくなるはずの話だった。

ところが、実際には征韓論は消えてなくならず、深刻な政治問題になった。その大きな原因となったのは、陸軍大将・西郷隆盛《たかもり》の存在であった。洋行組に真っ向から対立する形で、西郷が朝鮮問題に固執したからである。

西郷の言い分は、「外交文書のやりとりで埒《らち》が明かないのなら、自分が特使として朝鮮に乗り込んで直談判《じかだんぱん》をする。それで、もし自分が殺されるのであれば出兵もやむをえない」というようなものであった。

はたして西郷自身の胸中に朝鮮出兵を願う心があったかどうかはさておき、一国の陸軍大将が国交もない国に乗り込み、開国を迫るというのは尋常なことではない。さらに付言しておけば、当時「大将」の肩書を持つ者は西郷ただ一人だったのだ。

朝鮮からすれば、日本が脅迫に来たと思うであろう。西郷は、それこそ殺されるかもしれない。また、西洋列国は、この行動を「日本に朝鮮進出の意図あり」と見るであろう。

当然ながら、岩倉や大久保、木戸たちは彼の意見に猛反対するが、西郷も一歩も譲らない。さらに困ったことに板垣退助《たいすけ》、後藤象二郎《しょうじろう》、江藤新平《しんぺい》、副島種臣《そえじまたねおみ》らが、それぞれの思惑から西郷を強力に支持した。ここに至って、新政府は分裂寸前の様相となった。

もし、征韓論に固執したのが西郷でなければ、これほどの大問題にはならなかった。江藤新平や板垣退助あたりが征韓論を主張したのであれば、岩倉も大久保も困らない。彼らを退陣せしめれば、それで済む問題である。しょせん、維新政府にとって彼らはその程度のものであったし、「絶対に外国とは事を構えたくない」という大久保らの決意も堅かった。

しかし、相手は〝大西郷〟である。西郷は単に、維新第一の功労者というだけの人間ではない。天下の衆望を一手に集めている、いわば富士山のような英傑である。そのような人を敵に回せば、新政府は一日で瓦解《がかい》してしまうであろう。

西郷の理想とは何であったか

西郷隆盛という人物が、どれだけ当時の日本人から尊敬されていたか、そのことはいくら説明しても説明できるものではない。私の郷里である庄内《しようない》藩などは、藩を挙げて「西郷教」の信者になってしまったほどであった。

そもそも庄内藩の藩主・酒井氏は、徳川家康の四天王と言われた酒井忠次《ただつぐ》の子孫で、つまりは「三河《みかわ》以来の譜代《ふだい》」である。それで幕末においては、会津《あいづ》藩（こちらは親藩）が京都守護職を任命され、新選組を作ったように、庄内藩も江戸市中の警備を任ぜられ、江戸の薩摩屋敷を焼いたりもしている。

このような事情があったから、庄内藩は官軍から見れば、完全な〝朝敵《ちようてき》〟である。だから、戊辰《ぼしん》戦争で官軍が東北地方に進撃してきたときには、会津藩同様、徹底抗戦しか道は残されていなかった。藩主をはじめ、死を覚悟で戦うということで衆議一決したという。

官軍に対して庄内藩はずいぶん健闘した。一時は官軍を押し戻し、それどころか、隣藩にまで攻め込んで戦うという奮戦ぶりで、官軍に負けていなかった。

だが、ひとり庄内藩が戦ったところで、勝負の流れは変わるべくもない。すでに周囲の諸藩も官軍に降伏してしまった。このまま戦いつづけても、先は見えている。領民まで巻き添えにするわけにもいかない。結局、降伏ということに決まった。明治元年九月のことである。

庄内藩は当然、厳罰を覚悟した。ところが、官軍の代表者として城を接収に来た官軍の参謀・黒田清隆《きよたか》の態度は、勝者でありながらまことに謙虚であった。あまりにも黒田が庄内藩に対して丁重《ていちょう》であったので、官軍の中には「これでは、どちらが勝ったのか分からん」という不平さえ出たという。

この黒田の態度は、西郷が与えた指示によるものであった。西郷隆盛は庄内藩に対して、たいへん共感を覚えたようなのだ。つまり「もし自分が庄内藩士であったら、やはり同じように、最後の最後まで主君・徳川家のために戦っていたはずだ」という気分が、西郷にはあったらしい。だから、彼は庄内藩を罪人のように扱わなかった。

この西郷の気持ちを知ったとき、庄内藩は藩を挙げて西郷に惚《ほ》れ込んでしまった。西郷の言行録として有名な本に『西郷南洲《なんしゅう》遺訓《いくん》』というものがあるのを、ご存じの方もおられるだろう。西郷隆盛の思想を知るための唯一のまとまった史料といってもいい。じつは、この書物は、庄内藩が西郷を愛するがあまり出来たような本である。

戊辰戦争以来、庄内藩では前途有望な若者を、西郷の元に書生として置いてもらっていた。その中には、藩主の跡継ぎもあった。こうして毎日、西郷に接していた人たちが、彼の言葉を一冊にまとめたのがこの本であった。殿様の跡取りまでを書生にして遠く離れた薩摩に送り、しかも、彼の語った一言一句も残さず記録しておこうというのだから、いかに庄内の人々が西郷を慕《した》っていたかが分かるであろう。

こうした雰囲気は私が小学生のころにも残っていた。

私の通った小学校は、かつて藩校であったところで、維新前の建物をそのまま校舎として使っていた。そのため、校門の構えも立派であったし、校舎の中には、その昔に殿様の休息室に使われた「お居間《いま》」という部屋もあった。

『西郷南洲遺訓』は、小学校六年生の素読《そどく》の授業のときに、畳敷きの礼法室《れいほう》で暗記させられた記憶がある。「幾度《いくたび》か辛酸《しんさん》を歴《へ》て志《こころざし》始めて堅し……児孫《じそん》の為に美田《びでん》を買わず」というかれの七言《しちごん》絶句《ぜっく》は、いまでも暗唱できるが、小学校で西郷の漢詩を教えるというのは、やはり庄内ならではのことであったと思われる。

庄内では敗戦後にも西郷を祀《まつ》る神社を作った。マッカーサーの神道指令が行なわれていた時代の日本で、神社が出来た例は聞いたことがない（新興宗派は別として）。ましてや、西郷の神社は、彼の郷里の鹿児島県でも昭和二十年以後に作るという発想はなかったのではないか。

このような風土で育ったから、西郷という人物の偉さを尊敬する点では、私は一般の人より深いであろう。だが、彼の考えた日本の基本方針となると、「先進国を見なかった人だ」という気がしてならない。

この西郷隆盛という人の倫理観は、一言で言ってしまえば、下級武士の倫理観であった。すなわち「清貧の思想」なのである。

『南洲遺訓』を読めば、そのことがよく分かる。西郷が熱心に説いているのは、「死を恐れるな」、「寛大であれ」そして「名誉やカネを求めるな」というようなことである。実際、西郷はそのとおりに生きた。

たしかに、こういった考えは美徳には違いない。だが、「浮利《ふり》を求めるな」と言われては、商人も職人も困ってしまう。武士のように禄《ろく》を食《は》んでいる人は〝浮利〟なしでも生きられる。だが、そうでない庶民は〝浮利〟によって暮らしているのだ。西郷の言っているのは、あくまでも武士の世界の倫理なのである。

おそらく西郷にとっての理想とは、武士が武士らしく生きることができる国を作ることにあったのであろう。だから、豊かである必要もない。食べる分のコメがあれば、それで充分であって、カネなどは不要であるというのが彼の考えであった。

つまり、彼の意識の中心にあったのは、士農工商の「士」と「農」であった。武士と農民を大事にするのが、新国家の使命と西郷は考えていたようである。

このような思想の持ち主である西郷が留守番をしている間に、岩倉使節団の一行が欧米で何を考えたか。それは前にも述べたように、「もはや〝武士の覚悟〟などと言っても勝ち目はない。これからは商業と工業を伸ばさないと駄目だ」ということであった。

あくまでも「士農」を中心に据えるべきと考える西郷と、「商工」重視の洋行組とでは判断が合わなくなるのは当たり前の話である。

洋行組の大久保や木戸は、帰国後、企業を興《おこ》し、工場を作ろうと努力する。当然のことながら、そこでは外貨を稼ぐための工業製品を作ったりしているわけである。大久保らにとっては、「一刻も早く日本を近代化せねば、国の存亡に関わる」というつもりであったが、西郷からすれば、政府を挙げてカネの亡者《もうじゃ》と化し、汚職に励んでいるようにしか見えなかったであろう。

内政問題であった征韓論

また、帰国後の大久保らは自宅を改築し、立派な洋館を建てるのだが、これも西郷の目から見れば堕落に映った。

もちろん、大久保たちも贅沢をするつもりで改築をしたのではない。外国と対等に付き合っていくためには、西洋人の外交官を家に招いて会談せねばならないことも、たびたびある。そのときに、貧相な家に住んでいたら白人に侮られるというので、洋風の家を造ったにすぎない。洋行組の人間に言わせれば、「そもそも、こんな家を豪邸と呼ぶこと自体、何も分かっていない証拠だ。この程度の大きさの家など、ヨーロッパにはごろごろしているのを知らんのか」という気分であったはずである。

しかし、いくら理由を聞かされても、西郷が納得するはずはない。西郷という人は、維新後、新政府の高官になっても、小さな家に住みつづけた人である。彼は「お前たちに贅沢をさせるために維新をやったのではない」という気持ちで一杯であったと思われる。

西郷が朝鮮問題に固執した背景には、このような帰朝組の新政策に対する一種の反発があったと見るべきであろう。彼にとっての征韓論とは、外交問題というよりも、むしろ内政問題だった。「これでは士族たちが可哀想ではないか」というのが西郷の心境であったであろう。

すでに版籍奉還、廃藩置県がなされて、士族たちの地位は相対的に低下している。そこにきて、さらに商工業を国家建設の中心にしようとするのでは、西郷ならずとも「維新を実現させたのは他ならぬ武士ではないか」と叫びたくなるであろう。

しかも、当時は維新が終わったばかりで、ただでさえ士族たちは逸《はや》る血気《けっき》を持てあましていた。戊辰戦争はあくまでも局地戦のようなもので、全国土にわたるような内戦が起こったわけではない。多くの武士は、「自分の出番が来ないうちに明治維新が終わってしまった」という気持ちを抱いていた。西郷が自ら遣韓《けんかん》大使になり、朝鮮に開国を迫りたいと言いだしたのは、こうした士族たちの気持ちをよく知っていたからであった。

おそらく、西郷自身にとっては、実際に朝鮮に兵を出すことよりも、国内にいる不平士族たちのほうがより重要だったのであろう。つまり、近代化路線によって「工商」の比重が大きくなる中、武士たちがひと花咲かせる場所として、西郷は朝鮮半島に眼を向けたのである。そして、その時の西郷が、朝鮮半島がロシアの南下侵略の目標になっていることも視野に入れていたのは言うまでもない。

もちろん、西郷の進言は、大久保たちの徹底的な反対によって斥《しりぞ》けられた。「時期尚早《しょうそう》」、つまり、まだ早すぎるというのである。このときの廟議《びょうぎ》は、さながら大久保と西郷の死闘のようであったと伝えられている。この結果、西郷は下野《げや》する。

ただ、ここでぜひ言っておきたいのは、大久保・西郷双方とも、いっさいの私情を挟まず、ただ国家のために激論をかわしたということである。

大久保が征韓論に反対した理由は、すでに述べたとおりである。大久保の頭には、「何としてでも近代化をせねば、日本が危うい」という気持ちだけがあり、西郷に対する私情はまったくない。

また、西郷にしても同じである。彼ほどの信望があれば、クーデタによって大久保たちを打倒することは充分可能だった。おそらく庄内藩などは、全員刀と槍を担いで西郷のところに飛んでいったであろう。しかし、彼はあえてそういった方法を採らずに、潔《いさぎよ》く下野する道を選んだ。権力を私物化し、国益をないがしろにするような気持ちは、どこにもなかったのである。

もちろん、こののちに西南戦争が起きるわけだが、これは彼が起こした戦争というより、周囲の状況が彼を戦争に引きずり込んだというほうが正解であろう。

実際、西南戦争の勃発《ぼっぱつ》直前、新政府に反乱を起こそうとする周辺の動きに対して、西郷は極力それを抑えようと努力している。また、薩摩で反政府行動が始まったときにも、西郷自身は山中で狩猟をしていて、それを知らなかったと言われる。

しかし、西郷という人は、周囲から担がれれば地獄まで乗ってやろうという腹を持った人であったから、いざ戦争が始まってからは、黙って首領の地位に就いたのである。

物量の差で薩摩軍は敗れた

これは余談になるが、もし西南戦争において西郷が積極的に動いていたら、薩軍の勝利とまではいかなくとも、その帰趨《きすう》は大きく変わっていたかもしれない。

前にも述べたように、当時の陸軍はその組織作りを始めたばかりで、近代的装備は持っていても、兵の多くは町人・百姓あがりであり、ろくな訓練もしていなかった。それで、維新の最前線で働いた薩摩の武士たちと交戦した時には、まったく歯が立たないというありさまであった。このため、緒戦《しょせん》において政府軍は総崩れに近いありさまで、あっという間に熊本城は薩摩軍に包囲されてしまう。

ところが、ここで薩摩軍は戦略的なミスを犯す。それは、熊本城陥落に必要以上に執着してしまったことである。

熊本城は天下の名城であって、そう簡単に陥《お》ちるものではない。守城の将・谷干城《たにたてき》も必死になって防戦したので、薩摩軍の主力は熊本に釘付けになってしまった。そうこうするうちに、政府軍の援軍が本州から上陸し、逆に薩摩側が包囲されることになった。こんな馬鹿なことは、もし西郷が指揮していたら、やらなかったであろう。

かつて、徳川秀忠《ひでただ》（のちの二代将軍）は、真田昌幸《さなだまさゆき》の信州上田城を陥落させるのに熱中しすぎて、肝心《かんじん》の関ヶ原の戦いに間に合わず、天下の笑い者になった。このとき、攻める徳川軍は真田側の十倍近い兵力を持っていた。それでも陥ちないところに攻城戦のむずかしさがある。薩摩も同じ轍《てつ》を踏んでしまったのである。

これはあくまでも「歴史のｉｆ《もしも》」にすぎないが、もし西郷が担がれるだけでなく、積極的に全軍の指揮に当たっていたら、熊本城を積極的に攻めず、さっさと本州に向けて進撃していたであろう。西郷はそうした戦略眼を持っていた人だ。

しかし、たとえ西郷が陣頭指揮を執ったとしても、西南戦争は結局、政府軍の勝利に終わっていたであろう。西南戦争の勝敗を分けたのは、結局、物量の差であった。

すでに述べたように、戦闘能力においても、士気においても、薩摩軍のほうが上であった。この劣勢を盛り返すために政府軍が採ったのは、徹底的な物量作戦である。兵員にしても、また武器弾薬にしても、必要であればいくらでも本州から船舶で運びこむ。しかも、政府軍にはすでに電信が装備され、東京との連絡に活用されている。

ここにおいて、じわじわと薩摩軍は押し返され、とうとう鹿児島の城山《しろやま》で西郷が自刃することとなるのである。

忘れられた西南戦争の戦訓

余談ついでに書けば、「たとえ弱兵であっても、補給さえ充分に行なえば究極的には勝つ」という西南戦争の貴重な戦訓は、昭和に入って、この戦いの経験者が全員いなくなると、日本陸軍では見事に忘れさられてしまった。この点において、日清・日露の戦争までの陸軍とは対照的である。

といっても、清国やロシアと戦ったときの日本陸軍が、充分な物資を持っていたというわけではない。現実は、その反対であった。だが、当時の陸軍首脳はみな西南戦争の生残りであり、補給が勝敗を分けることを身をもって知っていたので、長期にわたる戦争は絶対に避けるという考えがあった。

たとえば日露戦争において、ごく初期の段階でアメリカのセオドア・ルーズベルト大統領に接触し、ロシアとの講和の準備をしているのも、「長期戦になったら物量の差が勝敗を分ける」ということを実感していたことが大きい。ことほどさように、西南戦争は後世に大きな影響を与えた。

日露戦争の話に付け加えれば、圧倒的な軍事力を持つロシアに対して、日本軍があれほどの戦果を挙げえたのは、ひとつには指揮していた人たちが、みな西南戦争で生き延びた人たちであったということがある。

参謀総長・山県有朋《やまがたありとも》、満洲派遣軍総司令官・大山巌《いわお》、同総参謀長・児玉源太郎《げんたろう》、さらに黒木為楨《ためもと》、奥保鞏《おくやすかた》、野津道貫《のづみちつら》、乃木希典《のぎまれすけ》といった司令官たちは、みな共通して西南戦争の体験者である。

西南戦争では、双方あわせると死傷者は三万人に上った。このような激戦の中では、単に才能があったり、度胸があるだけでは生き残れない。やはり、運と勘《かん》がよくなければ、生き残ることはできないのである。

その意味で、西南戦争で生き残った軍人たちは、いわば〝幸運の女神〟に好かれた人間であった。そして、こうした人たちが日露戦争の陸軍を指揮していたということが、ロシアとの戦いに勝利を収める一つの要因になったと言っても、言い過ぎではあるまい。

3　明治憲法制定の意義と瑕疵《かし》

明治憲法制定の最大の理由

欧化政策を徹底的に推進し、国力を高めなければ、日本の生き残る道はない――明治の元勲たちが、みずから欧米を視察し、西洋文明の力を見て分かったのは、このような現実であった。そして、日本を西洋化するまでは諸外国とは事を構えないという外交上の大方針も、この外遊体験が生み出したものであった。

こうした明治政府首脳の断固たる決意は、西南戦争が終結したあとも、当然ながら堅持された。そして、新政府のすべての政策は、この方針に沿った形で立案・実行されたといっても過言ではない。そのことは、明治二十二年（一八八九）に発布された大日本帝国憲法、いわゆる明治憲法も例外ではない。

明治十一年に大久保が暗殺された後、明治政府のトップとなったのは伊藤博文であった。その伊藤がみずから欧米を回って研究して、明治憲法を作り上げた。一国の宰相とも言うべき人が、政務を休んでまで憲法制定に力を注いだというのは、やはり世界史上、異例のことであった。

一般的には、明治憲法が制定された事情として、国民の間から自由民権運動が起こり、その要求に応えるためであったということが言われている。たしかに、これも間違いではない。

新政府は、一刻も早く日本の近代化を実現するため、今日の民主主義に慣れた目から見れば強引ともいえる方法で、諸制度の改革を進めていた。このため、士族を中心とした層から政府批判が生まれ、参政権を求める自由民権運動が起こった。運動家の中には、内乱や高官の暗殺を企てる過激派もいたほどであった。こうした自由民権運動の高まりを、明治政府も無視できなかったのは事実であろう。

しかし、新政府が明治十八年に内閣制度を作り、また、その四年後に明治憲法を発布した最大の理由は、もっと別のところにあった。それは、政府にとって最大の懸案であった不平等条約の解消である。

不平等条約解消への必死の努力

安政五年（一八五八）、当時の幕府はアメリカをはじめとする西洋五カ国と通商条約を結んで正式な国交を持つようになったのだが、ここで日本は決定的に不利な条項を二つ押し付けられることになった。

その一つは関税自主権の問題である。

安政の条約では、日本が関税率を変える場合には、かならず相手の国と協議しなければならないとされていた。本来、関税というのは、その国が独自の判断で定めていいものなのに、当時の日本には許されなかった。

その結果、西洋諸国が安い商品を送り込んで国内産業を壊滅させても、日本政府は黙って見ているい以外になかった。普通なら、輸入関税を引き上げることで貿易量を制限できるのだが、それが不可能なのだ。

しかし、それよりも大きな問題であったのは、治外法権（extraterritoriality）の制度である。つまり、外国人が日本の領土の中で犯罪を犯した場合、日本政府はその犯人を捕まえることはできても、裁くことができない。その犯人を裁けるのは、その国の領事だけとされた。

彼らの言い分としては、「日本の法体系は未整備であり、そのような野蛮国の法律に自国民を委ねるのは危険である」というものであった。まったく乱暴な理屈であるが、当時の西洋諸国は非白人国を野蛮ときめつけ、例外なく治外法権を押し付けていたのである。

当時の日本政府が、躍起になって治外法権条項を改正しようとしたのは、言うまでもない。自国の領土内で起きたことに対して何も手出しができないようでは、日本はいつまで経っても半人前の国家で、主権国家とは言えないのだ。

そこで、明治政府は日本も立派な文明国であることを諸外国に示すために、さかんに努力をした。その最も有名な例が鹿鳴館《ろくめいかん》である。

鹿鳴館は、当時の日本ではたいへん評判が悪かった。「そこまで西洋の猿真似をして白人の歓心を得たいのか」という声が、あちこちで起こった。今でも鹿鳴館外交というと、軽薄な西洋崇拝といったイメージがある。

しかし、これをやった明治政府の人々はまことに真剣だったのである。こんなエピソードもある。

明治政府の貴顕《きけん》たちは、芸者上がりの女性を夫人にした人が多かった。維新の志士たちは料亭に集まり、そこを根城《ねじろ》にしたようなところがあるから、芸者との関係も後世のようではなかった。伊藤博文なども、その一人である。

元芸者というと、今でも日本の社会ではとやかく言う人もいるが、こと社交ということに関しては、箱入り娘で育った武家の嫁では務まらない。芸者出身のほうが、人見知りもしないし、相手が偉くても怖《お》じ気づかない。また話題も豊富だし、音楽の素養もあるのだから、ずっと適性がある。これは想像だが、鹿鳴館外交において、彼女たちの果たした役割も相当に大きかったはずである。

しかし、こうした芸者出身の夫人たちにも、ひとつだけ困ったことがあった。それは、当時の芸者というのはみな、お灸《きゅう》をやっていて、背中一面に灸を据《す》えた跡が残っているのだ。背中の開いたドレスを着ると、その跡が丸見えになる。外国人たちは「なぜ日本のレディはみな背中をヤケドしているのか」と驚いたという。

お灸の跡を丸出しでドレスを着るというのは、やはり笑い話に属するエピソードであろう。しかし、それを滑稽だと思うのは、やはり一面しか見ていないのであって、治外法権を撤廃するためにどれだけ維新の元勲たちが必死であったかを、まずわれわれは思うべきではないだろうか。

なぜプロイセン憲法が手本になったか

治外法権を撤廃し、一人前の国家になる——明治憲法も、そうした危機意識から生み出されたものであった。日本が諸外国から近代的な法治国家と見做《みな》されるためには、やはり法体系の根幹となるべき憲法を制定しなければいけない。伊藤博文が自ら憲法調査を行なったのは、そうしたことが背景にあった。

だが、明治十五年(一八八二)、欧州出張に出た伊藤博文は、当初ずいぶん落ち込んだようである。

なるほど、議会制民主主義の最先進国はイギリスである。しかし、イギリスの憲法は長年の慣習を積み上げた〝不文法〟であり、一巻の「憲法」とはなっていないから、一朝一夕に真似できるものではない。また、アメリカやフランスは成文法の憲法であるが、共和制ということで、天皇を戴く日本には合わない。

治外法権条項を撤廃するためにできるだけ早く欧米なみの憲法を作ろうと考えた伊藤は、こうした事情を知って、相当がっくりきたようである。

そこで伊藤はドイツに向かう。ドイツ帝国は一八七一年にドイツ統一を果たしたばかりの新興国家ではあるが、鉄血宰相《さいしょう》と呼ばれたビスマルクが辣腕《らつわん》を揮《ふる》って、ひじょうに国力が伸びていた。この地で伊藤はオーストリアのシュタイン、ドイツのグナイストという二人の憲法学者に就《つ》いて立憲君主制の憲法を学び、自信を得た。特にグナイストの存在が重要である。

ベルリン大学の憲法学者グナイストを紹介したのはビスマルクであった。グナイストは元来、ローマ法の教授であったが、行政実務の経験もあり、一方でイギリス法にも精通して、『イギリス憲政史』という名著も執筆したほどの人物である。同書はイギリス本国にも類書のない法制通史であり、英訳が二巻本として出版されてもいる。つまり伊藤は、世界一の憲法学者を紹介されたことになる。

このグナイストは伊藤に、「日本は旧プロイセン憲法を手本とするべきだ」という助言を与えた。今から見ても、この助言はまさに的確なものである。彼はおそらく、伊藤にこう言ったであろう。

「なるほどドイツ帝国にも憲法はある。しかしドイツ帝国は、さまざまな国家を統一して生まれた連合国家である。単一民族の国家である日本に参考にならないところもあるだろう。それよりも、ドイツ帝国の中心となったプロイセン王国の憲法のほうが、貴国の国情に適している」

当時の日本の国号は「大日本帝国」であったが、帝国という名称に惑わされず、「日本は王国の憲法を手本にしたほうがいい」としたグナイストは、まさに慧眼《けいがん》の人であった。

国王のことを英語ではキングと言うが（ドイツ語ではキューニッヒ）、この言葉は本来、「一族の長」という意味である。「酋長《しゅうちょう》」と言ったほうが分かりやすいかもしれない。日本史の例で言うと、八幡《はちまん》太郎義家《よしいえ》などは源氏という一族の統領、すなわち〝キング〟だった。

こうしたことから、元来ヨーロッパでは、実力だけで下から成り上がった人間は、まずキングになれない。ナポレオンは実力で皇帝になったが、フランス国王になることはできなかった。国王には〝血統〟が必要なのである。そのくらい、キングとエンペラーは違うのである（もっとも、ナポレオンは弟や子ども、将軍たちを小国の「王」にした。彼は「帝」だったから「王」を作ることができたのだ）。

こんな話もある。

ドイツ帝国の初代皇帝ヴィルヘルム一世は、もともとプロイセンの国王であった。プロイセンは、彼の先祖たちが異教徒たちと戦い、血と汗を流して作った国である。彼の先祖フリードリヒ大王がオーストリアと死闘を繰り広げた話（シュレージェン戦争と七年戦争）は、ヨーロッパ史上あまりにも有名である。このようなプロイセンの歴史を、ヴィルヘルム一世がたいへん誇りに思っていたのは当然のことである。

だから、彼がとうとうドイツを統一し、その初代皇帝の座に就くことになったとき、その心境は複雑であったという。なぜなら、皇帝になるということは、プロイセン国王という呼び名と別れなければならないということになるからである。皇帝戴冠式の前日、ヴィルヘルム一世はさめざめと泣いたと伝えられている。また、戴冠式でも、自分を皇帝の座に即《つ》けた張本人のビスマルク首相をまったく無視し、握手すら拒んだという。

彼にとって国王の座というのは、何ものにも代えがたいものであった。それはそうであろう、〝成上がり〟のナポレオンだって皇帝になったのだから。

この意味で、日本の天皇は国王であって、皇帝ではない。天皇は日本民族の長であり、一朝一夕に成り上がった権力者ではない。だから、グナイストが旧プロイセン憲法を手本にすべきであると助言したのは、まことに正しかったのだ。

明治憲法には「首相」も「内閣」もなかった

伊藤は、グナイストのアドバイスを受け容れ、プロイセンの憲法を下敷きに新憲法を作ることにした。

グナイストが行なった講義の記録が、昭和に入って、伊藤の秘書であった伊東巳代治《みよじ》の書斎から発見された。それを読むと、いかに伊藤がグナイストの指導に忠実に明治憲法を作ったかがよく分かる。

たとえば、プロイセン憲法では「国王は軍隊を統帥《とうすい》する」と規定しているが、これがそのまま明治憲法第十一条の「天皇ハ陸海軍ヲ統帥ス」という条項になっている。

また、内閣の規定にしても、伊藤はプロイセンのやり方を踏襲している。すでに当時のイギリスでは、今日のような責任内閣制度が定着していた。これは、首相が内閣の最高責任者であって、その指示に従わないような大臣はいつでも馘《くび》にできるという制度である。言うまでもないが、今の日本の内閣も責任内閣制度によっている。

ところが、伊藤が作った明治憲法を見ると、そこには一言たりとも「首相」という言葉も、「総理大臣」という単語もない。それどころか、「内閣」という文字もないのである。つまり、明治憲法の規定から言えば、戦前の日本には首相も内閣もなかったことになるのである（この問題については拙著『日本史から見た日本人・昭和編』〈祥伝社〉を参照されたい）。

このようなことになったのは、グナイストが伊藤に対して、「イギリスのような内閣制度を採用すべきではない」ということをアドバイスしたからに外《ほか》ならない。なぜなら、いつでも大臣の首を切れるような首相を作ると、国王（日本においては天皇）の権力が低下するからである。グナイストは、「あくまでも行政権は国王や皇帝の権利であって、それを首相に譲ってはいけない」という意見であった。

この意見を採用した結果、戦前の日本は憲法上、「内閣も首相も存在しない国」になった。もちろん、実際には内閣も首相も存在したわけだが、これは憲法に規定されたものではない。それどころか、内閣制度は憲法発布（明治二十二＝一八八九年）よりも四年前の明治十八年（一八八五）に制定されているのである。また、現実問題として、ほかの大臣の首を切れないような首相では首相と呼べないのである。

憲法に首相の規定がないということは、のちに日本に大変な災いをもたらすことになる。昭和に入って、軍部がこの明治憲法の〝欠陥〟に気付き、政府を無視して暴走しはじめたのである。彼らは「われわれは天皇に直属するのであって、政府の指図を受けなくともいいのだ」という理屈を持ち出したのだ。

これはまったくの暴論ではあるが、憲法上の規定では、たしかにそうなっているのである。そもそも、明治憲法では「陸海軍は天皇に直属する」と明記されているのに対して、内閣や首相については一言も触れていない。これでは軍に憲法の条文を振り回されれば、政府に勝ち目はない。これが昭和五年のロンドン条約（海軍軍縮）を契機として起きた〝統帥権干犯《とうすいけんかんぱん》問題〟の本質であった。

憲法に首相も内閣もなく、したがって条文上、軍のことに政府が口出しできないと分かったとき、〝昭和の悲劇〟は始まった。これ以来、日本政府は軍部の意向に逆らうことはできなくなった。その結果、シナ大陸での戦争は止めどなく拡大し、挙げ句の果てには日米開戦に突入することになったのである。

今日のわれわれからしてみると、内閣も首相も規定していないような明治憲法は「欠陥憲法」という外はない。もし明治憲法制定に当たって、たとえ責任内閣制度でないにしても、首相について明確に規定しておれば、もう少し軍部の暴走に抵抗できたのではないかという思いは尽きない。

しかし、だからといって、伊藤博文の罪を責めるのは少々酷《こく》であろう。なぜなら、すでに書いたように、伊藤が急ごしらえで憲法を作った大きな目的は、治外法権条項の撤廃にあったからである。

伊藤にしても、「明治憲法に欠陥なし」とは思わなかったであろう。本来、憲法とはそれぞれの国情を反映して作られたもので、そうそう簡単に移植できるものではない――欧米各国を視察した伊藤は、そのことを痛感していたはずである。

グナイストにしても、「プロイセン憲法をそっくり真似すればいいじゃないか」と言うような三流学者ではない。

英語で憲法のことを、コンスティテューション（constitution）と言う。コンスティテューションという単語を個人に使う場合は「体質」という訳語が当てられるが、憲法とはまさに「国家の体質」を規定したものなのだ。

たぶん、伊藤はグナイストに「即席で憲法を作ることなどできないのは、充分承知している。だが、日本には憲法をじっくり検討するような余裕はないのだ」というようなことを訴えたであろう。そして、それを諒《りよう》としてグナイストも伊藤に憲法講義を行なったと思われる。

致命傷は〝不磨の大典〟

明治憲法は、いわば突貫工事のようにして作られたわけだが、それでも昭和になって軍が統帥権のことを持ち出すまで問題が起きなかったのは、元老たちがいたからである。

元老というのは、天皇の諮問《しもん》を受ける維新の功臣たちのことで、当初のメンバーは、伊藤博文、黒田清隆、山県有朋、松方正義《まさよし》、井上馨、西郷従道《つぐみち》、大山巌であった（のちに西園寺公望《さいおんじきんもち》、桂《かつら》太郎が加わる）。彼らは文字どおり、命を賭けて明治維新を起こした人物であり、明治天皇の信任も篤《あつ》い。彼ら元老が健在であった間は、憲法の欠陥が表面化することはなかったのである。

たとえば、すでに述べたとおり、明治憲法においては首相の規定がない。だが、それにもかかわらず首相が政府の代表者となりえたのは、元老が次期内閣の首班を指名するという決まりになっていたからである。

当時の感覚からすれば、元老たちが推薦するということは、天皇の眼鏡にかなう人物であるということであった。そのくらい、天皇と元老との信頼関係は強かった。

つまり、元老が選んだということは天皇が選んだということに等しく、したがって、首相の決定に対して他の大臣や軍部が逆らうことは考えられなかった。それは天皇への反逆に等しいのである。だから「軍は政府の言うことを聞かなくてもいい」などと言うような人物なぞ、ありえなかったのである。

天皇と元老の信頼関係に基づく磐石《ばんじゃく》の体制があったからこそ、伊藤は多少の傷は気にせず、速成で憲法を作れた。しかし、その伊藤にしても、たった一つの誤算があった。それは「元老たちがこの世を去ればどうなるのか」ということを考慮に入れなかったらしいことである。

実際、昭和初年になって元老という重しがなくなってから、急に首相を軽んずる勢力が現われたと言っても過言ではない。かくして憲法の条文は一人歩きをしはじめ、軍部の独走を許してしまう結果となってしまった。

軍部のクーデタが日本を揺がした五・一五事件（昭和七＝一九三二年）や、二・二六事件（昭和一一＝一九三六年）のとき、元老は公家《くげ》あがりの西園寺公望ただ一人であった。すでに黒田は明治三十三年（一九〇〇）、西郷は明治三十五年（一九〇二）、伊藤は明治四十二年（一九〇九）、桂は大正二年（一九一三）、井上は大正四年（一九一五）、大山は大正五年（一九一六）、山県は大正十一年（一九二二）、松方は大正十三年（一九二四）に死亡している。

昭和になる前に、明治憲法の健全な担保ともなる元老は、すべて死亡していたのだ。二・二六事件を見て、「山県老公が生きていたらこんなことはなかったろう」と嘆声を挙げた人がいたが、それは正しかったのである。

すでに起こってしまったことを云々《うんぬん》するのは、しょせん後知恵で、言ってみてもしかたのないことではある。しかし、今後のためにも、このことは何度でも繰り返して述べたい。

最も致命的だったのは、明治憲法が〝不磨《ふま》の大典《たいてん》〟とされたことである。この言葉があるために、明治憲法はその条文を改正することはほとんど不可能に近かった。しかし、悔やまれてならないのは、伊藤博文が「ポスト元老時代」を見越して、憲法を実情に適《かな》った形で改訂していく道を残してくれていたら、昭和の悲劇は起こらなかったのでは、ということである。

どんな憲法であれ、それは人間の作ったものである以上、欠陥はありえる。また状況が変われば、憲法（コンスティテューション）も変わらなければいけない。人間だって、齢《とし》を取れば体質（コンスティテューション）が変わるではないか。その点〝不磨の大典〟とされたとき、すでに昭和の悲劇が始まったと言っていいだろう。アメリカをはじめ、欧米の諸国は平均すると数年に一度は憲法に手を加えているが、これが正常なのだ。さらにイギリスの憲法は成文法ではないがゆえに、つねに変わりつづけていると言ってもよいのである。

実質上の憲法だった「教育勅語」

話を戻そう。

しょせん明治憲法は文明国の体裁《ていさい》を整えるための〝借り着〟にすぎないとはいっても、国家を運営するにあたって、その〝体質〟に適《あ》った基本理念はあったほうがいい。理念がなければ、それは単なる「烏合《うごう》の衆」のようなものであり、国家とは呼べない。ところが、明治憲法だけでは、やや不充分と言わざるをえない。明治の元勲たちも、そのように考えたようである。

そこで作られたのが、憲法発布の翌年（明治二十三＝一八九〇年）に出された教育勅語であったと思われる。

戦前の義務教育では、ほとんどと言っていいほど明治憲法のことを教えなかったが、その代わり、子どもたちに徹底的に教育勅語を暗記させた。また、入学式や式日《しきび》（元旦、紀元節、天長節、明治節）などでは、かならず校長が教育勅語を読み上げた。それは教育勅語のほうが、じっさいの「憲法」であったからだと考えれば分かりやすい。

教育勅語がまず説くのは、日本人の伝統的な倫理観である。つまり、「親を大事にせよ」とか「友人や配偶者と仲よくせよ」、「身を謹《つつし》んで学業に励め」、「人格を修養せよ」というようなことである。

このような個人的徳目を並べたのちに、勅語は「一旦緩急《いったんかんきゅう》アレバ義勇公《こう》ニ奉ジ以《もっ》テ天壌無《てんじょうむ》窮《きゅう》ノ皇運《こううん》ヲ扶翼《ふよく》スベシ」と言う。教育勅語の中で最も重要な部分はここである。

このくだりを読んで、「やはり教育勅語は軍国主義的だ」と思う人もいよう。昭和になってから、教育勅語の中の「天壌無窮ノ皇運」とか「億兆《おくちょう》心ヲ一《いつ》ニシテ」という部分が強調されるようになったのは事実であるが、それは勅語本来の精神とは別問題である。この勅語を作った人たちの感覚としては、「徳川家や主家に対して忠誠を尽くしていた時代は終わった。これからは国家に忠誠を尽くせ」ということを言いたかったのである。

ことに、勅語が発布された明治二十三年（一八九〇）当時は、前述のとおり、各地で自由民権運動がさかんになり、反政府活動が起こっていた時期である。

もちろん、この教育勅語は明治憲法のように法律の体をなしていない。書いてあるのは理念だけで、その運用方法はまったく書かれていない。しかし、本来、憲法というのは国家としての理念を示すのが目的であって、実際の運用は法律に任せればいいのだから、それでも構わないのだ。

少なくとも、この勅語に書いてあるとおり、親孝行をして、勉学に励み、国家に忠誠を尽くせば、戦前においては犯罪者になることはなかったし、誰からも非難されることはなかった。その意味で、教育勅語はまさに憲法だったのである。

こうして見ていくと、明治の日本は明治憲法と教育勅語の「二重法制」の国であったということもできる。形式としては明治憲法を日本の法体系の頂点に置くが、実際には教育勅語の精神で国家を統治するというのが、明治政府の本音であった。

現代人の感覚からすると、二重法制は異常な状態のように思われるかもしれないが、実はこうしたことは、江戸時代以前にもあったことなのである。それは律令《りつりょう》と式目《しきもく》の関係である。

貞永以来の二重法制国家

古代の日本は「律令体制」という呼び名のとおり、律令を基本法として国家統治が行なわれていたわけだが、この律令は当時のシナからの輸入物であった。明治政府がプロイセンの憲法を日本に輸入したのと、まったく同じ構図である。

そもそも律令体制が完成する契機となった大化《たいか》の改新《かいしん》じたい、明治維新と共通点が多い。

大化の改新というのは、一言でいえば、国粋派の中臣《なかとみ》氏と国際派の蘇我《そが》氏との間の政権抗争に起源があった。蘇我氏のほうが朝廷にも仏教を入れようとしたのに対し、一方の中臣氏らは「従来どおり神《カミ》を祀《まつ》るべきだ」と主張したところから、両者の争いは始まった。攘夷と開国とに分かれた明治維新と同じである。しかも、政権を掌握するやいなや、国粋派が今までの主張をガラリと変え、開化政策を採って、先進国（シナ）から憲法（大宝律令《たいほうりつりょう》）を輸入したあたりも、まさに瓜《うり》二つである。

さて、その律令だが、シナから移植するに当たって、当時の朝廷も明治政府同様、日本風に内容をアレンジした（詳細は拙著『日本史から見た日本人・古代編』〈祥伝社〉を参照されたい）。だが、やはり結局は〝借り着〟であって、こちらも実質的な力を持たなかった。何しろ天皇みずからが律令無視を行なって平気なのである。

たとえば、律令の仏教に関する規定に「僧尼令《そうにりょう》」というものがあるが、そこでは「僧侶が国家のことに関与してはならない」という項目がある。今日風に言えば政教分離の規定である。

ところが、実際に何が行なわれたかといえば、大宝律令公布から四十年後の天平十三年（七四一）に、聖武《しょうむ》天皇自らが諸国に国分寺を作らせ、国家の平安を祈らせているのだ。これは立派な律令違反である。もちろん、法理論から言えば、「天皇は唯一の主権者なのだから、律令の適用範囲外なのだ」ということもできるだろうが、律令がまったく無視されていることには変わりはない。

また、律令にはちゃんと刑法の規定があって、死刑についても明記されていたのだが、平安時代には、事実上、死刑が廃止されてしまった。もちろん、律令の死刑規定は削除されず、そのまま残されているのである。

このようにどんどん形骸化していった律令に止《とど》めを刺したのが、貞永《じようえい》元年（一二三二）、鎌倉幕府の執権・北条泰時《やすとき》が出した御成敗式目《ごせいばいしきもく》（貞永式目）であった（この式目の重要性を広く知らしめたのは故・山本七平氏の功績である）。

御成敗式目は、言ってみれば武家の「慣習」と「道理」を集大成したもので、誰の目にもよく分かる法律だった。御成敗式目で泰時は、「京都の律令は漢字みたいなものであり、これに対して式目は仮名《かな》のようなものである」と書いているが、まさにそのとおりで、式目は当時の人間の感覚にぴったりきたのである。

たとえば、その第一条を読むと「よくカミを拝《おが》め」と書いてあるのだが、続く第二条では「よくホトケを拝め」と書いてある。西洋人から見ればこんなに矛盾した法律はないのだが、「カミもホトケも拝め」とあるほうが安心できるのが日本人の体質（コンスティテューション）なのである。

御成敗式目は日本人の体質に適ったから、長く力を持った。式目は政権が変わるたびに呼び名は変わり、内容も改訂されたが、その力は江戸時代が終わるまで続いた。

しかし、ここで面白いのは、御成敗式目以後も律令がなくならず、生きつづけたという事実である。たとえば、吉良上野介《きらこうずけのすけ》とか浅野内匠頭《たくみのかみ》と言うときの「上野介」とか「内匠頭」という呼び名は律令制の官職名で、形式的には京都の朝廷から任命されることになっていた。つまり、貞永以来六百五十年にわたって、日本は二重法制の国家であったことになる。

このような経験があったから、憲法と勅語の両立体制はけっして初めてのことではなかったのだ。はたして伊藤がそのことを明確に自覚していたかは分からないが、憲法上に規定のない首相や元老制を設置しても誰も文句を言わなかったのは、そうした感覚が日本人の中にあったからだと思われる。

生き残る唯一の道、富国強兵・殖産興業

余談が長くなったが、明治憲法がヨーロッパ直輸入のもので、日本の体質には本来馴染《なじ》まないものであったのは、否定できない事実であろう。だが、だからといって、明治憲法や、さらに明治維新そのものの価値までを否定するのは、やや短絡にすぎると思う。それは借り着に近かったが、あくまでも自主憲法であり、日本人の体質や習慣も摂《と》りこまれていたのである。

戦後の左翼的な歴史観において、明治維新の諸改革やその後の富国強兵策はまったく目の敵《かたき》にされ、否定的な評価ばかりがまかりとおった。しかし、何度も繰り返すように、欧米列国の植民地化政策に対して日本が生き残るための選択肢は、急速に欧化政策を進めて国力を高める道しかなかったということは、ぜひ忘れずにいてもらいたいと思う。

たしかに明治憲法には、首相や内閣の規定がなく、それが昭和の悲劇をもたらすことになっ

た。だが、明治の元老たちがあのとき、憲法を拙速を覚悟で作ってくれていなければ、日本はいつまで経っても条約改正を実現できなかったであろう。

現実には、明治三十二年（一八九九）に治外法権が撤廃され、明治四十四年（一九一一）に関税自主権も回復し、日本は名実ともに独立国になった。だが、憲法を中心とした近代法体系を構築していなければ、これはもっと遅れたのではないか。

それは、憲法以外の欧化政策にしても同じことである。

たとえば、明治政府が行なった殖産興業政策は、一部の財閥を優遇しているということで、当時から評判が悪かった。特にその中でも悪名が高かったのは元老・井上馨で、彼のことを「三井の番頭」と呼ぶ人も多かった。

井上に対する世評は、おそらく事実であったろう。彼は自分が設立した貿易商社を、そっくりそのまま三井財閥に買い取らせているし（これがのちの三井物産になる）、そのほかの面でも三井に便宜を図《はか》っている。そこではカネも動いたはずである。

こうしたことを見て、今日のわれわれが井上馨のことを「腐敗している」とか「堕落している」というのは、じつに簡単なことである。だが、もしも明治政府が「腐敗」を恐れるがあまり、肝心の財閥育成を止めてしまったとしたら、日本はどうなっただろう。どんなに零細企業が集まっても、大資本には太刀《たち》打ちできない。結局、当時の清国やインドのように、日本の経済も欧米資本が牛耳《ぎゅうじ》るようになったことは想像にかたくない。

ところで、この明治の財閥優遇策の意味を正しく評価した外国の人に、韓国の朴正煕《ぼくせいき》元大統領がいることを指摘しておきたい。

朴大統領は、日本の進歩的文化人やマスコミに言わせると「クーデタによって大統領の座に就いた稀代の独裁者」ということになるようだが、実際は逆であって、今日の韓国があるのは、ひとえに朴大統領の功績といっていいであろう。

何しろ彼が大統領に就任した一九六三年当時は、朝鮮戦争が終わって十年も経っているのに、経済は一向に復興していない。経済危機の連続といってもいいような状態であった。何しろ一人当たりのGNPが五、六十ドル前後を低迷しており（ちなみに日本は当時七百三十ドル）、「アフリカ並み」と言われ、世界でも最貧国のレベルに近かった。

ところが、彼が大統領になってからというもの、韓国のGNPは年平均一〇％近くの成長率を示し、わずか十年あまりで「アジアの昇竜」と呼ばれるようになった。これが彼の功績でなくして何であろうか。

この朴大統領が採った経済政策の主眼は、明治の日本が欧米先進国からすべてを吸収しようとした方針を真似し、日本のやり方をわがものにすることであった。その一つが、財閥の保護育成であった。「現代」、「三星」あるいは「大宇」という財閥は、すべて彼の庇護《ひご》によって発展して、韓国経済の原動力となったのである。

財閥に対して集中的な援助を行なうというのは、勇気のいることである。たとえ何事もなくとも、そこでは汚職が行なわれていると国民は考える。実際、今でも朴大統領に対してダーティーなイメージがあるのは、この政策が災《わざわ》いしているのは間違いない（現実には朴大統領のご遺族は、言わば清貧であると聞く）。

だが、それでも朴大統領が財閥保護を断行したのは、維新の成功が頭にあったからであろう。

朴大統領は、もともと日本とたいへん縁の深い人であった。貧しい農家の五男として生まれた朴大統領は、苦学して朝鮮の師範学校を卒業し、最初、小学校の教師になるのだが、彼の才能を惜しんだ日本人の恩師から、「今度、満洲に軍官学校ができるから、そこに入学してみてはどうか」と勧められる。

そして、この満洲の軍官学校でも抜群の成績を収めたので、日本人教官に推薦されて今度は日本の陸軍士官学校に特典入学する。ついでながら言っておけば、戦前においては朝鮮は日本の一部であったから、朝鮮の人も日本国民としてまったく同等の待遇を受けたのだ。

これは推測にすぎないけれども、日本で学んでいる間、彼は「なぜ日本は近代化に成功し、わが朝鮮は失敗したのか」ということを一生懸命考えつづけたのではないか。そして、あれだけ頭脳明晰な人であるから、当然、その原因の一つが明治の財閥育成策にあったことに気が付いたはずである。

こうした体験を持った人が、自国の経済危機を前にしたとき、「これは明治維新以外に方法はない」と思ったのは、きわめて自然な話だろう。実際、朴大統領が在任中に唱えた政治スローガンは「維新体制」という言葉であった。

明治の指導者は〝気概の人〟たちだった

話を戻そう。

明治の指導者たちが世評を気にせず、財閥育成策を推進したというのは、彼らの中に明確な優先順位があったからだ。それは、日本を欧米の植民地にさせないという大目標であり、そのためには何と酷評されようと構わないという覚悟があった。

さきほどの井上馨にしても、それは同じであった。

そもそも弱小な個人商店が欧米の世界的企業と競争して勝てるわけがない。井上は、青年時代に密航してマルセイユに上陸し、西洋の港や市街を見た時の感銘を終生忘れることがなかった。三井財閥の強化も、日本郵船の発展に尽力したのも、欧米との競争を考えれば、日本のために必要と見たからだ。

新聞は毎日のように「井上は財閥からカネをもらっている」と書き立てていたが、当人はそんなことを少しも気にかけなかった。その代わりに彼は毎日、イギリスの新聞だけは人に翻訳させて読んでいた。イギリス人たちが日本のことをどのように報じているかを知るためであったという。つまり、井上にとって自分に対する世間の評判など、どうでもいいのである。それよりも、日本に対する世界の評判のほうが、ずっと大事だという感覚が彼にはあった。

しかるに、昭和から現代に至るまでの指導者で、井上のような感覚を持った人は、はたしてどれだけいたであろう。

昭和の軍人たちにとって重要だったのは、何よりも軍隊組織における自分の評価であって、世界がどう思おうが関係ない。満洲事変などを見て世界中が眉をひそめたことなど、お構いなしである。また、戦後の政治家で、自らの評価より、世界における日本の評判ということを大事にしたのは、おそらく吉田茂《しげる》首相くらいではないか。

こうした井上のような精神を、〝気概〟という言葉で表現してもいいであろう。大目標のためには、潔く自分個人のことを捨てる――それが〝気概〟である。

井上にかぎらず、維新の元勲たちがみな〝気概〟の持ち主であった証拠として、私は彼らが誰一人として自分の実子を政治家にしなかったということを、ぜひ記しておきたいと思う。

明治維新以前の日本は、言うまでもなく、世襲が当たり前の世界であった。殿様だろうが、百姓だろうが、みな自分の子を跡継《あとつ》ぎにしていたのである。

そのような時代から、まだ何十年も経っていない。もしも彼らが元老の地位を子どもに譲りたいと思えば、おそらく、それは許されただろう。〝常識〟というのは、そうそう変わるものではないからだ。だが、彼らはあえて、それをやらなかった。というのは、やはり「世襲をやっては、旧幕時代と変わらないじゃないか」という思いがあったからである。

こうした彼らの姿勢を見て、「そんなことは当然じゃないか」と思うのは勝手である。だが、革命を起こした人たちが権力を握ると、とたんに〝先祖返り〟をしてしまうというのは、枚挙に暇《いとま》がない。北朝鮮の世襲体制はその最たるものだが、ソ連や中国においても共産革命が成就すると、指導者はあっという間に〝皇帝〟になり、その一家眷属《けんぞく》までが栄華《えいが》を極めるようになったではないか。

そのような誘惑を拒否して、自分の子どもに権力を譲渡しなかったということだけを見ても、やはり明治維新の指導者たちが〝気概の人〟たちであったということは理解してもらえるのではないだろうか。

そして、国家存亡の秋《とき》に、こうした気概に溢れた指導者に恵まれた日本は、まことに幸福な国であったということも、ぜひ認識してほしいと思うのである。

第2章

日清・日露戦争の世界史的意義

——「祖国防衛戦争」の真実

1　朝鮮独立を助けた日清戦争の義

福沢諭吉は熱烈な「憂国の士」だった

明治の指導者たちが、いかに日本の独立を真剣に希求し、そのために血の滲《にじ》むような努力を払ってきたかということを、これまで書いてきた。

彼らは、世間が自分のことをどう言おうと、また、苦楽をともにしてきた西郷のような人物と袂《たもと》を分かつことになろうとも、白人近代国家に伍して日本が生き残っていくために、その心血を注いできた。その気持ちの底辺には、「このままでは、日本の独立が危うい」という危機感があった。

それでは、新政府の首脳以外の日本人は、当時の状況をどのように見ていたのであろうか。はたして、彼らと同じ危機感をもっていたのであろうか。そのことを知るために、ここでは福沢諭吉のことを取り上げてみたいと思うのである。

日本人で、福沢諭吉の名前を知らぬ人は、まずいないであろう。何しろ、今では一万円札に彼の肖像が刷られているほどであるし、また彼の著書『学問ノススメ』の冒頭に書かれた「天は人の上に人を造らず、人の下に人を造らずと云へり」という言葉は、あまりにも有名である。さらに彼は幾多のベストセラーを書いた。前述の『学問ノススメ』をはじめ、『西洋事情』や『文明論之概略』は幕末から明治にかけて、多くの日本人に読まれ、「西洋文明とは何か」を伝えた。

まさに福沢諭吉は「西洋文明の伝道師」と言っていいであろう。彼は生涯、官に仕えず、政治に関わらず、西洋の文明を紹介しつづけたのである。

ところが、このような福沢諭吉は、同時に熱烈な「憂国の士」でもあった。

私がそのことを知ったのは、戦後間もない学生のころ、小泉信三《しんぞう》先生の『支那事変と日清戦争』という小冊子によってであった。「福沢諭吉が日本の独立を憂えていた」という話を読んで、ちょっと虚を衝《つ》かれたような思いがしたのは、今でも鮮明に覚えている。

福沢諭吉は、一生、政治の世界とは無縁の人であった。一時期、幕府に通訳として雇われたことがあったぐらいで、新政府から何度も誘いを受けたのだが、一度として応じなかった。それには理由があって、福沢にとって新政府は「攘夷《じょうい》の集団」という印象が強かったからである。

幕末のとき、薩長などの討幕派の旗印は、言うまでもなく尊皇攘夷である。洋学者・福沢にとっては、仇《かたき》のような存在である。もちろん、明治維新が成立してからは新政府は方針を一八〇度変えるわけだが、彼はとうとう新政府には出仕しなかった。

それでは彼が幕府のほうを支持していたかといえば、これも違う。

福沢は「門閥圧政は親の仇」と言いつづけた人で、封建制度をはなはだしく憎んでいた。また、「幕府は確かに開国したけれども、本心では鎖国主義だ」ということもあって、彼は幕府にも好感を持っていなかった。それで彼は幕末の動乱期においても、いっさい政治運動には関わらず、慶応義塾で学生に洋学を教えていたのである。明治元年、官軍が江戸に進軍し、上野の山に彰義隊《しょうぎたい》が籠《こも》って戦争になったときでも講義を続けたという話は、あまりにも有名である。

福沢は、このような人であったから、「日本の独立」を憂慮したというのは、想像しにくいところがある。ところが、じつは彼ほどそのことを真剣に憂えた人も少なかったのだ。

小泉先生の本によれば、明治の初期、福沢諭吉は塾生に向かって、次のように話したという。

「今日、イギリスのロンドンに行って、『このイギリスという国の独立は果たして安全であるか』を問うたならば、何人《なんぴと》も『何を馬鹿なことを問うか』といって相手にしないであろう。ところが、この日本では果たしてこの国の独立が完全であるや如何《いかん》ということが一の問題になるのは情けないではないか」

また、福沢は維新前後、このままでは日本国は外国に滅ぼされると思い、

「いよ〱外人が手を出して跋扈《ばっこ》乱暴というときには、自分は何とかしてその禍《わざわ》いを避けるとするも、行く先の永い子供は可愛《かわい》そうだ、一命に掛けても外国人の奴隷にはしたくない」(『福翁自伝』)

とまで悩んで、子どもたちを「耶蘇《ヤソ》宗の坊主」にしてしまおうとも考えたという。いかに白

人であっても、坊主、つまり神父や牧師にまでは乱暴すまいと思ったのである。

小泉先生は、先ほどの本の中で、

「今日の多数の読者には、日本の識者がこの国の独立を憂えたというが如《ごと》きは、殆《ほとん》ど想像もし難いことであろう。しかし、当年の識者の憂いは皆《み》なここにあった」

と書いておられる。

まさに現代のわれわれは、日本が独立国であることに何の疑いも持たない。しかし、幕末から明治にかけての日本人は、「このままでは日本は西洋人の植民地になるかもしれない」という深刻な不安を持ったのだ。

ことに福沢諭吉は何度も欧米に旅行しているから、インドやシナで白人が横暴を極めているさまを実際に目撃している。アメリカでの人種差別も知っていた。そのショックは強烈であっただろう。

前章では、明治の指導者たちが日本を一刻も早く近代化せねばならないという危機感を持っていたことを書いたが、それはそのまま福沢の危機感でもあった。

彼は生涯にたくさんの本を書き、「脱亜入欧《だつあにゆうおう》」ということを説いたが、それは単純な欧米崇拝ではない。「何としてでも近代化せねば、われわれは白人の奴隷になってしまう」という焦燥感から書かれたものなのである。ただ明治政府と福沢との違いは、それを「上からの近代化」で行なうか、「下からの近代化」で行なうかの方法論の違いなのである。

むろん、福沢は「下からの近代化」を目指した。だからこそ、彼は自前で慶応義塾を作り、塾生たちに「官僚にならず、民間人として新知識を活用せよ」と説いたのである。

日清戦争は「余計な戦争」か

さて、このように福沢諭吉は生涯にわたって〝日本の独立〟ということを憂えた人であったわけだが、その彼が「ついに日本もここまで来たか」と思った事件は、日清戦争であった。日清戦争については、今日では「余計な戦争」というような言われ方をすることが多い。たしかに、結果だけを見れば、ロシア、ドイツ、フランス三国の武力干渉によって、せっかく得た遼東半島《りょうとう》を失うことになったわけだから、そういう言い方もできるであろう。

また、日露戦争については多くの本が書かれているが、日清戦争を扱った本は、それに比べると、いかにも少ない。これも現代の日本人にとって、日清戦争がいかに印象の薄い出来事であるかを示す一例だろう。

しかし、当時の日本に暮らしていた人にとって、日清戦争というのは大事件であったし、非常な意義のある戦争であったのだ。それは〝余計な戦争〟どころではない。そのことは、日清戦争の最中、福沢諭吉が木村浩吉《こうきち》海軍大尉に書いた手紙を読めば、よく理解できるのではないか。

福沢が手紙を書いた木村海軍大尉は、彼の大恩人・木村芥舟《かいしゅう》の長男である。幕末の万延《まんえん》元年

（一八六〇）、福沢が咸臨丸《かんりんまる》に乗ってアメリカに渡ったのは有名な話だが、彼のアメリカ行きの夢を叶《かな》えてくれたのが、他ならぬ木村芥舟（当時は木村摂津守《せっつのかみ》）であった。

木村芥舟は咸臨丸の艦長だった。咸臨丸というと勝海舟が艦長だと思われているが、勝は言うなれば現場監督であって、咸臨丸の最高責任者は幕府の軍艦奉行だった木村である。

この咸臨丸出航の話を聞いた福沢諭吉は、「何とか一緒にアメリカに行きたい」と考えるのだが、いかんせん彼は大分・中津《なかつ》藩の一藩士であって、幕府の使節団に加わる資格などない。そこで一計を案じて、福沢は木村に「あなたの従者ということで咸臨丸に乗せてもらえないか」と頼み込むのである。すると木村は初対面の福沢に、その場で「よろしい、連れていってやろう」と快諾したという。このとき、福沢は二十七歳、木村は三十一歳であった。

それ以来、福沢にとって木村芥舟は大恩人になった。咸臨丸に乗るため、一時的に主従関係を結んだだけであったにもかかわらず、終生、木村に対するときの福沢は、従者が主人に対するがごとき態度であったと伝えられている。

この木村の長男・浩吉が日清戦争のとき、軍艦・松島に乗りこんで清国海軍と戦うことになったわけだが、福沢は彼に次のような手紙を書いたのである。

「御軍役、御苦労千万《せんばん》と存じ候《そうろう》。（中略）我が邦栄辱《くにえいじょく》の分《わか》るる所、抜群の御働《おはたらき》、くれぐれも待ち奉《たてまつ》り候。はたまた御留守宅の義は及ばずながら御心《こころ》添《ぞ》え仕《つかまつ》るつもり、万々一、御討死《おんうちじに》にも相成《あいな》り候はば、御両親様の処《ところ》は老生（福沢）の生涯中、きっと御引受け申上げ、ご不自由なきよう致すべく、兼《か》ねて覚悟に付き、其《そ》の辺、御心安く思《おぼ》し召されたく候。（中略）余は凱旋《がいせん》万歳の時を期し候」（小泉信三『支那事変と日清戦争』から引用。読者の便宜を考え、表記を一部改めた）

恩人の息子に向かって福沢が言っているのは「頑張って日本の栄光を示してほしい。もし戦死なされても、御両親のことはちゃんと面倒を見てさしあげるから安心してくれ」ということである。

また、その四年後に書いた『福翁自伝』の中で、彼は日清戦争を振り返って、次のようにも書いている。

「日清戦争など官民一致の勝利、愉快とも難有いとも言いようがない。命あればこそコンナことを見聞するのだ、前《さき》に死んだ同志の朋友が不幸だ、アア見せてやりたいと、毎度私は泣きました」

福沢のような人から見ても、日清戦争は大義ある戦争だった。

大恩人の息子に向かって「まさかの時には立派に討死してくれ」と言うことができた戦《いくさ》であり、「日清戦争の勝利を見ずに死んだ仲間たちがかわいそうだ」という快事だった。彼にとっては、けっして「余計な戦争」などではなかったのだ。

画期的だった日朝修好条規

前章で述べたとおり、欧米列国からの独立を得るため、明治政府は外交問題を二の次にして、国内の近代化に力を注いだわけだが、朝鮮問題だけは別であった。

朝鮮が近代国家になってくれることは、日本の念願とも言っていい。白人諸国、ことにロシアの進出に対して、ひとり日本だけが頑張っていても、それには限界がある。やはり、近くに独立国家があるほうが、ずっと安心だ。

そこで、明治政府は朝鮮に近代化を促すための働きかけを熱心に行ないつづけた。それが初めて実を結んだのは、征韓論論争に敗れた西郷が下野してから三年後の明治九年（一八七六）に締結された日朝修好条規であった。

この条約は、第一条で「朝鮮は自主独立の国であり、日本と平等な権利を有する」ということを謳《うた》った点で、まさに画期的なものであった。

というのも、この条約が結ばれた当時の国際社会では、朝鮮は「清国の属国」と捉《とら》えられており、西洋諸国は朝鮮を独立した交渉相手として見做《みな》していなかったからである。ちなみに、ウィーンの国立図書館で昔の大地球儀を見る機会を得たことがあるが、いずれも朝鮮半島をシナとして記していた。事実、朝鮮が結んだ国際条約はこれが最初であり、この条約を見て、イギリスやドイツも朝鮮と条約を結ぶことにしたのである。

この後、日本と朝鮮の関係は比較的円満に進む。朝鮮政府内部でも開国派が影響力を強めるようになり、日本にとっても喜ぶべき状況が生まれたのである。

ところが、明治十五年（一八八二）に入って、状況が一転する。朝鮮軍の兵士が暴動を起こして混乱が起きたのに乗じて、李朝《りちょう》内における攘夷派の大院君《だいいんくん》（国王の実父）がクーデタ（壬午《じんご》政変）を起こしたのである。

しかもこのとき、大院君に唆《そその》かされた兵士が日本公使館を襲い、館員七人が殺害されるという事件が起きた。また、花房義質《はなぶさよしもと》公使も、命からがら朝鮮を脱出するということになった。

これが日朝外交上の問題になったのは言うまでもない。一国の外交官を殺害し、大使が命懸けで脱出せねばならないということになれば、これは今も昔も戦争に発展しかねない大問題である。

だが、この当時の日本は、あくまでも話し合いでの解決を目指した。結局、日本と朝鮮との間で賠償条約（済物浦《さいもつぽ》条約）が結ばれたため、いちおう一件落着したのである。

ところが、これをきっかけに朝鮮は清国の影響をさらに受けることになった。というのも、暴動を口実に、清国が袁世凱《えんせいがい》軍を派遣したからである。清国軍によって反乱は鎮圧され、また、その首謀者である大院君も逮捕され、事実上、朝鮮政府は清の支配下に置かれたのだ。

そもそも大院君は、開国派を打倒し、朝鮮の政策を清国寄りに戻そうとクーデタを起こしたのに、それを逮捕するというのだから、清国が朝鮮のことをどのように思っていたかが分かるであろう。朝鮮など、清国にとってはチェスの駒のようなものであったのだ。

福沢が援助した朝鮮の開国派

さて、それから二年後の明治十七年（一八八四）、今度は開国派の金玉均《きんぎょくきん》や朴泳孝《ぼくえいこう》らが、クーデタを起こす。いわゆる甲申《こうしん》政変である。

余談になるが、この金玉均たちが開明派に転じたのは、明治十五年の壬午《じんご》政変がきっかけであった。壬午政変で日本公使館に危害が及んだのを謝罪するため、日本に派遣された金たちは、日本のめざましい発展ぶりを見て、「朝鮮もはやく開化せねば危うい」という問題意識を持つようになったのである。かつて岩倉使節団が感じたと同じことを、この朝鮮の政治家たちも日本を「見て」感じたのである。

このとき、私財を投じて金玉均らを援助したのが、じつは福沢諭吉であった。彼は朝鮮からの留学生を慶応義塾に受け入れたばかりか、金らの求めに応じて、一万五千円近くのカネを借用書なしで貸している。

言うまでもないが、福沢が金玉均たちを援助したのは、けっして打算や計略のためではなかった。この壬午政変に先立つ明治十四年、開明派の朝鮮人に会った福沢諭吉は、門下生・小泉信《のぶ》吉《きち》（小泉信三博士の実父）に宛てて、次のような手紙を書いている。

「誠に二十余年前、自分の事を思えば、同情相憐《あいあわ》れむの念なきを得ず……其咄《そのはなし》を聞けば、他なし、三十年前の日本なり」

改革派の朝鮮人たちに出会ったとき、福沢が感じたのは「これは二十数年前の自分の姿だ」ということであった。幕末の福沢は前にも述べたとおり、日本の独立を心から憂えていた。それと同じ気持ちを、目の前にいる朝鮮の〝志士〟たちも抱《いだ》いているのを知り、感動を覚えたのであろう。だから、金玉均たちが福沢に資金援助を頼んだときにも、彼は快くそれに応じたと思われる。

だが、金玉均たちのクーデタも、袁世凱が千五百名の清軍を率《ひき》いて武力介入したため、結局失敗に終わり、金玉均らは日本に亡命することになった。

しかも、このとき清国の軍隊は宮廷内にいた日本人を殺害したばかりか、金玉均たちが日本公使館に逃げ込んだのを見て、それを攻撃までしている。これに対して、公使館のほうも必死に防戦したけれども、結局、それも続かず、外交官たちは公使館を脱出するということになった。この際、日本公使館は焼かれ、多数の日本人が惨殺された。この中には日本婦人も含まれている。

こうしたことを見て、日本人がつくづく分かったのは、「朝鮮を独立させようと思えば、結局、シナ（清）との対決は避けられない」という事実であった。

いくら朝鮮内部の開国派を支援しても、いつでも最後は清が現われて、そうした動きを封じてしまうのでは埒《らち》が明かない。このまま攘夷派が政権中央に坐りつづけて白人列強を侮《あなど》っていれば、やがては白人の植民地になってしまう。

しかし、だからといって、ただちに明治政府は清との対決姿勢を強めたわけではない。むしろ事実は反対で、国力充実を優先させるために、日本はひたすら穏健な態度を採《と》りつづけたのである。明治十九年（一八八六）に起きた清国水兵暴行事件は、そうした日本政府の態度を象徴的に示した事件であった。

この事件は、清国の北洋《ほくよう》艦隊の主力艦である定遠《ていえん》・鎮遠《ちんえん》・成遠《せいえん》・済遠《さいえん》が、丁汝昌《ていじょしょう》提督に率いられて長崎港に入港したことから始まる。

この四隻の入港が、日本に対する威圧を狙ったものであるのは言うまでもない。「これ以上、朝鮮に対して日本が干渉するならば、一戦も辞さない」というわけである。

他国の港で示威活動をすること自体、これだけでも重大な外交問題であったのに、さらに大変な問題が起こった。長崎に上陸した水兵の一部が飲酒して、日本人に対し暴行を働いたことをきっかけに、清国水兵と日本の警察が衝突して市街戦となり、双方に死傷者が出たのである。

ところが、この事件に対して日本政府は話し合いによる解決を目指した。このため、国内でも「弱腰外交」という非難の声が上がったほどであったが、当時の政府はこれ以上、問題が拡大することを徹底的に避けたのである。

日清戦争は朝鮮の独立を助ける義戦

このように、清国に対して「弱腰」だった日本政府をして日清戦争に突入せしめることになったきっかけは、明治二十七年（一八九四）に起きた東学党《とうがく》の乱であった。東学というのは、李朝打倒、外国排撃をスローガンにする新興宗教であるが、この東学の信者を中心にして、朝鮮各地で農民が反乱を起こしたのだ。

この東学党の乱を好機と見た清国が朝鮮に出兵したのが、日清戦争のそもそもの始まりであった。農民の反乱に対して、朝鮮政府は完全に当事者能力を失っていたので、清国が朝鮮を完全に保護国化しようとしているのは目に見えていた。実際、これまでも清国は、ことあるごとに朝鮮に兵を出し、わがもの顔に振る舞ってきたのである。

しかも、明治十七年の甲申政変後に結ばれた天津《てんしん》条約では、日本も清国も朝鮮に派兵する場合、事前に通告をするということになっていたが、その時、日本に出兵を通告した文章の中には「属邦保護」のためと記してあった。これは日本の朝鮮に対する基本方針と真っ向から対立するものである。

外務大臣・陸奥宗光《むつむねみつ》は「朝鮮が清国の属邦であることを認めるわけにはいかぬ」として、日本政府は条約に従って出兵を決意したわけだが、それでもすぐに開戦になったわけではない。「日清両国が協力して朝鮮の内政改革に当たろうではないか」という提案を清国に出した。が、清国がこれを拒絶したので、やむなく開戦ということになったのである。

日清戦争における日本と清国の宣戦布告文章を比較してみれば、その戦争の意義は明々白々である。日本側の主張は「朝鮮はわが国が誘って列国に加わらせた独立の一国であるのに、清国はつねに朝鮮を自分の属国と言って内政に干渉しつづけている」というものであった。これに対し、清国側の主張は「朝鮮はわが大清国の藩属たること二百年、毎年朝貢《ちょうこう》している国である」というものであった。

日本の世論は挙げて、この開戦を「朝鮮の独立を助ける義戦」と歓迎した。福沢諭吉が恩人・木村芥舟の長男に「たとえ討ち死にしようとも御両親のことは心配されるな」と手紙を書いたのはすでに述べたとおりである。また、クリスチャン内村鑑三《かんぞう》も「朝鮮を保護国化しようとするシナを挫《くじ》くために日本は戦うのだ」ということを世界に伝えようと、英文で「日清戦争の義」という文章を発表している。

日本にしてみれば、ずいぶん長い間、我慢した戦争であったが、いざ始まってみると、意外なほど簡単に決着がついた。世界最初の汽走《きそう》艦隊の海戦とされた黄海《こうかい》開戦などは、まさに完全勝利で、清が世界に誇っていた北洋艦隊が五隻を失ったのに対して、日本側の損害は軽微であった。さらに、日本の艦隊は威海衛《いかいえい》に逃げこんだ残存艦隊を攻撃し、北洋艦隊を壊滅させた。

かくして「眠れる獅子《しし》」と恐れられた清国も、日本と講和せざるをえなくなったのである。

コリア史上初の「帝国」誕生

明治二十八年、下関で開かれた講和会議では、大きく分けて、①朝鮮の独立承認、②遼東半島、台湾島の割譲、③軍費賠償金二億両《テール》の支払い、の三点が決まった。

この下関条約によって、大韓帝国が成立する。朝鮮半島において「帝国」という名がついた独立国家が生まれ、朝鮮に皇帝が誕生するのは、史上はじめてのことであった。

ここで一言断わっておきたいが、東アジアの漢字文化圏において、「王」と「帝」とでは、まったくその意味が違うのである。

秦《しん》の始皇帝《し》以来、シナの中華思想では、天下に「皇帝」はただ一人であり、この皇帝が全世界を統治するとされてきた。もちろん、実際にはシナの帝国の領土は限られたものだが、それ以外の土地を治《おさ》めている国王は、みな皇帝の臣下であるという建前である。だから、清朝のころにイギリスなどの西洋諸国から外交使節が訪れたときも、臣下の礼を取らねば皇帝に会うことができず、重大な外交問題になった。

こうした中華思想には、当然ながら「外国との貿易」という発想もない。そもそも「わが帝国には何一つ欠けているものはない」というわけで、他国から物品を輸入する必要もないというわけである。

そのため、アヘン戦争で清朝が負けるまでは、シナとの貿易はすべて朝貢貿易の形を採った。つまり、シナ文明に憧《あこが》れて貢《みつ》ぎ物を持ってきた蛮族に対して、皇帝が恩恵を施《ほどこ》すということでシナの物品が海外に輸出されるというわけである。

このような中華思想は、今日から見れば奇妙な思想と言う以外にないが、シナと国境を接する朝鮮にとっては、彼らの望むとおりにシナの属国となるしか生き残る道はなかった。それで、古来、朝鮮の君主はみな、シナ皇帝の臣下という地位に甘んじていたのである。李《り》氏朝鮮の太《たい》祖《そ》・李成桂《せいけい》は元来、高麗《こうらい》の将軍であったが、一三九二年（日本では南朝と北朝が第百代後小松《ごこまつ》天皇で合一した年）、みずから高麗王の位を奪い、明《みん》の太祖《たいそ》（洪武帝《こうぶ》）より朝鮮王と名乗ることを許されたのである。

余談になるが、東アジアの歴史上、シナ皇帝に対して「皇帝」と名乗って憚《はばか》らなかったのは、日本の天皇だけである。聖徳太子が、その国書の中で「天子」あるいは「東天皇」という用語を使い、隋《ずい》の煬帝《ようだい》を大いに怒らせたというのは有名な話だ。しかし、こんなことができたのも、日本がシナと陸続きでなかったからで、朝鮮なら、ひとたまりもなかったであろう。

2 世界の日本認識を変えた日英同盟

三国干渉の理不尽

朝鮮半島に「大韓帝国」が生まれたことは、朝鮮にとっても日本にとっても慶賀すべきことではあったが、ことはそう簡単に終わらなかった。清が退いた代わりに、ロシアが現われたからである。

先に述べたとおり、日清戦争の講和条件として、日本は朝鮮を完全な独立国として認めてもらい、遼東半島と台湾を清から割譲されることになった。

そもそも台湾は、清国にとって「化外《けがい》の土地」、すなわち実効的な支配の及ばない土地であったし、また遼東半島も〝万里の長城〟の外にあり、シナ固有の領土というわけでもない。そういう意味で、清にとっては比較的重要度の低い領土であった。また、戦争で負けた側が戦勝国に領土を割譲するというのは、この当時においては一種の〝常識〟のようなものであり、日本だけが強欲だったということではない。

ところが、この遼東半島の割譲を絶対に許さないと決意したのがロシアであった。すでに述べたように、ロシアの野心はアジア大陸の南下にあり、その目標を満洲や朝鮮に定めている。日本が遼東半島を領有するというのは、彼らにとっては認めがたいことであった。簡単に言えば、「そこはロシアがいただくつもりなのだ」というわけである。そこでロシアはフランス、ドイツを誘って、遼東半島の割譲を妨害することにしたのである。

さらに、こうした動きの背後には、シナの〝以夷制夷《いいせいい》〟（外国を使って外国を制す）という伝統的発想がある。日本を抑《おさ》えてもらい、条約を無効にするためなら、ヨーロッパの国にはいかなる報酬を与えてもよいという意見が清朝に起こったのである。帝国主義に固まっていたロシアやドイツ、フランスがそれに応じないわけはない。

これがいわゆる三国干渉である。

明治二十八年（一八九五）四月二十三日、露・仏・独の三国は、日本に対して「遼東半島を清に返還せよ」と要求した。日清講和条約が正式に調印されたのは四月十七日であるから、一週間も経《た》っていない。

「遼東半島の割譲は東洋平和を脅《おびや》かすものである」というのが彼らの言い分であったが、これが口実にすぎないことは誰の目にも明らかである。平和と言うのであれば、ロシアこそ南下政策を止めるべきなのだ。

しかし、三国干渉を受け容れる以外に、日本に選択肢はなかった。要求を拒否すれば、この三カ国と一戦を交えることになる。すでにロシアは東洋艦隊を南下させ、日本に圧力を懸《か》けていた。むろん、日本には勝ち目がない。

結局、日本は遼東半島を清に返還したが、それも束《つか》の間、一八九七年（明治三十）にドイツは膠州湾《こうしゅう》を占領、また、翌年、ドイツは占領した膠州湾、青島《チンタオ》を租借《そしゃく》、イギリスは威海衛と九龍《クーロン》を租借、そしてロシアは何と日本から返還させた遼東半島の旅順《りょじゅん》・大連《だいれん》を租借した。さらにその翌年、フランスが広州湾を租借することになったのである。

「租借」とは英語でsettlement《セトルメント》と言うが、当時は実質上の半永久的な割譲を意味した。香港だって、大東亜戦争を契機とした東南アジア全域の独立がなかったら、セトルメント契約の更新が続き、イギリス領のままだったろう。

かくして三国干渉を契機にシナの〝生体解剖〟が始まった。やくざに物を頼んだのと同じく、シナは列強から「落とし前」を付けさせられたのだ。

コリアの伝統「事大主義」とロシア

ロシアの圧力に対して日本政府が譲歩したことは、思わぬところに影響を及ぼした。朝鮮政府内での親露派の台頭である。

そもそも朝鮮の伝統的外交政策は、事大主義《じだい》という言葉に要約できる。事大とは「大《おお》きに事《つか》える」、つまり、近隣の大国、つまりシナの朝廷に従属することによって自国の存続を図ろうという発想である。

大韓帝国が成立し、清朝からの独立も果たされたのだから、この事大主義も終わるかに見えたのだが、そうはいかなかった。

たしかに日清戦争で日本が清を討ち負かしたことで、韓国政府内の親シナ派の勢いは失われ、日本との関係も好転するかと思われた。ところが、その直後に三国干渉で日本がたちまち遼東半島を返還したのを見て、彼らは「やはり白人のほうが強い」と考えたのである。

その結果、韓国政府内で急速に親ロシア派が力を持ち、独立を助けたはずの日本を侮るという空気が生まれた。つまり〝事大〟の〝大〟がシナからロシアに変わったというわけである。

これでは日本にしてみれば、何のために日清戦争をやったのか分からないような話である。朝鮮からようやく清国の影響を排除できたと思ったら、その空席にロシアがどっかり腰を据えてしまったのだ。

こうした状況を受けて起きたのが、明治二十八年（一八九五）の閔妃《ミンビ》殺害事件であった。

朝鮮王妃・閔妃は、かねてから宮廷内で絶大な権力を誇っていたが、三国干渉以後、急速に親ロシアの傾向を強め、ことあるごとに日本の影響を排除しようとした。

日本は日清講和条約調印（明治二十八＝一八九五年四月十七日）から二カ月も経たない六月四日の閣議において、将来の対朝鮮政策としては「なるべく干渉を止《や》めて自立させる」という決定をした。しかし、このような日本政府の態度は「日本はロシアを怖れているから、そうしているにすぎない」と閔妃らに受け止められた。親日派は不安を覚えて動揺し、またロシアは親日派を倒そうと閔妃に近づいた。こうした状況に焦《あせ》りを覚えた日本の三浦梧楼《ごろう》公使らが、韓国内の反・閔妃派と組んで彼女を殺害したのである。

気に入らないから殺してしまうというのは、言うまでもなく乱暴な話で、弁護の余地はない。それは当時も同じで、閔妃殺害のニュースを知って、日本政府は文字どおり驚愕した。政府は殺害計画のことを何も知らなかったようである。

この事件は、ひとつ対応を間違えれば単に日韓関係を損《そこ》なうだけでなく、国際社会での日本の信用を失うことになると見た政府は、ただちに関係者を召喚、逮捕した。また、善後処置を探るため、小村寿太郎《こむらじゅたろう》や井上馨《かおる》を韓国に派遣した。

こうした機敏な措置のおかげで、閔妃事件は重大な国際問題には発展せず、欧米列国も日本をあえて非難しなかった。

閔妃を殺したのはいかにも乱暴な話で、日本のためにもなすべきでなかった。しかし閔妃殺害（乙未《いつび》の変）を今日の感覚だけで見るのも不公平というものである。それまでも日本の公使館が襲撃され、日本人が多数殺された「壬午《じんご》政変」（明治十五＝一八八二年）や、日本の公使館が焼き払われ、女性を含む多くの日本人居留民が惨殺された「甲申《こうしん》政変」（明治十七＝一八八四年）など、今日の眼から見ると目茶苦茶なことが朝鮮半島では行なわれていたのである。

閔妃事件が国際問題に発展しなかった大きな理由の一つは、日本に好意を持っていない国々ですら、当時の朝鮮の状況を「どっちもどっち」と見ていたからであろう。実際この後、ロシア公使ウェーバーはロシア水兵を連れて国王を奪い、ロシア公使館に移した。さらに独立派・親日派の政治家は惨殺され、日本人も三十人以上殺害された。まさに「どっちもどっち」なのであった。

ロシアによる「元寇」の悪夢

この結果、韓国はわずか数年のうちに、ロシアの保護領同然になってしまった。つまり、朝鮮半島は、トルキスタンなどのように、いわばロシア領コリアスタンのごとくになったというわけである。ロシアは北朝鮮の鉱山採掘権を取り、鴨緑江《おうりょくこう》のあたりの森林を伐《き》る権利を得たりしている。

韓国皇帝がロシア公使館内で暮らすようになったのは、その象徴とも言うべき出来事であったが、日本にとって最大の問題は、ロシア軍が韓国領内に戦略拠点を築きだしたことである。

もともとロシア海軍は、沿海州のウラジオストク（この地名は「東方《ウオストーク》を征服《ウラジ》せよ」というロシア語に由来する）に基地を構えていたが、この軍港は冬期になると凍結してしまうという欠点があった。そこで、冬でも利用できる不凍港を求めていたのであるが、韓国を事実上の保護国にしたことで、その念願がかなうことになったのである。

ロシアが手にいれたのは、鴨緑江河口の龍岩浦《りゅうがんぽ》という漁港であった。彼らは、これをポート・

ニコロラスという軍港に仕立てあげた。この軍港によって、ロシア海軍は遼東半島沿岸や朝鮮の西海岸付近の制海権を握ったことになる。これは日本の防衛にとって、大変な脅威であった。

ところが、ロシアは龍岩浦だけでは満足せず、さらに朝鮮半島南部を虎視眈々《こしたんたん》と狙っていた。朝鮮海峡に面した馬山浦《まざんぽ》や鎮海湾《ちんかい》がその目標である。

ここから日本までは、もう目と鼻の先と言ってもいい。かつてフビライ・ハンのモンゴル軍が日本を襲ったとき(元寇《げんこう》)も、この周辺の港から出発し、対馬《つしま》・壱岐《いき》を侵《おか》して北九州に上陸した。もし、巨大海軍を誇るロシアが朝鮮南部に拠点を得れば、元寇がふたたび繰り返されることになるであろう。

こういったロシアの動きに対し、三国干渉以来、日本国内で「ロシア討つべし」という世論がますます強くなったのは言うまでもない。だが、日本政府はけっして軽挙妄動《けいきょもうどう》しようとはしなかった。なぜなら、当時のロシアといえば世界最大の陸軍国であり、また海軍にしてもイギリスに次ぐとされるほどの強国であったからだ。あのドイツ帝国ですら、ロシアとは絶対に事を構えないという方針であった。

このころのドイツと言えば、昇竜のごとくヨーロッパ大陸を席巻《せっけん》していた。鉄血宰相《さいしょう》ビスマルクが外交を担当し、軍事の天才モルトケがドイツ軍を指揮していて、「ドイツ帝国に敵なし」と誰もが思っていた。その二人の天才をもってしても、「ロシアだけは刺激しない」という結論になったのだから、日本政府がロシアに対して強硬な姿勢を採らなかったのも当然のことであった。

しかし、このままロシアの南下を許すわけにもいかない。ロシアが日本を標的にするのも時間の問題であろう。日本の生存を守るためにロシアとの戦いが避けられないことは、火を見るより明らかであった。

事ここに至って、日本政府もロシアとの戦争を覚悟せざるをえなくなった。

欧米社会に充満していた弱肉強食論

昭和二十年の敗戦以後、日露戦争は「日本が起こした侵略戦争」とする見方が急速に広まった。しかし、その本質は右に挙げたとおりであって、これは侵略戦争というよりも「祖国防衛戦争」と見るのが実態に近い。

たしかに、朝鮮半島やシナ大陸を主戦場にして勢力圏を争うという行為自体は「侵略」と定義しうるかもしれない。だが、日本が侵略を行なったというのであれば、当然ながら、その相手である清国やロシアの「侵略行為」をも問題にするのが筋《すじ》であろう。清は朝鮮を自分の庭にしてきたし、またロシアはその清国から領土を奪い取っているではないか。

この十九世紀末から二十世紀前半の国際社会は、「侵略は是《ぜ》」とされた時代であった。この時代の思想を簡潔に表現するならば、「弱肉強食」あるいは「適者生存」という言葉を使うのが最もふさわしい。

言うまでもないが、このキーワードはダーウィンが提唱した進化論に由来する。もちろん、植民地主義や帝国主義を正当化するためにダーウィンは進化論を作ったわけではない。本当の進化論は「自然淘汰による種の発生」を説明するという、動植物学に関するものである。だが、一八五九年に進化論が発表され、科学として認知されると、そのアイデアは通俗的な形となり、爆発的な勢いで社会に広まっていった。

欧米の植民地政策は、ダーウィニズムによって〝お墨《すみ》付き〟をもらったようなものであった。なぜなら、「優れた白人が劣った有色人種を征服することは自然の摂理なのだ」ということになったからである。まさに、進化論は人種差別の道具になってしまったのである。

これは余談になるが、欧米の言語学者の中には、「言語進化論」というものを考え出した人もいるほどである。つまり、ヨーロッパの言語こそが言語進化の頂点にあり、シナ語や日本語のような有色人種の使う言語は進化程度が低いというのだ。そればかりか、その学者の意見によれば、「ヨーロッパ系の言語を話す女性が〝程度の低い言語〟を話す男性と結婚するのは、一種の犯罪行為である」というのであるから、恐れ入る。しかも、これはアメリカで東洋人と白人女性との結婚を止めるために用いられた形跡がある。

しかし当時は、進化論を持ち出せば何でも正当化できるという雰囲気が、欧米社会に充満していたのである。このような「弱肉強食」を是とする国際社会の中で、日本がその生存と独立を維持しようとすれば、同じように弱肉強食の論理に従わざるをえなかった。ヨーロッパの植民地帝国は言うまでもなく、「すべての人間は平等に作られた」という独立宣言を持つアメリカも、黒人を奴隷にし、インディアンの土地を奪い、ハワイ王国を併呑《へいどん》したばかりの国際情勢であった。

世界を驚かせた日英同盟

「開戦やむなし」とは言っても、日本がロシアと戦って勝てる可能性は万に一つもない。日本政府の首脳たちもそう考えていたし、他の欧米諸国もみな、そう思っていた。

ところが、日本にとって思わぬ味方が現われた。それは大英帝国である。明治三十五年（一九〇二）に日英同盟が結ばれたことが、日本を開戦に踏みきらせた。

もちろん、同盟とは言っても、はるばるヨーロッパからイギリス軍が援軍に来てくれるわけではない。武器供与をしてくれるわけでも、戦費を調達してくれるわけでもない。しかし、かの大英帝国がロシアに対して圧力を懸けつづけてくれれば、ロシア軍の動きは大いに妨げられる。ロシアと同盟関係にある国も、イギリスとの関係上、ロシアを軍事的に助けることはないだろう。また、イギリスはロシアに対するいっさいの便宜供与を拒絶するだろう。そうなれば、小国・日本がロシアに勝つチャンスが生まれるはずである。

日本にとって、この同盟の持つ意味はまことに大きかったわけだが、英国が日本と同盟を結んだというニュースを聞いて、当時の国際社会は文字どおり仰天した。なぜなら、世界に冠たる海軍を誇る大英帝国が、有色人種の小国・日本と同盟を結ぶというのは、常識では考えられないことであったからだ。

そもそも当時の大英帝国は〝光栄ある孤立（splendid isolation）〟を誇りにしていて、ヨーロッパにおいてすら他国と同盟を結ばなかった。イギリスと同盟を組めるなどと思ってもいなかったのは、日本人も同じであった。伊藤博文ですら、「イギリスが本気で同盟を組んでくれるはずはない」と言って、日英同盟の話を本気にしなかったくらいである。

ちなみに伊藤は、「この苦境を打開するためには、日露協商を結ぶ道を探すほうが現実的である」と考えていた。つまり、満洲におけるロシアの権益をすべて認める代わりに、朝鮮から手を引いてもらうという苦肉の妥協策である。実際、伊藤はみずからロシアに行って、その交渉を行なっているほどだ。

では、なぜ世界を驚かせた日英同盟は生まれたのか。そのきっかけとなったのは、明治三十三年（一九〇〇）に起きた北清《ほくしん》事変であった。

きっかけは義和団の乱

当時の清国は、すでに述べたように、日清戦争で日本に割譲した関東州を恢復《かいふく》する目的で、〝以夷制夷〟政策を採って日本に圧力をかけることを白人諸国に依頼したため、その「落とし前」として、諸外国から好きなように食い荒らされているような状態になってしまった。とくに明治三十年（一八九七）、ドイツが膠州湾を武力占領してからは、ロシア、フランス、イギリスなどが相次いで領土を奪い、まさに清国は〝生体解剖〟のごとき状態となった。

このような西洋列国の動きに反発して、シナ人たちが白人排斥の感情を抱くようになったのはまことに無理のない話であったが、そうした反西洋感情の旗頭となったのが〝義和団《ぎわだん》〟という宗教集団であった。

義和団は〝扶清滅洋《ふしんめつよう》〟（清を扶《たす》け、西洋を滅ぼす）をスローガンにする一方で、その信徒たちに独特の拳法〝義和拳〟を教えた。この義和拳を身に付けて呪文を唱えれば、刀槍不入《とうそうふにゅう》、つまり刀や槍で攻撃されても傷つかない身体になるとされた。北清事変のことは英語で、Boxers Rebellion と言う。直訳すれば〝拳闘士の叛乱〟ということだが、これはこの義和団の拳法を指しているのである。

この義和団の乱は、最初、山東省で起こったが、瞬《また》く間に清国全体に広がり、各地でキリスト教の教会が焼かれたり、西洋人が殺されることとなった。そして、その勢いは留まるところを知らず、とうとう義和団は北京《ペキン》を制圧し、同地の公使館区域を包囲するという事態にまで発展したのである。また同時に、天津《テンシン》の租界も包囲され、外国の居留民多数が閉じこめられた。

ところが、このような事態になっても清国政府は傍観するのみで、義和団を排除しようとはしない。それどころか、清国皇帝は義和団の行動を是として、これをきっかけに諸外国と戦うという詔勅《しょうちょく》まで出したのである。

つまり、これは最初から〝グル〟だったのである。清の宮廷は排外主義の巣窟《そうくつ》である。白人たちの力が怖いから、しかたなしに外交関係を結んでいるが、本当は義和団と同じで、攘夷派なのだ。そこで清朝は表向きは反乱を鎮圧しようとしたけれども、内心は彼らの暴行を喜んでいたのである。そして、この義和団が北京を包囲するときを待っていたのだ。

ここに至って、義和団の暴動は内乱から一転して対外戦争になった。清国正規兵が北京の公使館や天津の租界を攻撃しはじめたのだ。

これを見た列国は、まさに驚愕した。このままでは、公使館員や居留民が皆殺しになるのは目に見えている。しかし、援軍を送ろうと思っても、ヨーロッパから派遣するのでは間に合うべくもない。そこで、欧米列国はみな日本が救援軍を派遣することを望んだ。

ところが、日本政府は動こうとはしなかった。国際社会の反応を恐れたからである。欧米列国の中には、日本を敵視・警戒している国もある。もしここで日本軍がすぐに動き、北京や天津を平定すれば、そうした国はきっと「義和団の乱を口実にして、日本は清を侵略した」と言い出すに違いない。

そこで日本政府としては、自国だけの判断で出兵することを避けた。あくまでも他国から正式の要請がなければ動くわけにはいかない、としたのである。駐日イギリス公使がいくら出兵を要請してきても、けっして日本政府は動かなかった。欧州各国の意見を代表する形で、イギリス政府から正式な申し入れが来て、はじめて日本は出兵を承諾したのである。

このことを見ても分かるように、当時の日本政府は、あくまでも欧米との協調を旨《むね》とし、文明国として節度ある行動を採ろうとしていた。当時の白人中心の世界で、日本が受け容れられるためには〝模範生〟になるしかない。今から見ると、当時の日本の努力には涙ぐましいものがある。

さて、日本から派遣されたのは、山口素臣《もとおみ》中将率いる第五師団であったが、彼らは欧米との連合軍においてつねに先頭に立ち、猛暑の中を力戦奮闘した。その結果、天津も北京もついに落城するわけだが、このときのようすを見て、欧米列国は日本軍の規律正しさに感嘆するのである。とりわけ彼らを驚かせたのは、日本軍だけが占領地域において略奪行為を行なわなかったという事実であった。

当時の欧米兵の間では略奪や強姦が常識とされていた。実際、北京でも上海でも、大規模な略奪が行なわれた。

その中で最も悪質だったのがロシア軍で、彼らは日本軍が警備している頤和《いわ》園（清朝の離宮）に勝手に侵入し、財物を根こそぎ持ち去った。イギリスの「タイムズ」紙の記者は「ロシアは夏宮殿（頤和園）の組織的剝奪《はくだつ》を完了した。価値のある物はすべて包装し、ラベルを貼った」と報告している。つまりロシア軍は兵士個人が略奪をするのではなく、軍隊そのものが略奪集団となっているのである。

しかし、略奪を行なったのはロシア軍だけではなかった。イギリス軍兵士でさえ略奪行為を行ない、手にいれた骨董品類や宝石は公使館の中でオークションにかけたという（村上兵衛《ひょうえ》『守城の人』〈光人社〉および中村粲《あきら》『大東亜戦争への道』〈展転社〉参照）。

ところが、日本軍だけはこうした略奪行為をしなかったし、また、任務終了後はただちに帰国したので、欧米列国の日本に対する評価はたいへんよくなった。

日本認識を変えたイギリス

また、日本の評判を高めたのは第五師団ばかりではなかった。救援軍が到着するまで、北京の公使館区域が持ちこたえたのも日本人の活躍が大きかった。

当時、北京には日本を含めて十一カ国の公使館があった。それらの公使館員を中心に義勇軍が作られたのだが、その中でも最も勇敢にして功績があったのは、日本人義勇兵であったという。

公使館付き武官であった柴《しば》五郎中佐の指揮のもと、日本人義勇兵がいかに見事に戦ったかについては、村上兵衛著『守城の人』に詳述されている。同書によると、日本人は受持ち地区を防御するだけでなく、イギリス公使館が襲撃されたときにも救援に駆けつけ、清兵を撃退して大いに感謝されたという。

籠城当時のことを取材し、『北京籠城』という本を書いたピーター・フレミングは、このときの日本人について、次のように書いている。

「日本軍を指揮した柴中佐は、籠城中のどの士官よりも有能で経験もゆたかであったばかりか、誰からも好かれ、尊敬された。

当時、日本人とつきあう欧米人はほとんどいなかったが、この籠城をつうじてそれが変わった。日本人の姿が模範生として、みなの目に映るようになった。

日本人の勇気、信頼性、そして明朗さは、籠城者一同の賞讃の的になった。籠城に関する数多い記録の中で、直接的にも間接的にも、一言の非難を浴びていないのは、日本人だけである」（村上・前掲書）

大英帝国が日本と同盟を結ぶに至ったのは、この北清事変で日本軍が文明国の〝模範生〟として行動したことが大きかった。当時の北京にいた世界中の先進国の人々を前にして、日本の軍人は飛びきりのファイン・プレーを示したのだ。

アジアの小さな有色人種国家にすぎないと思われていた日本が、かくも規律正しく、勇敢に動いたことが彼らの印象を一変させ、「同盟相手として信ずるに足りる国である」という評価をもたらした。

たとえば、ロンドン在住の林董《ただす》公使に最初に日英同盟の提案をしたのは、イギリスの外交官マクドナルドであった。彼は北清事変当時、イギリス公使として北京に駐在していた人である。当然のことながら、現地で柴中佐をはじめとする日本人の活躍を見ている。彼はおそらく本国の外務省に「日本は信頼できる」と伝えたであろう。

また北清事変では、たくさんのイギリス人将校が救援軍に参加していたし、前述のイギリスの「タイムズ」紙の記者なども現場にいた。彼らが日本軍の模範的行動を見て、親日的感情を抱いたのは想像にかたくない。

結局、国家間の外交も、人間が動かすものである。そこには打算もあるだろうが、最終的な決め手となるのは、やはり人間的な信頼ではないか。そのことを、この北清事変は教えてくれている。

日英同盟の場合、イギリスはアジアの植民地を守るためのパートナーとして国益のために日本を選んだわけだが、「日本は信頼できる国である」と言う人たちがイギリス政府部内にいてくれなければ、別の相手と同盟を組んだであろう。

前にも述べたとおり、日英同盟の成立は当時の外交常識では考えられないような条約である。マクドナルドから同盟の提案があっても、それを信じなかった人は日本政府内にたくさんいたのである。伊藤博文ですら、ロシアとの妥協のほうが可能性が高いと見ていた。日本人ですら信じないような同盟が成立した背景を考えていくと、やはり北清事変でイギリスの日本観が変わったということ以外にありえないのではないか。

日英同盟を潰したアメリカの陰謀

もう少しだけ日英同盟の話を続ける。

すでに述べたように日英同盟は、ロシアと戦う日本にとって、たいへん大きな助けとなったわけだが、日露戦争以後も日英双方にとって重要な意味を持ちつづけた。

私はある日英間の親善団体の理事をしているのだが、かつてイギリス代表の著名な学者に「何と言っても、日英双方にとって最も不幸だったのは日英同盟の解消であったと思う」ということを話したことがある。すると彼が「まことにそのとおりだ」と、膝《ひざ》を打たんばかりにして同意してくれたので、やはりイギリスにもそのように見る人がいるのだと知った。

日英同盟は途中、二度の改訂を経て、大正十年（一九二一）十二月まで存続した。およそ二十年間にわたって、日本とイギリスは同盟関係にあったことになる。

この間、イギリスと連携していたことで日本が大きな利益を得ていたことは言うまでもない。「イギリスと同盟を結んでいる」ということで、国際社会における信用は大いに高まったのである。また、日本にアジアを任せていられたおかげで、イギリスもヨーロッパ大陸での外交に力を集中することができたから、彼らも幸福であった。第一次大戦のときも、イギリスはまったくアジアのことを考えずにすんだ。

ところが、その日英同盟の解消を企《たくら》んだのは、シナとアメリカであった。とりわけアメリカの力が大きかった。彼らは日英同盟によって日本の地位が向上しつづけていることに不満を持ったのである。

当時のアメリカは、シナ大陸に進出することを最大の目的にしていた。ハワイ、グアム、フィリピンと西進していったアメリカにとって、最後の〝フロンティア〟というべき場所がシナ大陸であった。

ところが、そのシナ大陸にはすでにヨーロッパ諸国や日本の植民地があって、アメリカが割りこむ隙《すき》はあまりない。そこで彼らは日英同盟を解消させ、日本の力を低下させることでチャンスを作ろうとしたのだ。

アメリカは日露戦争における日本の勝利を見て、日本を第一の仮想敵国と見做《みな》し、「オレンジ計画」なる戦略構想を立案、推進することになった。そして、第一次欧州大戦の結果としてロシア帝国とドイツ帝国が消えたとき、アメリカの眼には、日英同盟はアメリカに対する砦《とりで》のごとく映ったらしい。

アメリカが精力的に運動した結果、大正十年（一九二一）のワシントン会議において日英同盟は解消されることになった。その代わりということで、日・英・米・仏の四国協定が結ばれたのだが、これが形ばかりのものであるのは言うまでもない。〝共同責任は無責任〟という言葉のとおり、この条約は何の意味もなかったし、実際何の役にも立たなかった。

同盟が解消されてからの日本とイギリスは、まったくいいことがなかった。

イギリスとの同盟がなくなったと見るや、アメリカは日本を狙い撃ちしはじめ、日米関係は悪化の一途を辿《たど》った。この三年後の大正十三年（一九二四）に、米国議会で〝絶対的排日移民法〟が成立したのは、その手始めともいうべき出来事であった。

以来、日本はどんどん国際社会で孤立していき、最後には敗戦国になった。またイギリスも、第二次大戦で勝ったのはいいにしても、気が付いたら帝国は解体せしめられ、かつての栄光は失われ、経済的にも一人当たりの国民総生産が、かつての植民地シンガポール以下になってしまったのである。

先ほどのイギリス人にしても、「振り返ってみれば、日本と同盟を結んでいた時期こそが大英帝国の絶頂期だった」という忸怩《じくじ》たる思いがあるからこそ、私の問いかけに「そのとおり」と答えたのであろう。今さら後悔してどうなるものでもないが、日本にとってもイギリスにとっても、日英同盟が消えたことは、まことに大きな不幸であった。

それはさておき、戦前の国際社会を見るとき、日英同盟がひじょうに重要な要素であったことと、それを解消させたのがアメリカであったことは、ぜひ認識してもらいたいと思う。

3 大帝国ロシアになぜ勝利できたか

開戦の前提にあった高度な外交センス

日英同盟が成立したことで、日本はついにロシアとの開戦を決意する。すでに満洲全土はロシアのものとなっている。彼らは、北清事変を口実に満洲に兵を進め、いっこうに撤兵するようすもない。このままでは、朝鮮が完全にロシアの支配下になる日も、いずれ遠からずやってくるであろう。そうなれば、日本は完全に窮地に陥ってしまう。

かくして日露戦争となるわけだが、とは言っても、日本政府の首脳もロシア相手に完勝できるなどとは考えてはいなかった。

ロシアと日本の国力の差は、いかんともしがたい。緒戦において日本は勝てるかもしれないが、長期戦となれば、国力に優るロシアのほうが絶対有利である。「ならば、少しでも日本が優勢になれば、ただちにロシアと講和を結び、少しでも有利な条件で戦争を終えるしかない」というのが、伊藤博文をはじめとする日本の指導者たちの結論であった。

だが、誰を講和条約の仲介者とすべきか。

イギリスは日本の同盟国であるから、講和の仲介者たりえない。フランスはロシアと軍事同盟を結んでいるから問題外である。またドイツ外交は権謀を好むから、信用できないところがある。そこで浮上したのがアメリカであった。

アメリカは、日露間の問題については中立的な立場にあるし、また不平等条約の改正にも前向きの姿勢を示すなど、日本に理解を示している。アメリカを味方に付ければ、日本に不利にならないよう講和を進めることは充分可能であろう。

そこで、日本は開戦を決意すると同時に、アメリカに特使として金子堅太郎《けんたろう》を送ることにした。金子は、アメリカのルーズベルト大統領とハーバード大学の同窓であったから、特使として最適であった。

それにしても、戦争が始まる前から、和平のための特使を友好的な中立国に送り、さらにアメリカの世論を日本に有利なように導こうとした明治政府の外交センスの高さは、いくら評価してもしきれるものでない。「いつ、どのようにして戦争を終わらせるか」などということを、まったく考えずにシナやアメリカ相手の戦争に突入した昭和の軍部を考えると、天と地ほどの違いがある。

なぜ、そんな高度な外交戦略がとれたかと言えば、前にも書いたように、日露戦争当時は「たとえ憲法に書かれてなくとも」、元老から指名を受けた首相や内閣には権威があった。だからロシアと戦争を始めるとなると、政府が金子を特使に送るという決断もできたのである。ところが昭和に入り、元老が死に絶えてしまうと、それは不可能になった。憲法が文字どおり解釈された結果、日本は「首相や内閣のない国」になってしまった。

軍人は戦争を始めることはできても、終わらせることはできない。それは政治家の仕事だからである。それは、このときに作られた伊藤博文の漢詩を見てもよく分かると思う。

御前会議でロシアとの開戦が決まったとき、枢密院《すうみついん》議長であった伊藤博文は、みずから金子堅太郎に特使の依頼をし、つぎのような詩を与えた。

日露交渉マサニ断《た》エントス
四十余年ノ辛苦《しんく》ノ跡
化シテ酔夢《すいむ》トナッテ碧空《へきくう》ニ飛ブ
人生何ゾ恨《うら》マン　意ノ如《ごと》クナラザルヲ
興敗ハ他ノ一転機ニヨル

この詩には、どこにも楽観的なところはない。「日露関係はついに断絶せんとしている。明治維新から四十年にわたる苦労も、この一戦で消えてなくなるであろう。しかし、たとえそうなっても人生を恨むまい」と伊藤は金子に語りかける。そして「ただアメリカのルーズベルト大統領が動いてくれれば、それが一大転機となって生き残れるかもしれない」と言う。もちろん、漢詩は文学表現であるから、そこに誇張はあろう。だが、日本がロシアの前にふき飛んでしまうというのは、偽らざる伊藤の本心であった。

彼は日本の国力に対して、いささかの幻想も持ってはいない。なぜなら、彼が明治の日本を作ったからだ。しかし、それでも将来の日本のためにロシアとの開戦を決断するのが政治家であり、また同時に「いかにして終わらせるか」をも考えるのが政治家というものなのだ。

ちなみに、このとき、金子堅太郎は伊藤の漢詩に対して、みずからも漢詩で答えて、渡米を承諾した。

樽俎《そんそ》ノ折衝《せっしょう》　寸功《すんこう》ナシ
仁川《じんせん》ノ海上　礮丸《ほうがん》（砲丸）飛ブ
米国ハ幸《さいわい》ニ同盟ノ外ニアリ
独《ひと》リ平和ノ好転機ヲ握ル

「平和な外交交渉（樽俎の折衝）でロシアの意図を挫《くじ》くことはできなかった。韓国・京城《ソウル》の外港である仁川に砲弾が飛ぶことになるであろう。幸い、アメリカは中立である。彼だけが平和への鍵を握っている」というのが、その意味である。

明治の代表的漢詩人の一人といわれる伊藤博文（号・春畝《しゅんぽ》）の詩に比べれば見劣りするが、アメリカ的教養の持ち主だった金子でさえ漢詩を作れるのだから、明治の政治家の素養は大したものである。

ロシアの革命勢力を支援した日本軍人

三国干渉によって遼東半島を還付して以来、「やがてはロシアと戦うことになる」ということは、日本人の共通認識になった。

日露戦争の軍神として崇《あが》められた陸軍の橘周太《たちばなしゅうた》中佐（遼陽《りょうよう》・首山堡《しゅざんぽ》で戦死）も、海軍の広瀬武夫《たけお》中佐（旅順港閉塞作戦で戦死）も、日清戦争とそれに続く三国干渉により、日露戦争の避けがたいことを知り、それを死に時と覚悟して、結婚話を断わっていたという。

また、一九九名の死者が出たことで知られる八甲田山における青森歩兵第五連隊の雪中訓練も、日露戦争を念頭に置いたものであった。そこで無事生還した倉石一大尉も日露戦争では黒《こく》溝台《こうだい》の戦闘で戦死している。

ロシアとの戦争は、日本史上では元寇以来の国難である。〝国家存亡の秋《とき》〟という表現があるが、まさに日露戦争は日本の存続を賭けた戦いとなるであろう。

日露戦争では、開戦前から多くの有能な軍人がキャリアを投げ捨ててまで、諜報活動や謀略活動に身を投じた。これはこの戦争の特色と言ってもいいのだが、そうした人たちが多く現われたのも、ロシアの脅威がまことに大きかったことの現われなのである。

たとえば、のちに大将にもなった福島安正《やすまさ》という人物は、ベルリン公使館付き武官としてドイツから帰国する際にシベリアを単騎横断しているが（明治二十五＝一八九二年二月から一年余り）、これも対ロシア戦をにらんだ情報探査が目的であった。これはほんの一例で、身の危険を顧みず、満洲や韓国に潜入した軍人はたくさんいたのである。

こうした情報将校の中でも、日露戦争において最大の貢献をなしたのが明石元二郎《あかしもとじろう》（当時、大佐）である。日露戦争における明石の働きは、「数個師団に匹敵した」と言われ、「日露戦争の勝因の一つは明石大佐であった」とされた。

明石が行なったのは、ヨーロッパにおけるロシアの革命勢力を援助することであった。彼は、スウェーデンの首府ストックホルムを中心として、各地に亡命している革命家たちを資金援助し、パリで空前絶後の反ロシア集会を行なうことにも成功している。また、レーニンとも親交があったという。

こうした活動の結果、ロシア各地で反政府暴動や争議が頻発《ひんぱつ》し、ロシア政府は戦争に専心できなくなってしまった。ロシア革命の発端とされる「血の日曜日事件」（一九〇五年一月二十二日）がペテルブルグで起きたのも、元を質《ただ》せば、彼の活動によるものである。

日露戦争から十二年経った一九一七年（大正六）にロシア革命が起きるわけだが、日本人・明石元二郎が革命の火種を付けたと言ってもよいかもしれない。

勝利を決定した二つの新技術

アメリカにおいては特使・金子堅太郎が、そしてヨーロッパで明石元二郎が活躍したことが日露戦争での勝利に貢献したということを述べてきた。

では実際の戦闘において、圧倒的に強いと思われたロシアに対して、日本が勝てたのはなぜであろうか。日露戦争の詳細を語ることは、本書の目的からやや外れるかもしれないし、すでに書いたこともある。だが、これは日本史のみならず、世界史においてもきわめて重要な出来事であるので、ぜひ述べておきたいと思う。

日本海海戦で、日本海軍はバルチック艦隊相手に海戦史上、類のないパーフェクト勝利を収めた。また、陸戦においても、兵力・物量において優勢なロシア陸軍に対して死闘を繰り広げ、最後の奉天《ほうてん》大会戦では、ついにロシア軍を敗走せしめた。

このような勝利を収めえたのは、もちろん運やツキだけのおかげであるはずがない。また、このときの兵士たちが実に勇敢に戦ったのは事実だが、勇敢だからといって、それだけで勝てる相手でもない。

やはり何と言っても、当時の日本軍が画期的な〝新技術〟を導入していたことが大きいと言わざるをえない。海軍においては、下瀬《しもせ》火薬を用いた新砲弾。陸軍においては機関銃の導入。この二つが、日露戦争の帰趨《きすう》を決めたのである。これらはいずれも、戦争の概念を一変させるほどの力を持っていた新兵器であった。

下瀬火薬、大艦巨砲時代を開く

日露戦争当時、海上における軍艦どうしの戦いでは、どれだけ敵艦を沈めるかということが最大の目標であった。つまり、艦砲で砲弾を打ち込み、敵艦に穴を開けるということが主だったわけである。

ところが、艦砲による射撃というのは、けっして簡単な話ではない。第一、艦はつねに波に揺れている。よほど熟練した砲員であっても、海に浮かぶ敵艦に砲弾をぶちこむのは至難のわざである。

また、かりに命中させたとて、かならずしも沈没させうるわけでもない。というのも、戦艦の側でも防御力を高めるため、船体に分厚い鉄板や鋼板を用いて、砲弾が貫通しないようにしているからである。もちろん、そのために徹甲弾《てっこう》という貫通力の高い砲弾が発明されたりもしているのだが、それでも装甲した戦艦を沈没させることは容易ではない。

たとえば、日露戦争において旅順艦隊と戦ったときに、日本の旗艦・三笠《みかさ》は敵弾を三十七発も受け、甲板《かんぱん》や舷側《げんそく》に穴が開き、百人近い死傷者が出たが、それでも沈まずに戦いつづけている。戦艦というのは、船底を破られないかぎり、なかなか沈没しないものなのである。

このような事情があるから、艦隊と艦隊が直接に海上で激突する海戦は、砲弾こそ飛び交って派手ではあるが、実際にはさほどの被害を与えられないというのが、それまでの常識であった。

そんなことをするよりも、夜陰に乗じて水雷艇で戦艦を撃沈したり、あるいは軍港内に停泊している艦船に向けて陸から大砲を打ち込むほうが、ずっと効率的なのだ。実際、日露戦争においても、日本海軍を苦しめた旅順艦隊を最終的に全滅させたのは、二〇三高地から旅順港に打ち込まれた二八センチ榴弾《りゆうだん》砲であった。

ところが、バルチック艦隊と戦った日本海海戦において、日本はロシア艦三十八隻中十九隻を沈没させるという大戦果を挙げた。撃沈したものの中には戦艦六隻、巡洋艦五隻が含まれている(この外、戦艦二隻を拿捕《だほ》)。このとき、日本側の損害はわずかに荒天のため転覆した水雷艇三隻のみだった。海戦史上において、まったく類を見ないほどの一方的勝利であった。

このような〝奇跡〟を可能にしたのが、下瀬火薬と呼ばれる新式火薬であった。

この火薬は海軍の技官であった下瀬《しもせ》雅允《まさちか》の発明によるものだが、これ以降、爆薬の歴史が変わったといっても過言ではない。実際、現在用いられているTNT火薬は、下瀬火薬の欠点を改良した結果、生まれたものだという。

ロシア海軍の水兵たちは、この火薬を用いた砲弾を悪魔のように恐れた。

第一に、炸裂《さくれつ》威力が圧倒的に高い。この火薬が生み出す爆風の力は、従来型の数倍にも達する。そのため、炸裂した砲弾のかけらは猛スピードで飛散することになるから、周囲にいた人間はみな殺傷されてしまうのである。

さらに、この火薬はすさまじい高熱のガスを生み出す。その温度は三千度に上るというから、これは一種の焼夷弾のようなものである。だから、ひとたび下瀬火薬の砲弾が破裂すると、甲板も大砲も熱くなって近寄ることさえできなくなったし、船の塗装は燃え出した。

この下瀬火薬があったおかげで、日本海軍はいっさい相手の装甲を気にせず戦えた。なぜなら、この火薬の爆風と熱は、人間の活動をことごとく封じてしまうからだ。たとえ船体が無傷であっても、そこで働く人間が殺され、あるいは熱によって動けなくなれば、その艦は死んだも同然である。しかも、熱と爆風によって被害を与えるのだから、多少、狙いが外れてもいい。

実際、バルチック艦隊は日本の砲弾の前に、まったく戦闘力を失った。ロシア艦のほとんどが火災を発生させ、わずか三十分で戦闘隊形が崩れてしまったのである。

こうなれば、いかに分厚い装甲を持ったロシア艦であっても、撃沈するのは簡単である。一昼夜にわたって、連合艦隊は逃げるロシア艦を追いかけ回し、艦砲射撃や魚雷によって十九隻を撃沈させ、五隻を拿捕した。

下瀬火薬の前に敗れさったロシア海軍の姿を見て、世界中の海軍関係者は大きなショックを受けた。「装甲による防御」という考えが、下瀬火薬によってまったく否定されてしまったからである。

この日本海海戦以降、世界中の戦艦は一変した。一九〇六年にイギリス海軍が建造したドレッドノートという戦艦が、その最初の例になった。ドレッドノートでは、それまで舷側《げんそく》に並べられていた副砲を全廃し、厚い鉄板の砲塔に守られた主砲のみを据《す》えつけるようになったのである。

従来の副砲は、いわば剝《む》き出しの状態なので、下瀬火薬のような爆風が来れば、たちまち使用不能になる。「ならば、いっそのこと副砲は全廃して、砲塔に守られて安全な主砲だけにしよう」というのが、イギリス海軍の発想であった。

もちろん、副砲を廃止するわけだから、そのぶん、主砲の数は増えている。それまでの戦艦では主砲は前後に一基二門ずつの計四門であったのだが、ドレッドノートは一二インチ砲十門を備える、化物《ばけもの》のような戦艦になった。

これ以来、世界の海軍は〝大艦巨砲時代〟に突入する。

ドレッドノートの出現は、既存の戦艦をすべて旧式艦にしてしまったから、列強は争って「ド級戦艦」あるいは「超ド級戦艦」を建造することになった（ド級とは、ドレッドノート級の略）。その結果、建艦競争があまりにも過熱したため、とうとうワシントン会議（一九二一～二二年）を開いて、列強の間で戦艦保有量を制限しなければならなかったほどであった。

日本海海戦で使われた下瀬火薬とは、戦艦の歴史を変えたほどの大発明だったのである。

コサック騎兵に対する「逆転の発想」

さて、海の下瀬火薬に対して、陸の戦いで大きな役割を果したのは、騎兵部隊における機関銃の採用であった。

騎兵は、今や閲兵式《えっぺい》など、儀礼的な場面にしか登場しないから読者にはピンと来ない人もあろうかと思うが、かつて騎兵は「陸軍の華《はな》」と呼ばれたほど、陸戦において重要な存在であった。

何と言っても、騎兵の特徴はその機動力にある。長駆して敵を側面から攻撃したり、あるいは敵の中枢部や補給基地に奇襲攻撃を行なう。源義経《みなもとのよしつね》が一の谷の合戦で、平家の本陣を背後から襲った〝鵯越《ひよどりご》えの逆落《さか》とし〟は、その典型である。また、敵陣深く入り込んで偵察を行なうのも騎兵の任務である。

このように、陸戦において彼らの果たす役割はまことに大きい。騎兵の働きひとつで戦況が逆転するということも珍しくない。その騎兵の中で世界で最も精強と言われていたのが、ロシアのコサック騎兵である。

もともとコサックは、重税や圧政から逃亡した農民の集団であったが、騎馬に巧みであったため、のちにロシアの正規兵となった。ロシアがシベリアを領土とすることができたのも、コサックの力によるところが大きいとされる。

ビスマルク＝モルトケのドイツ帝国ですら、ロシアと戦うのを徹底的に避けたということは前にも述べたが、それはコサック軍団の存在も大きく関係している。かりにロシア軍に対して優勢に戦いを進めえたとしても、神出鬼没《しんしゅつきぼつ》のコサック騎兵が現われてドイツの陣地を攻撃されたら、それで戦局は一変するのだ。

このようなコサック騎兵に対して、日本の騎兵はまことに見劣りがすると言わざるをえない。何しろ徳川三百年の間、騎兵を用いる必要がなかったのである。そこで、騎兵の運用ということに関しては、明治になってから西洋から大急ぎで学ばざるをえなかった。

それどころか、騎乗する馬すら輸入品である。日本の在来種は西洋の馬より一回りも二回りも小さい。西洋の小型馬ポニーほどの大きさしかなく、スピードも格段に遅いから、使い物にならないのだ。

このような状態で世界最強のコサックに対抗せねばならないということになったとき、日本騎兵の創設者・秋山好古《よしふる》が考えたのは、いわば逆転の発想であった。

すなわち、「コサック兵が現われたら、馬から降りてしまえ」ということである。騎馬ということに関して、日本人がコサックに勝てるわけがない。だから、彼らの姿を見たら、ただちに馬から降りて、銃で馬ごと薙《な》ぎ倒してしまおうと彼は考えたのである。

これは騎兵の存在理由を根本から覆す発想である。それまでは「騎兵には騎兵」、つまり馬上の決戦こそが騎兵の本分と考えられていた。それを、馬から降りて銃で狙い撃ちをするというのは、騎兵の自己否定と言ってもおかしくない。

むろん、秋山としては苦肉の策であっただろうが、彼は「日本騎兵の生みの親」と言われる人である。そのようなエキスパートでありながら、自分の既得権をすべて投げうつようなアイデアを思いつくというのは、普通はできないことである。やはり、秋山好古は一種の天才であったと言わざるをえない。

機関銃を初めて実戦で使用

しかも、この革新的アイデアを実行するに当たって、秋山は機関銃という最新兵器を導入した。日露戦争当時の機関銃は、ヨーロッパでは実際に誰も戦場で使ったことがないという、いわば未知数の兵器であった。

最初にヨーロッパの戦場で機関銃に似た武器が登場したのは普仏《ふふつ》戦争（一八七〇～七一年）のときで、フランス軍がミトライエーズという機関砲を使った。これは手動式のものであったが、実際にはほとんど役に立たなかった。というのは、ミトライエーズ機関砲の情報を知ったモルトケが、「この新兵器が現われたら、すべての火砲はこれを集中攻撃し、叩き潰してしまえ」と命じたからである。射程距離の長い大砲で遠くから集中的に攻撃され、ミトライエーズはその実力を発揮する前に、ほとんど狙い撃ちにされてしまったのである。

こうした不幸なデビューであったにもかかわらず、機関銃の開発は進み、一八八七年になって、アメリカの発明家H・S・マキシムが自動式の機関銃を発明する。これに続き、アメリカのホッチキス社とコルト社も機関銃の開発に成功したので、欧米の陸軍でも機関銃を制式採用するようになった。

だが、各国で採用されてはいたものの、機関銃の効果についてはじつのところ、誰も確証を持っていなかった。現実の戦場で機関銃は使われたことがなかったからである。わずかにボーア戦争（一八九九〜一九〇二年）で使われたようだが、これは近代陸軍どうしの戦いとは言えないから、日露戦争が始まる時点においては、先ほども書いたように未知数の兵器であったのである。

そのような未知数の最新兵器を、ためらうことなく秋山好古は騎兵に持たせた。彼は騎兵研究のためにフランスに留学していたので、機関銃をすでに知っていたものと思われる。実際、日本が導入したホッチキス機関銃は、フランス陸軍でも採用されていたものであった。

機関銃を持った日本の騎兵の前に、コサック騎兵はなす術《すべ》もなかった。何度となくコサックは襲ってきたが、ことごとく機関銃の弾幕の前に退けられた。秋山の部隊は、無敵に近かった。

その結果、最終決戦となった奉天大会戦の戦場では、とうとうコサックは現われなかった。彼らはロシア軍の背後に入って騎兵本来の攪乱《かくらん》活動を行なっていた日本の永沼挺身隊などを探していた。騎兵の突撃が日本軍には有効でないことが、すでに分かっていたらしい。機関銃は、世界最強のコサックの突撃を封じ込めてしまったのである。

一九八六年に日露戦争論を書いたバーミンガム大学のウェストウッドは、本来は劣っていた日本の騎兵は「騎兵とは機動性に富む歩兵なり」と洞察したため、馬から降りて戦い、それに慣れないコサックは敵《かな》わなかったのだとしている。

ちなみに、この奉天会戦で秋山の部隊は敵の猛攻を受けながらも敵陣深く進むことに成功し、ついにはロシア軍の中心部近くにまで達した。秋山の部隊が出現したことを聞いて、敵将クロパトキンは震えあがり、ついにロシア軍に総退却を指令したのである。言ってみれば、秋山の部隊が奉天会戦の勝敗を決定したようなものである。ウェストウッドは秋山好古の名こそ挙げていないが、日本の騎兵が奉天会戦の決定的要因であったと見ている。

この日露戦争以後、「陸軍の華」と呼ばれた騎兵は、世界の陸軍から急速に消滅することになった。どんなに機動力があっても、機関銃の連射の前には何の力もないことが誰の目にも明らかになったからである。そして、その代わりに現われたのが戦車であったことは改めて述べるまでもない。

世界で最も歴史の浅い、したがって最も弱いと思われていた日本騎兵が、世界の陸軍を変えてしまったということになる。

常識破りの二万人夜襲作戦

世界最大の陸軍国ロシアを相手にして日本が勝利を収めることができた原因として、機関銃のほかにもう一つ加えるとすれば、当時の日本軍の指揮官たちがみな〝叩き上げ〟の人材であったということを言わねばなるまい。

このことは前章でも少し触れたが、日露戦争における陸軍リーダーたちの顔ぶれを見れば、総司令官・大山巌、総参謀長・児玉源太郎は当然のこと、各軍団の最高指揮官も維新の戦いや西南戦争の経験者ぞろいである。彼らは軍事について正規の学校教育は受けていない。だが、若いころから実際に鉄砲の弾をくぐってきたわけであるから、「実際の戦争とはどんなものか」ということを身体で知っている。しかも、数々の戦闘で生き延びてきているのだから、当然のことながら運もいいし、度胸もある。たとえば、第一軍を率いた黒木為楨《ためもと》将軍に、こんな逸話がある。

奉天会戦に先立つ遼陽会戦において、黒木将軍は軍事史上類を見ない一個師団二万人による夜襲を実行する。具体的にはロシアの防衛線となっている遼陽の太子河《たいしが》という川を渡り、戦略拠点である饅頭山《まんじゆうやま》を奪取するという作戦である。

このような作戦を実行することになったのは、正攻法では物量に優るロシア軍には勝てないという判断があったのは言うまでもない。現に、正面からの攻撃を担当している第二軍と第四軍は、ロシア軍の猛攻の前に一歩も進むことができない状態にあった。

とはいえ、黒木将軍が考えた二万人の夜襲計画は、まさに常識破りのものであった。わずか一連隊の兵を太子河の川岸に薄く並べて、あたかも黒木軍がそこにいるように見せかけ、その間に残る兵力を上流の浅瀬から一気に渡河させようというのだ。

日露戦争は、それまでの人類にとっては最大級の戦争であったから、列国から多数の武官が見学のために随行していた。この黒木軍には、ドイツ参謀本部から派遣されたホフマンという観戦武官がいた。

二万人の夜襲計画を知ったとき、ホフマンは仰天し、黒木将軍に質問をした。当然ながら、「この作戦は危険すぎるのではないか」ということである。二万人もの兵を渡河させるなら、まず渡河地点に砲火を集中させ、敵を怯《ひる》ませてから兵力を投入すべきではないかというのがホフマンの意見である。セオリーとしては、ホフマンの意見が正しいであろう。それがナポレオン以来の軍事常識である。

だが、これに対して黒木はこう答えた。

「いや、戦争というのは、そういうものじゃない。第一、かりに火砲を集中させたからといって、敵がかならず怯むという保証はどこにもないではないか。しかも、この場合は、ロシア軍のほうが火力は圧倒的に優勢なのだから、なおさらである。

もちろん、渡河したからと言って、ロシア軍もやすやすと陣地を渡さないだろう。だが、私の勘では、この作戦はうまくいく。まぁ見ていなさい」

この史上空前の奇襲作戦は、みごとに成功した。犠牲者は出したものの、黒木軍は饅頭山を完全に手に入れ、これを見たロシア軍は奉天に退却する。維新以来の戦場で鍛《きた》えられた黒木の〝勘〟は、正しかったのである。

作戦終了後、ホフマンは黒木将軍の手を取り、「将軍、私はこれほど尊《とうと》い教訓を受けたことがありません」と感謝したという（これはホフマン自身がドイツで出版した本の中に書いているエピソードであり、のちに伊藤正徳著『軍閥興亡史』に紹介されている)。

のちにホフマンは第一次大戦においてドイツ東部軍の作戦班長になるが、ロシアとのタンネンベルグの戦いにおいて黒木の作戦を応用し、大成功を収めた。すなわち彼はわずかな囮《おとり》を残して、ドイツ軍主力を側面に移動させ、ロシア軍を一気に撃破したのだ。このときのロシア軍も、遼陽の戦いのときと同じように圧倒的な戦力を有していたが、この作戦によって総崩れとなり、退却せざるをえなかった。この戦いにおけるロシア軍の被害は戦死者四万、捕虜十二万であったと伝えられる。

ちなみに、タンネンベルグの完敗によってモスクワの政局が大いに混乱し、それが二月革命に繋がったのは有名な話である。春秋《しゅんじゅう》の筆法《ひっぽう》を借りれば、「黒木将軍がロシア革命を起こした」ということになる。

乃木希典「悪評」の誤り

このように日露戦争において、陸軍の指揮を執《と》っていた司令官たちはみな、実戦で学び、実戦によって鍛えられた人たちばかりであった。大東亜戦争において、教科書どおりの戦法を繰り返して何ら学ぶことのなかった士官学校出のエリート軍人たちとは、大いに違うと言わざるをえない。

それは第三軍を率いた、あの乃木希典《のぎまれすけ》将軍にしても同じである。乃木将軍もまた、すぐれたリーダーの一人であった。

乃木将軍ほど、敗戦後、急速に評判が悪くなった軍人もいないであろう。旅順攻略戦において多数の将兵を死なせたということが、その原因になっているのは、今さら言うまでもない。

たしかに、数万の兵士が戦死したにもかかわらず、乃木将軍は二〇三高地を奪い取ることができなかった。結局、総参謀長・児玉源太郎（大将）が来て、第三軍の指揮権を乃木から譲り受け、二〇三高地攻略を成功させたのは間違いない事実である。

しかも、このとき児玉大将は二〇三高地を一目見るなり、「これは肉弾戦で戦ってもしかたがない。二八センチ榴弾砲を持ってきて、要塞を叩き潰すしかない」という決断を下した。

この榴弾砲というのは、本来、海岸の防御用に使う巨大な大砲である。それを短時間に移動させるという児玉の案に対して、乃木軍にいた留学帰りのエリート参謀長らは、こぞって「そんなことは非常識だ」と反対した。だが、それは見事に効果を上げ、あっという間に二〇三高地は陥落した。

そもそも児玉大将は、若いころから日本陸軍の逸材《いつざい》として知られた人物であった。西南戦争の直前、熊本で不平士族の反乱が起こり（神風連《じんぷうれん》の乱）、児玉の所属する熊本鎮台《ちんだい》が襲われたことがあった。このニュースを聞いたとき、陸軍省の幹部たちが電報を打って、まず尋ねたのは「児玉少佐（当時）ハ無事ナリヤ」ということであったという。このとき、児玉はわずか二十四歳の青年将校である。

これに比べれば、乃木の戦歴は見劣りすると言わざるをえない。西南戦争の田原坂《たばるざか》の戦いでは、軍旗を薩軍に奪われている。軍人として褒《ほ》められた話でないのは言うまでもない。

だが、だからと言って、乃木将軍のことを愚将・凡将のたぐいだと決め付けるのは、やや即断にすぎるであろう。なぜなら、そうした観点に立つかぎり、「なぜ、あれほどまでに乃木の率いる第三軍の兵士は勇敢でありつづけたのか」ということが、永遠に分からなくなるからである。

旅順攻略戦における死者は約一万五千名、戦傷者は約四万四千名。二〇三高地には、日本人兵士の死体が累々《るいるい》と折り重なっていたわけだが、要塞からの砲弾にいくら倒されても、第三軍兵士の士気は衰えることはなかった。あまりに日本軍兵士の戦意が旺盛なので、守るロシア兵たちは一種の恐怖感を抱いたと伝えられている。

このような第三軍の奮闘は、乃木将軍の存在なくしては理解できない。

当時の日本で、そのことを最もよくご存じだったのは、明治天皇ではなかったか。旅順攻略が一向に進展しないため、乃木更迭《こうてつ》の話が出たとき、明治天皇は、

「この仕事は乃木でなければできない。誰が行っても、陥《お》ちないものは陥ちないのだ。乃木であればこそ、兵たちも苦しい戦いを戦い抜いているのである」

とおっしゃったという。

この「乃木なればこそ」という明治天皇の言葉は、まさに本質を突いたものであろう。

乃木将軍のことを調べれば調べるほど感じるのは、「この人の魅力は、実際に会った人間でなければ理解できないのではないか」ということである。そのくらい、乃木将軍という人は、人を惹《ひ》きつける魅力を持った人物であったようだ。俗な言葉を使えば、乃木将軍に会った人たちは例外なく、彼の魅力に〝しびれ〟てしまうのである。

それは日本人兵士ばかりではない。日露戦争に従軍した外国人ジャーナリストも、みな彼の魅力の虜《とりこ》になってしまった。たとえば、アメリカ人のウォッシュバーンという記者は、日露戦争が終わってから『乃木大将』（現在『乃木将軍と日本人』として講談社学術文庫に収録）という本を書いた。この本は、ひじょうに冷静な筆致で書かれているものの、筆者の乃木将軍に対する思いがひしひしと伝わってくる、すばらしい伝記である。

そのウォッシュバーンが書いていることだが、戦争の最初、乃木将軍は陽に焼けた精悍《せいかん》な顔立ちをしていたのだが、戦いが進むにつれ、その肌には刀傷《かたなきず》のような深い深い皺《しわ》が刻みこまれていったという。

これは想像にすぎないが、そのような乃木将軍の顔を見たとき、兵士たちはみな「ああ、われわれよりも将軍のほうが、ずっと苦しんでおられる」と感じたのではないか。

戦場という極限状況では、嘘やハッタリは通用しない。「兵士のことが心配だ」と、いくら口で言っても、それが本心でなければ、下で働いている人はすぐに気付く。乃木将軍が、死んでいく兵士のことを何よりも気にかけていたことは、兵士たちはみな知っていた。だからこそ、

「乃木将軍のためなら」と欣然《きんぜん》と突撃することができたのであろう。

日露戦争が始まったとき、乃木将軍がまず考えたのは「この戦争で乃木家が滅んでもかまわない」ということであった。

戦争には、乃木将軍の二人の息子も参加している。出征するとき、将軍は家族に「遺骨が一つ届いたからと言って、慌《あわ》てて葬式を出すな。三つ届いてからにしろ」と言い置いているから、彼は、この戦争で自分はもとより、息子たちも死してもいいと覚悟していたのだ。

だから日露戦争において、乃木将軍はあえて息子たちを最も危険な部署に付けた。長男の勝《かつ》典《すけ》中尉は南山《なんざん》攻撃戦で斬り込み隊員として壮烈な戦死を遂げた。次男の保典《やすすけ》少尉も、二〇三高地攻略戦において戦死する。

今と違って、当時は〝家〟の感覚が濃厚にあったころである。息子二人が死んでしまったのだから、乃木家はこれで絶えてしまうことになる。家系が断絶するということは、戦前の日本においては非常な大問題である。

日露戦争が終わって、「ひとり息子と泣いてはすまぬ　二人亡くした方もある」という歌が作られた。これはもちろん乃木将軍のことを詠《よ》んだものであるが、このような歌があちこちで唄われるほど、乃木将軍の息子たちの死は当時の日本人にとってショッキングな話であったわけである。

自分の息子をまず殺した乃木将軍の決意は、第三軍の兵士たちに電撃のように伝わったはずである。だからこそ、彼らは敢然として二〇三高地に突撃していったのだ。

「腹を括れるか」がリーダーの条件

読者の中には、このような見方を古臭い精神論のように思うむきもあるかもしれない。だが、テクニックや知識だけでは人間は動かないのである。二〇三高地の戦いにおける乃木将軍の心中は、察するに余りある。

もともと乃木将軍が旅順攻略の任務を与えられたのは、日清戦争のときにも旅順攻略戦を指揮したというのが理由になっている。言ってみれば、「土地勘があるだろう」というぐらいのことである。

だが実際に旅順に着いて、乃木将軍はただちに「これは日清戦争とは全然違う」ということに気が付いた。何しろ、旅順は完全に要塞化しているし、ロシア兵の訓練度や武器はシナ兵とは比較にならない。

しかも彼の幕僚はみな、揃《そろ》いも揃って無能な人間の集まりである。たしかに士官学校を優秀な成績で卒業し、ヨーロッパに行って最新の軍事学をマスターしているけれども、現場のことは何一つ知らないエリートなのだ。

何しろ、このエリートたちは、最前線に足を運ぶことさえしないのである。「自分たちの仕事は作戦を考えることであって、いちいち現場を見ている暇《いとま》はない」という、もっともらしい理由をこしらえて動かないのだ。これでは、効果的な作戦など生まれるべくもない。

しかし、それでも乃木将軍は、このエリート参謀たちの進言に従わざるをえない。軍隊の組織においては、作戦の立案は幕僚が行なうことになっていて、司令官はそれを裁可するしかないのである。司令官自身が作戦そのものに口を挟むことは、慎まなければならない。

旅順において、このような状態に追い込まれたとき、乃木将軍は「これは息子を殺すしかない」と腹を括《くく》ったのである。旅順攻略において、多くの将兵が死ぬことになるのは目に見えている。そのような戦いにおいて、司令官にできることは、まず自らが犠牲になることしかないというのが乃木将軍の決断だった。

私は、すぐれたリーダーの条件は、「腹を括れるか否か」というところにあるのではないかと考えている。学校の成績がどれだけよくても、腹を括れないようなリーダーの下では、誰も身を粉にして働こうとは思わない。その点、旅順の要塞を見て、まず腹を括った乃木将軍は、やはり優れた司令官であった。だからこそ第三軍の兵士たちは、最後まで闘志を失うことなく、戦いつづけたのである。

日本型エリートは何と困った連中か

日露戦争を見てつくづく思うのは、「学校出の秀才とは何と困った連中か」ということである。

学校で習った知識を金科玉条のように振り回して、現場の情報を無視・軽視するのは、日本型エリートの通弊と言ってもいいであろう。ことに昭和になってからの日本陸軍は、少数の例外を除き、こうした秀才たちの集団と化した観がある。

それはさておき、日露戦争における秀才の弊害を挙げるなら、何を措《お》いても述べなければならないのは陸軍軍医局のことである。彼らがやったことは、まさに〝犯罪的行為《かつけ》〟であった。

日露戦争における陸軍の傷病者中、最も大きな割合を占めたのは脚気患者であった。今でこそ治療法が確立しているものの、当時、脚気は下手をすると命を失うほどの病気であった。最初は手足がしびれ、疲れやすくなり、それが進むと歩行も困難になり、視力も衰えてくる。そして最後には、突然胸が苦しくなって、心臓麻痺《まひ》を起こして死ぬのである。

陸軍では、このような脚気患者が二十一万人以上も出た。出動総人員が百十万人であるから、五人に一人が脚気になったことになる。また脚気による死者は二万七千八百人である。これは二〇三高地の死者を軽く上回る。

これはまさに由々《ゆゆ》しき事態であり、事実、日本陸軍は脚気のため、戦争中つねに人員不足に悩まされた。

奉天会戦のときも、ロシア軍を退却させながら追撃を断念したのは、火力不足もさることながら、兵士の数が足りなかったのが大きな原因である。このときの日本陸軍は、手持ちの兵士をすべて出していた状態で、まったく余力がなかった。

もし奉天会戦で充分な人員がいれば、日本陸軍はロシア軍の包囲に成功して、もっと完全な形で勝利を収められたであろう。そうすれば、講和条約もさらに有利な条件で結べたはずで、したがって、日本の勢力圏も満洲全土に及ぶことになったかもしれない。あるいは、奉天会戦で日本がロシアをさらに追撃できたら、昭和になって満洲事変のようなことをせずにすんだ可能性も大いにあるのだ。陸軍内における脚気の大量発生は、日本近代史をも大きく動かしたことになる。

日本陸軍で脚気はまさに猖獗《しょうけつ》を極めたわけだが、これに対して、おなじ日露戦争でも海軍の脚気患者はほとんどゼロに近かった。軽症者はいくらかあったが、重症者は一人もいなかったのである。これほど歴然とした差が出たのは、ひとえに陸軍兵士の健康を預かる軍医らの責任であることは言うまでもない。

なぜ、このような事態が発生したのか。それについて、ここで少し述べてみようと思う。

脚気を根絶した海軍の大実験

脚気がビタミンB_1の欠乏によって起こる病気であることは、現代では誰でも知っている事実であろう。ことに白米ばかりを食べていると、脚気になりやすい。

しかし、ビタミンの存在が知られる以前、脚気は日本や東南アジアの風土病と思われていた。西洋では脚気そのものが存在しないのである。これはおそらく、西洋人が精白しない小麦を使ったパンや肉を食べるからであろう。ビタミンB1は肉や小麦の胚芽《はいが》にも含まれている。

しかも、脚気は都市に多かったから、流行病と思われていた。かつては〝江戸煩《わずら》い〟とか〝大坂腫《ば》れ〟とも言われていたようである。もちろん、都会の住民のほうが白米を多く消費するから脚気が起こりやすいだけの話なのだが、当時の人たちが都市の伝染病か風土病の一種と思ったのも無理はない。

さて、明治になって近代軍隊が作られたとき、この脚気が大問題になった。ことに海軍においては深刻で、長期航海において船内に脚気患者が続出すれば、艦そのものが行動不能になる虞《おそ》れがある。

実際、明治十六年にニュージーランドを目指して出航した軍艦・龍驤《りゅうじょう》では、二百七十二日の航海中、百六十九人の脚気患者を出し、二十三人が死亡するということがあった。このときの乗組員は総勢三百七十八名であったから、じつに半数近くが脚気に冒されたのである。

このような状態を憂えて、何とか脚気の根絶をしなければならないと考えたのが、海軍軍医であった高木兼寛《たかきかねひろ》だった。彼はイギリスに留学し、ロンドンの医学校を抜群の成績で卒業したという実力の持ち主であった。

徹底的な調査の結果、高木は脚気が食事と関係していることを発見する。同じ艦に乗り組んでいても、脚気に罹《かか》るのは下級の兵卒ばかりで、毎日洋食を食べている上級士官で脚気に冒される人はいないことに気が付いたのである。

吉村昭《あきら》氏の『白い航跡』（講談社）は、この高木兼寛に関する優れた伝記小説である。この作品によって当時の状況を紹介してみよう。

明治初年のころは、下級兵卒の食事は白米の飯だけが官給で、副食に関しては食費が出て、それぞれの兵が好みのものを食べるシステムになっていたという。のちに、多少制度が改められたようだが、副食が自由裁量という点は変わらない。

当時の水兵は貧しい家の出身者が多い。したがって、白米は軍隊に入って、はじめて食べたという人がほとんどである。そのような状態であるから、配給の飯は食べても、副食費は貯蓄に回すのが普通で、おかずと言えば漬け物程度のものしか食べていない。

高木は「なぜ脚気が起きるのか」は分からなかったが、それが食事に関係していることだけは間違いないと考えた。すでに書いたように、脚気は日本の風土病とされていたが、日本に在住している外国人でこの病気に罹る人はいない。しかも、洋食を食べている上級士官も発病しないのだから、情況証拠は揃ったようなものである。

こうした高木のアプローチは、いかにもイギリス的である。イギリスの医学の特徴は、臨床を何よりも重視する点にある。これはイギリス的経験主義の影響があるのかもしれない。

たとえば、種痘を考え出したジェンナーもイギリス人の医師であった。おそらくジェンナーは、天然痘がなぜ発生するかには、あまり興味がなかったであろう。彼にとって重要だったのは、「どうすれば天然痘を防げるか」ということのほうであった。ジェンナーは「牛痘《ぎゅうとう》に感染した経験のある農婦は天然痘に感染しない」という話を聞いて、種痘を考案し、見事に成功するわけだが、このようなアプローチができたのは、彼がイギリスの医者であったことが大きいと思われる。

イギリスで学んだ高木も、ジェンナーと同じ発想であった。脚気発病のプロセスを解明することよりも、目の前にいる脚気患者をどのようにすれば減らせるのかというほうが、ずっと大事なのだ。だから、脚気に洋食が効果があることを立証するのでも、彼は実践的な方法を用いた。

すなわち、かつて多数の患者を発生させた軍艦・龍驤とまったく同じ航路で、軍艦・筑波《つくば》を派遣する。もちろん、この筑波においては、食事は副食も含めてすべて給食とし、しかも良質のものを出すということにした。軍艦一隻を使った比較対照試験というのは、日本の医学史上に類を見ない試みであろう。このような大規模実験を海軍首脳が了承したのは、脚気の害がそれほど深刻であったからに外ならない。

この実験は、見事な成功となった。筑波の乗組員で脚気を発病した者は、わずか十五名しかいなかった。しかも、この患者の多くが、与えられた給食をちゃんと食べていなかったことも分かった。

この高木の実験で、日本海軍は全軍を挙げて食事の改良に乗り出す。予算や兵士の反発など問題は数々あったが、米食中心の食事を止めることにして、米・麦併用ということになった。この結果、海軍での脚気発生率は激減し、日清・日露戦争でも脚気の患者は皆無に近かった。

陸軍軍医局と森林太郎の犯罪

ところが、これに対して陸軍首脳は、海軍の食事改良運動にまったく関心を示さなかったばかりか、それに反対する側に回った。

「兵士は白米を食べることを楽しみにしているのだから、麦飯など食わせたら士気が落ちる」という理由もあったようだが、反対派の急先鋒は何といっても、陸軍軍医局の医者たちであった。彼らは、徹底して高木の食事改善を否定した。

陸軍軍医局の医者の多くは東大医学部出身であったが、この東大医学部は、当時「ドイツ医学こそが世界最高」と信じて疑わなかった。エリートの彼らにしてみれば、「高木ごときに何が分かる」という気持ちがあったのだ。

たしかに、当時のドイツは世界の医学をリードしていた。ことに優れていたのは細菌学の分野である。ベルリン大学のコッホを頂点とするドイツ細菌学は、結核菌、コレラ菌、ジフテリア菌などを次々に発見して、医学に革命を起こしていた。

細菌学を見ても分かるように、ドイツ医学の特徴は徹底した病理中心主義にある。つまり、病気の原因を突き止め、次にその対策を考えるというアプローチである。したがってドイツ医学は、臨床よりも基礎研究を重視する。方法論が、帰納的というよりむしろ、演繹《えんえき》的な感じがする。

このようなドイツ医学を信奉する陸軍や東大医学部の医者たちにしてみれば、原因の追究を二の次にした高木の脚気退治策はまったくのナンセンスということになる。しかも前述したとおり、当時、脚気も伝染病の一種と考えられていたから、「細菌で起きる病気を食事で防げるわけがない」と、彼らは主張した。つまり、「脚気菌がまだ見つからないのに、根本的な治療法などあるわけがない」という発想だったのである。

こうした否定派の中で〝高木潰し〟の急先鋒となったのが、あの森林太郎《りんたろう》、つまり森鷗外《おうがい》であったということを、特に強調しておきたい。彼は東大医学部を卒業後、軍医になり、以後一貫してエリート・コースを歩んだ人物である。

森林太郎はドイツ留学中にコッホの研究所で学んだ人であるから、「脚気病菌説」を信じて疑わなかった。彼は、高木の業績を否定するために学会で論文を発表し、「栄養学的に見て、日本食も洋食もまったく同じである。洋食をすれば脚気が防げるなどということは、迷信・俗説にすぎない」と断定した。

それだけならまだしも、森ら軍医たちは、陸軍における食事改良の試みを徹底して妨害した。

陸軍にしても脚気の被害は甚大で、その予防は急務であったから、当然のことながら、海軍の食事改良運動に興味を持った。実際、現場の指揮官や軍医の中には、独自に麦飯を導入しようとした人もいた。ところが頑迷固陋《がんめいころう》にも、こうした試みを軍医局は妨害し、あくまで白米主義を押し通したのである。

その結果、日清戦争では四千人近くの兵士が脚気で死んだ。ところが、これを見ても彼らは自説を曲げることはなく、そのまま日露戦争に突入することになるのである。日露戦争で脚気患者が大量発生し、その結果陸軍の作戦に支障をきたしたことはすでに述べたとおりである。そればかりか、前述の吉村昭氏の著書によれば、日露戦争後も森林太郎は米食至上主義をまったく反省せず、陸軍兵士に白米を与えつづけたという。

こうした森ら陸軍軍医局のやった行為は、一種の犯罪と言ってもいいであろう。

単に学問上の論争であるなら、森が高木の食事改良運動を批判しても、それは別に構わない。だが、現場で米と麦を併用するのまで妨害するというのは、単に面子《メンツ》にこだわっているだけのことである。すなわち、東大医学部とかドイツ留学という金看板を守りたいという縄張り根性にすぎない。

乃木将軍の幕僚たちは、「自分たちの本分は作戦立案である」として、二〇三高地で死んでいく将兵たちの姿をいっさい見なかった。それと同様に、森たち陸軍の軍医は、脚気で死んでいく将兵たちを見殺しにして、恥じることはなかった。

文学者・森鷗外の業績については、ここではあえて触れない。だが、陸軍軍医としての森林太郎が国賊的な〝エリート医学者〟であったということは、指摘しておく必要があるだろう。

4　日韓併合にまつわる誤解と真実

植民地としての台湾の場合

さて、日露戦争の勝利によって、ようやく日本はロシアの朝鮮半島南下を退けることができた。明治維新以来、日本にとって最大の懸案であった朝鮮半島の自立と近代化が、これで進展することになったのである。

ところが、それが一転して日韓併合という事態になったのは、日本人にとっても、コリア人にとっても予想外の展開であった。

当初、日本の政府は大韓帝国を併合する気などなかった。というのも、そもそも日本には、ヨーロッパ列強のような植民地経営をする時代ではないという認識があったからである。

もちろん日清戦争において、日本は台湾を清国から譲渡されて統治していたわけだが、台湾とコリアとではまったく事情が違う。なぜなら、当時の台湾はいわゆる〝瘴癘《しょうれい》(伝染性の熱病)の僻地《へきち》〟であって、統一民族としての歴史もなく、住民も少ない。そもそも清国が日本に譲渡する気になったのも、台湾という島に対して所有権を感じるところがなかったからである。

台湾は、こうした事情があったので、統治するに当たっては、さほどの問題も発生しない場所であった。実際、日本は台湾に対して、理想的といっていいほどの統治をしたと言ってもいいであろう。

現在の台湾の繁栄があるのも、元を質せば、日本がこの島を統治したからである。台湾に対して、戦前の日本が積極的な公共投資を行ない、近代的教育を普及し、産業を興し、インフラを整備しなかったら、戦後の台湾の繁栄はもっと遅れていたであろうということは、台湾人の学者でも認める事実である。台湾に行った日本人たちも、この地を本当に日本と同じ水準に高めようという使命感を持っていた。

これに対し、ヨーロッパの植民地帝国で、その植民地を自国と同じ生活水準、文化水準に高めようと努力した例は皆無である。

十数年ほど前、PHP研究所が*Attitude to the Law*という題名の英文雑誌を発行していたが、その中にアメリカのマーティン・ロスというジャーナリストが台湾に行って、日本統治時代のことを調べた記事が載ったことがある（"Taiwan looks to Japan for the good life"）。

どうも、このジャーナリストは当初、日本人が台湾人に対して、どのような悪辣《あくらつ》な植民地統治を行なったかを暴《あば》くつもりであったようである。ところが、実際に台湾で当時のことを知る人たちにインタビューしてみると、みんな「日本人がいたころはよかった」と口を揃えて答えるのだ。「今では夜になれば鍵を締めて寝るけれども、戦前はドアを開けて寝ていても大丈夫だった」というような話しか出ない。それで、結局、この米人記者は当初の目論見《もくろみ》とは反対の、「日本時代はよかった」という記事を作ったということであったが、その当時においても台湾では日本統治を恨《うら》むような声がなかったのだ。

大きな負担となった韓国併合

これに対して、朝鮮半島を併合あるいは植民地統治するということは、日本にとっては、たいへん荷の重いことであった。たとえば、防衛に関しても、もし日本が朝鮮半島を防備するとなれば、負担は大変なものになる。日露戦争で退いたとはいえ、ロシアはまだ北満洲に兵を置いているのだ。軍事的圧力がなくなったわけではない。

実際、日本が韓国を併合したあとに真っ先に出てきた問題は、朝鮮半島の防衛であった。朝鮮半島が日本の領土である以上、ここには日本軍を置かねばならない。そこで大正元年（一九一二）、陸軍は朝鮮駐留のために二個師団の増設を要求した。しかし、ロシアとの戦争を終えたばかりの日本には、新たに二個師団を作るような経済的ゆとりは、どこにもない。当時の西園寺《さいおんじ》内閣は、この提案に断固として反対するのだが、陸軍側も譲らず、師団増設問題は大きな政治問題になった。

この間の事情については、拙著『日本史から見た日本人・昭和編』（祥伝社）の中で詳述したから、ここでは述べないが、大正初期、西園寺公望《きんもち》、桂太郎《かつら》、山本権兵衛《ごんべえ》、という形で首相が次々と交代したのは、朝鮮防衛のための軍事費が発端になっているのである（結局、二個師団増設は大正三年になって実現した）。

このように、軍事面だけ考えても、韓国の併合は重い負担である。これに加えて、工業を興し、インフラを整備するということになれば、大変なことになる。イギリスのインド経営は現地に財源を持っていたらしいが、特に産業もない朝鮮半島では望みようもない。そこで、日露戦争以後の日本の方針としては、韓国が近代化して富強になるまでは日本が外交権を預かればよいとした。すなわち、韓国を日本の保護国にするということである。

ここで一言断わっておきたいが、ある国が他の国を保護国にするということは、当時も今も普通に行なわれていることである。

たとえばモナコはナポレオン戦争に決着を付けたウィーン条約（一八一五年）でサルジニア王国の保護領になり、その後、一八六〇年にはフランスの保護領となった。その翌年、モナコは独立を認められたのだが、第一次大戦終結の三カ月ほど前に、「モナコ大公の血統が絶えたら、自動的にフランスの保護下の自治領になる」という取決めが交わされた。第二次大戦後も、フランスはモナコ公国の外交権を預かっている。司法制度もフランスと同じで、高等裁判所の裁判は、パリのフランス人判事が行なうことになっている。

モナコはフランス領内のような国であるから、フランスにしてみれば、モナコが自主外交してフランスの国益を損なうようなことをしてもらっては困る。それをモナコも了承して、この二国の間に一種の保護条約が結ばれたわけである。

それと同様のことが日本と韓国の間にも取り決められたわけで、何も日本が特に過酷なことを押し付けたわけではない。また、この取決めに対して、世界各国も了解した。

とはいっても、読者の中には「いや、そもそも韓国のことなど放っておけばいいではないか」という意見もあるかもしれない。だが、それは戦後の平和な状況に慣れた人の誤解なのである。日本にとっては朝鮮半島の安定こそが生命線であり、この半島に日本に敵対する勢力が下りてくれば、それはすなわち「日本の危機」を意味するのだ。日清戦争も日露戦争もまさに、このために起こったのである。

マッカーサーは朝鮮戦争を体験して、そのことを骨身に染みるほど味わった人間である。一九五〇年六月二十五日未明、三八度線を越えた北朝鮮軍は、アメリカ軍に対して圧倒的な勢いを示した。それはソ連及び中国の援助があったせいである。

この結果、アメリカ軍は半島南端の釜山《プサン》まで追い詰められるということになったが、それでもマッカーサーは仁川《じんせん》上陸作戦を決行し、ソウルを奪還し、とうとう半島の付け根の鴨緑江まで共産軍を追い返すところまで持ちこんだ。

しかし、ここまでやっても朝鮮戦争は終わらない。なぜなら、共産軍の勢力は依然として大陸にあり、しかも彼らはソ連や中国内陸部から大量の人員と兵器をいくらでも補充できたからである。

そこで、マッカーサーはトルーマン大統領に「かつての満洲を空襲して、敵の本拠地を完全に粉砕せねばならない。また東シナ海の港湾を封鎖し、場合によっては原爆も投下せねばならない」と進言するのである。

だが、彼の意見はトルーマンの反対に遭い、マッカーサー自身も解任されることになった。その結果、共産軍の反撃によってアメリカ軍はふたたび押し戻され、とうとう三八度線で休戦ということになったのは、ご存じのとおりである。

それはさておき、朝鮮戦争を体験することで、マッカーサーは戦前の日本がやったことの意味が痛いほど分かったのである。

北から強大な勢力が朝鮮半島に下りてきた時、日本を守ろうと思えば、朝鮮半島を守らねばならない。そして、もし朝鮮半島から敵の勢力を完全に追い払おうと思えば、これは満洲にまで出ていくしかない——日本にとって朝鮮半島がいかに重要な土地なのかを、マッカーサーは朝鮮戦争を通じて理解したのである。

一九五一年五月一日、アメリカ上院の軍事外交委員会でマッカーサーは演説を行なうのだが、そのとき彼は「この前の戦争に日本が突入したのは、主として自衛のためだったのだ」という旨《むね》の演説をしている。東京裁判を行なわせた人物が一転してこのような発言をするようになったのは、やはり近代日本にとってのコリアの意味が朝鮮戦争によって理解されたからであろう。

伊藤博文を暗殺した安重根の過ち

話を戻そう。

明治三十七年（一九〇四）、日韓新条約（一種の日韓保護条約）が日露戦争勃発（二月十日宣戦布告）の約半年後の八月二十二日に調印され、さらに日露戦争終結後に、協約によって韓国は日本の保護国ということになった。そして、初代の韓国統監として赴任したのが元老・伊藤博文であった。

この伊藤博文は、韓国の植民地化に絶対反対という考えを持った人であった。日露戦争後の対韓国政策は、この人の意見によるところが大きいであろう。

一例を挙げれば、植民地政策の専門家であった新渡戸稲造《にとべいなぞう》が、伊藤博文に韓国を植民地にした場合のプランを述べようとしたところ、伊藤は「植民地にしない」と言って、韓国人による韓国統治の必要性をこんこんと説いたという。これは、新渡戸本人が著書の中で書いている話であるから、間違いない事実であろう（新渡戸『偉人群像』昭和六年）。ちなみに新渡戸は教育者として知られているが、本当の専攻は農業経済学で、台湾での農業育成に功績を残している人である。

ところが、このような韓国の独立論者を、韓国人自身が暗殺してしまったのである。明治四十二年（一九〇九）、満洲のハルビン駅において、伊藤は韓国人・安重根《あんじゅうこん》によって暗殺された。この時、伊藤は四カ月以上も前に統監を辞めていた。

これは、まさに韓国にとっては自殺行為であったとしか言いようがない。言ってみれば、敗戦後の日本において、皇室を守るという理由で日本人がマッカーサー元帥《げんすい》を暗殺するようなものである。

マッカーサー元帥は、日本の皇室を廃止する方針に傾いていたアメリカ政府に対して、断固として「昭和天皇を戦犯にしてはならない」と主張した人である。そのような人を殺してしまったら、アメリカの政府も世論も「やはり、日本の天皇を極東軍事裁判に引き出して戦争犯罪人にせねばならない」と考え、それを実行していたはずである。また、日本そのものもアメリカの委任統治領になっていたであろう。

友好的にやろうと思っていたのを、テロでお返しされたら、態度が変わるのも当然である。それと同じようなことが韓国で起こったのである。

日本の世論が伊藤暗殺に激怒したのは言うまでもないが、韓国のほうでも「大変なことをしてくれた」と震え上がった。何しろ超大国ロシアと血戦を繰り広げ、海に陸に勝利を収めた日本の、それも最も有力な政治家を暗殺してしまったのだ。どんな報復があってもおかしくないところである。

日韓併合の議論は、このような状況から生まれてきた。伊藤の暗殺を受けて、日本の対韓政策は大幅に変更になった。また、韓国の側からも日韓併合の提案が起こった。しかも、それは韓国政府からだけではない。民間からの提案もあったのだ。伊藤博文の暗殺から二カ月後の明治四十二年十二月に、韓国一進会という民間団体が日韓合併の声明書を出したのは、その一例である。

といっても、日本はまだまだ日韓併合には慎重であった。というのも、日本が朝鮮半島を領土とすることに対して、列国や清国がどのように感ずるかを気にしたのである。

そこで、日本は関係国に併合の件を打診したところ、米英をはじめとして、誰ひとりとして反対しなかった。彼らの条件としては、「すでに韓国と結んだ通商条約を廃止しないでくれ」ということだけであった。日本と同様、韓国も不平等条約を結んでいたので、列国はきわめて低い関税で韓国に商品を輸出していた。それを併合後も続けたいという、ムシのいい条件である。また、イギリスやアメリカの新聞も、東アジアの安定のために日韓併合を支持するという姿勢を示した。これを見て、日本ははじめて日韓併合条約を結ぶことになった。

日韓併合は、このような慎重な手続きを経て実現されたのであり、国際的に見て一点の非の打ちどころのない条約をもって成立した。一国も反対した国がなかったことをここで強調したい。

併合を進めた日韓同祖論

韓国の併合が行なわれた最大の直接要因が伊藤博文の暗殺だったわけだが、それとは別に、当時、〝日韓同祖論〟という話が日韓双方でかなり広汎《こうはん》に信じられていたことも、この併合を推《お》し進める要素となった。

日韓同祖論とは、読んで字のごとく、日本人と韓国人の先祖は共通であるという考えである。

たしかに『日本書紀』や『古事記』などを読むと、古代において日本と朝鮮南部は、文化的に同じグループに属していたことを示す記述がたくさんある。また、シナの文献(『三国志』の「魏志東夷伝《ぎしとういでん》」)も、北九州の日本人と南朝鮮の人間をともに「倭《わ》」としているから、当時のシナ人も、この両グループが同じ文化に属する同一種族と見ていたことが分かる。

南朝鮮と日本のどちらが〝兄〟で、どちらが〝弟〟かは、もちろん定かではない。もともと同じ民族であったのが二つに分かれて朝鮮と日本に到達したのだと考えることもできるし、日本の北九州にいた人間が南朝鮮に渡ったということも、あるいは、その逆も考えられるであろう。ただ間違いないのは、紀元四世紀の終わりごろから七世紀にかけて、南朝鮮と日本がたいへん緊密な関係にあったということである。

当時の南朝鮮には、日本人が住む任那《みまな》というコロニーがあったことが『日本書紀』などに記されていて、この任那と百済《くだら》が協力して北部朝鮮の新羅《しらぎ》に当たっていた。さらに、この任那を通じて、四世紀末ごろから日本も百済と同盟し、新羅と戦うことになったのである。この同盟関係は、六六三年の白村江《はくすきのえ》の戦いで日本=百済連合が唐=新羅連合軍に敗れるまで続いた。

そして、白村江の戦いで敗れた日本軍は、百済の難民を日本に引き連れて帰ってきた。これは、先の敗戦の時、朝鮮半島から多数の引揚げ者が日本に帰ってきたことを連想させるような出来事である。

さらに言語の面から見ても、当時の日本と南朝鮮の言語はひじょうに近い関係にあったと思われる。ひょっとしたら、現代の沖縄方言と標準日本語ぐらいしか違わなかったのかもしれない。

残念ながら、古代の南朝鮮でどのような言語が話されていたかは、資料が残っていない。しかし、百済から日本に帰化した人々の活躍を見ると、これは似た言語を話していたと考える以外に解釈のしようがないのである。

第一、百済をなぜ「くだら」と訓《よ》んだのか分からない。おそらく百済語なのだろうが、今では確かめようがない。「奈良」という語と関係があったという説もあるが、すると奈良に住んでいた百済人と古代日本人は同族みたいなものということになる。

たとえば、百済から帰化した人物の中で最も有名な人に王仁《わに》がいる。彼は日本に『論語』や『千字文《せんじもん》』を紹介したことで知られているが、その一方で、日本の和歌の父のように崇《あが》められていた。『古今和歌集』の仮名序《かなじょ》で編者・紀貫之《きのつらゆき》は、王仁の、

難波津《なにはづ》に　咲くや木《こ》の花　冬ごもり　今は春べと　咲くや木の花

という歌を紹介して、これは「歌の父母のように」して誰もが手本にするべき歌である、と書いている。

百済人・王仁の作品が和歌の手本として使われたという事実は、まさに驚くべきものがある。当時の百済と言えば、日本にとってみれば先進国である。王仁自身も、日本に来て『論語』を講義したくらいだから、シナの学問素養を身に付けた一流の教養人ということができるであろう。そのような人物が来日してから和歌を詠みはじめたら、日本人までが手本にするような作品を作ったというのである。現代に置き換えてみれば、オックスフォードやケンブリッジから日本に英文学を教えにきた学者が見事な和歌を作り、しかも、その作品が「和歌の父」として手本にされているというようなことなのだ。

このようなことが実際に起こったのは、彼の母国語が日本語ときわめて近かったからとしか考えられない話である。アメリカ生まれのT・S・エリオットが、同じ英語国のイギリスに帰化してイギリス現代詩の大宗になったことなど、ヒントになるのではないか。

もし、百済の言葉が日本語と遠く離れたものであったら、王仁も日常会話などはできたであろうが、日本人の感性を素直に動かすような歌を詠むところまではいかなかったと思われる。やはり、彼にとって日本語は親しみやすい言語であったのだ。

日本のカミと朝鮮のカミ

また、さらに付け加えれば、信仰の面においても朝鮮と日本はきわめて近かった。

「かつて朝鮮には神道があった」ということは、今の多くの韓国人は知らないようだが、コリアに仏教や儒教が伝来する前には、日本と同じような神道があって、同じようにカミを信じていたのである。

残念ながら、今やその痕跡は、コリアでは民間信仰として巫女《みこ》さんが祈禱《きとう》するということぐらいにしか残っていないが、最近の歴史研究では、古代のコリアも日本も宗教的には同じ文化圏にあったことが明らかになっているのだ。

現に日本の神社には、朝鮮系のカミを祀《まつ》っているところが多く存在する。『日本書紀』などの記述を見ても、たとえば秦《はた》氏は、応神天皇のころ百済から来朝した弓月君《ゆづきのきみ》を祖とする氏族であるが、京都伏見に稲荷《いなり》大社を作っている。また、洛西の松尾大社も秦氏が神職を務めていた。日本に来た百済系の人が何の抵抗もなく神社を作るというのは、彼らが元来、神道と同じ信仰形態を持っていたということの証拠に外ならない。

さらに重要なことは、秦氏が神社を持つことを、朝廷も当然のこととして許可しているという事実である。これは当時の日本人も、彼らのカミは自分たちと同質のものであるという感覚を持っていたから、帰化した渡来人が神社を持つことを許したのだ。

また、桓武《かんむ》天皇の母は渡来人系であったという。そのような家庭環境が即位の邪魔にならなかったというのは、やはり、同じカミを祀っているという感覚があったからであろう。

ここでもう一つ例を挙げよう。

唐の侵入で百済が危機に瀕した時、日本の援助を得て善戦したものの、内紛によって暗殺された百済の名臣に鬼室福信《きしつふくしん》という人がいた。この人の縁者・鬼室集斯《しゅうし》は、天智天皇より、数百人の百済の男女とともに近江《おうみ》に土地を与えられた。集斯の墓は、その地の鬼室神社（滋賀県日野町）の境内《けいだい》にある。墓石が後代に建てられたものであれ、その神社が存在するということは、彼らが日本人と同族だった、少なくとも同一宗教だった証左と言えよう。

このように、言語から見ても、信仰から見ても、古代において日本と朝鮮はきわめて近しい関係にあったと言って間違いない。

〝内鮮一体〟を掲げた日本の理想

話を戻せば、日韓併合を考える場合、日韓同祖論が当時さかんに言われていた事実を抜きにするわけにはいかない。

日韓併合は戦後になって、「あれは植民地支配だった」という言われ方をされてきた。たしかに、ある意味では植民地支配のカテゴリーに入るだろう。だが、このころの日本人としては、「もともと日韓両民族には同じ血が流れているのだから、日韓併合はイギリスがインドやアフリカを支配するのとはわけが違う」と心から信じていたのである。

つまり、「日韓併合は西洋諸国のような植民地支配ではない」というのが当時の考えであり、朝鮮人たちも日本国民であり、彼らを被支配者として扱わないということにした。だから、コリア人に対して、すべて日本国籍を与えた。法制上の問題もあって実現こそ遅れたが、コリア人にも選挙権や被選挙権を与えている。日韓併合の原則は〝内鮮一体〟、つまりコリア人も日本内地の人も同じだということであった。

さらに付け加えれば、日韓併合後、李朝の一族は王公族として皇族に準ずる扱いを受けたし、両班《リャンバン》と呼ばれた韓国の名族も、朝鮮貴族として、日本の華族の栄爵を受けた。

このような措置が採られたのも、結局は「日本人もコリア人も同じ血を引いている」という感覚があったからに外ならない。もし欧米人のように、日本人がコリア人を劣等民族として差別していたのであれば、韓国の王族や両班を日本の皇族や華族と同列に置くということは、絶対にありえない話であろう。

個人レベルの話で言えば、コリア人に対して差別の感情を抱いていた日本人もあった。これは否定しがたい事実である。だが、当時の欧米における意味での人種差別はなかった。日本人とコリア人との通婚は理念的に奨励されていたからである。

イギリス王族の娘がアフリカの酋長《しゅうちょう》の息子、あるいはインドのラージ（王）の息子と結婚することは、夢にも考えられない話だった。少なくとも大東亜戦争終了以前は、有色人種、あるいはハーフと正式に結婚したイギリス人は、イギリスのクラブや社交界から自動的に追放され、また主要ホテルにも宿泊できなかったのである。

少なくとも国家レベルでは、日本政府はあくまでもコリア人を日本人として扱っていた。それは、根底に「日本もコリアも同じ血を引く民族である」という理念があったことが一つの理由であったろう。

“歴史慣れ”をしてなかった日本

今から四十余年ほど前、復活祭のシーズンにベルギーのベネディクト会修道院に滞在中、韓国出身の金《キム》君という人と同室になったことがある。彼は、たしか医学専攻の学生であったと記憶しているが、私とは大いに気が合ったので、お互いに心を開いていろんな話をした。そのとき、何がきっかけであったかは忘れたが、彼が私にこういう話をしてくれた。

「僕は戦前に一度、日本に修学旅行に行ったことがありますよ。そのときの第一の目的地は伊勢神宮でした。引率の先生が僕らに向かって『今はまだ朝鮮人と日本人との区別があるが、元は同一の民族であるから、共通の先祖として伊勢神宮に参拝するのだ』と言われました。僕らは真面目にそう信じて拝みました」

これを聞いて、私は心底びっくりした。日韓併合は日韓同祖論が理念となっていたことは知っていた。しかし、それが日本人のみならず、コリア人の間にも定着していたとは、その話を聞くまで知らなかったからである。

そのとき、私は金君につぎのように言ったと記憶している。

「結局、われわれは歴史慣れをしてなかったのだね」

この言葉には金君も同意した。

〝歴史慣れ〟というのは、民族や国家の関係が複雑なヨーロッパ人なら日韓併合をやらなかっただろう、というほどの意味である。

「血は水より濃《こ》し」という言葉があるが、ヨーロッパ人が数えきれないほどの戦争をしてきて学んだのは、「歴史は血よりも濃い」という事実であった。

たとえば、ドイツとオーストリアは、言語も民族も同じである。また、ドイツとオランダもそうである。ドイツ人を意味するドイツ語「ドイッチェ」(Deutsche) とオランダ人を意味する英語「ダッチ」(Dutch) は、元来同じ単語なのだ。しかし、だからと言って、ドイツはオーストリアやオランダと合併しようとしない。なぜなら、血縁関係がいくら近くとも、合併してしまうと、いろんな問題が出てくるのを知っているからである。

なぜかといえば、別々の国として歩んできた歴史が長いからである。長い時間が経つうちに、国情も国民性も違ってきた。それを今さら一つにしてもマイナスのほうが大きいのは決まりきっているとして、誰も合併しようとしないのである(ただ例外はヒトラーで、彼は独墺併合をやったが、やはり失敗で、戦後、オーストリアは独立を回復する)。

結果論からの全否定の誤り

日韓併合は、今から考えると、やるべきではなかった。

もともと日本とコリアは部分的には同じ民族であったわけだが、それは大昔の話で、今では言語も習慣も、宗教も何もかも違う。共通点を探すほうが難しいくらいである。ドイツとオーストリアの差などとは比べものにならない。

それを併合すれば、どちらも不幸になるのは当たり前の話なのだが、当時の日韓両国どちらにも、そのようなセンスがなかった。つまり〝純情〟だったのだ。日韓同祖論を素直に信じ、二つの国が一緒になることが幸せであると無邪気に考え、コリア人も日本人も日韓併合に向かって動いたのである。

それにつけても悔やまれるのは、「もし、あのとき伊藤博文が安重根に暗殺されていなければ」ということである。

すでに述べたように、伊藤は韓国を併合したり、植民地化することに反対していた実力者である。彼がもし天寿をまっとうしていたら、韓国は日本の保護下で近代化を進め、やがては外交権を回復していたはずである。日韓併合というようなことを行なわずに済んだ可能性は大いに考えられる。

現代韓国では、安重根のことを「民族の英雄」として教えているという。しかし、彼のやった行為がどれだけ歴史をマイナスに変えたかということを考えてみると、はたして単純に英雄として持ち上げていいものか、はなはだ疑問である。もちろん、韓国には韓国なりの歴史観があっていいとは思うが、伊藤博文のことを「コリアの敵」として暗殺したのは、どう考えても筋違いであった。

もう一度強調しておきたいが、日韓併合は不幸な結果を産んだかもしれないが、併合までの手続きはあくまでも正当に行なわれたものである。また、その後の処遇に関しても、コリア人に日本国籍を与えて、公的な面における差別を解消する方針であった。ただ、徴兵とか帝国議会への参加は時期尚早ということで実現しないでいた。

しかし、軍人でも親補《しんぽ》職にはコリア人がいて、中将になった人もあった。「親補」という単語は、現行の『広辞苑』にも収められているが、官吏中の最上級で、天皇に直属して他の政府機関の監督を受けないという、大変な地位である。若い世代でも、後に韓国大統領になる朴正熙《ぼくせいき》青年は、士官学校を出て少尉に任官している。これは当時の国際常識から見れば、例外的と言っていいほど人道的なやり方であった。

ところが、敗戦後はこうした事実を無視した議論が横行しつづけた。しかも、その傾向は最近になって、さらに強まる一方である。

その最たる例が、「日韓併合条約は無効である」というような理屈である。日本が大韓帝国に武力で押し付けた条約であって、コリアにとって本意ではなかったというのが理由のようだが、国際社会において、そんな暴論は通用しないであろう。

完全にイーブンな立場で結ばなければ正当な条約とは言えないというのであれば、世の中にまともな条約は一つもあるまい。たとえば、「日本がポツダム宣言を受諾したのは、連合国の圧倒的な武力の前にしぶしぶやったことであって、あれは無効だ」と言ったら、世の中の誰がまともに取り上げてくれるであろうか。

こんなに極端な例でなくとも、たとえば幕末の通商条約も、列強のほうが圧倒的に有利な状況で結ばれた条約である。前にも書いたように、この条約において、日本には関税の自主権もなく、在日外国人を裁く権利も与えられなかった。

しかし、どんなに不利な条約であっても、いったん結ばれたらそれを誠実に履行するのが、国際社会の常識というものである。実際、明治の日本人たちも不平等条約に対しては不愉快な思いもあったが、だからと言って「これらの条約は無効である」などとは一言も言わず、外交交渉によって、この条約を改正しようと必死になって努力した。

しかも、この日韓併合条約に関して言えば、すでに述べたように、当時の国際社会の主要メンバーがみな事前に承諾していた。英米のマスコミさえも大賛成した。

あらゆる点において、日韓併合条約は正規の条約であり、日韓併合は適法に行なわれた。過日の湾岸戦争でイラクがクウェートを〝併合〟したのとは、わけが違うのだ。

聞くところによると、北朝鮮当局は日本政府に向かって、「あの条約の書面には当時の韓国皇帝の署名がないから無効である」ということを言い立てているというが、ここまで行くと、もはや理屈にもなっていない。

たしかに、日韓併合条約には皇帝の署名はない。全権大使として、当時の李完用《りかんよう》首相が皇帝の代わりに署名をしているのだから当然の話である。

国家元首が条約にサインしないかぎり無効であるとしたら、これまた世の中に有効な条約は、ほとんどなくなってしまう。日本の場合だと、天皇の臨席がなければ条約が結べないことになってしまうではないか。

戦後補償は〝無知〟の産物

さて、昭和四十年（一九六五年）、日韓基本条約が締結されるときに、まず問題になったのは、この日韓併合条約であった。つまり「日韓併合条約は合法かつ有効な条約か」ということである。

このときの日本側の関係者たちの主張は、まことに筋の通った話で、今考えてみても「よくぞ言ってくれた」という思いがする。

「日本が韓国に復興資金を出すのは、やぶさかでない。喜んで資金提供をするつもりだ。だが、それを日韓併合の賠償金として支払うのは拒否する。なぜなら、日韓併合条約はまったく正しい手続きを経て締結されたものだし、諸外国もそれを承認した正規の条約である。正規の条約によって発生した行為に〝賠償金〟を払うことは、国際的に許されるわけがない」としたのである。

これは、まさに正論である。もしここで日本が賠償を払って〝悪しき先例〟を作れば、誰も条約を結ぼうとはしなくなるであろう。その時は正当な条約とされていたのが、あとになって

「あれは犯罪的条約だ」とされるのでは、オチオチ条約など結べない。したがって日韓併合条約を合法と主張するのは、日本のワガママでも何でもなく、国際社会での〝筋〟は曲げられないという責任感なのである。

この日本の主張を、当時の朴大統領は受け容れてくれた。これもまた素晴らしい決断である。韓国の世論が朴大統領の真意も知らず、非難してくるのは目に見えているのだから。

日韓併合条約は有効である――この一点について合意ができれば、あとはスムーズに進んだ。日本は韓国に無償贈与として三億ドル、借款五億ドルを提供、韓国のほうは対日賠償を一切求めぬということになった。

したがって、この基本条約以後、いやしくも政治に関わる人間が〝戦後補償〟などということを持ち出すのは、日韓基本条約破りであり、国際常識がないと非難されても文句は言えないはずである。

このような戦後補償論が出てきた背景には、国交回復当時の事情を知らぬ、戦後生まれの政治家と官僚が増えてきたことが大きいであろう。彼らは自分が〝無知〟であることを知らないのである。それは〝国賊的無知〟と言ってよかろう。今さら戦後補償をするなど、国際的な常識から言えばナンセンス以外の何物でもない。

考えてみるがいい。このようなことが許されるのであれば、広島や長崎の被爆者は原爆投下に対する賠償をアメリカに要求できるという話になるではないか。

北朝鮮に対して戦後補償をしようと言うに至っては、言語道断の暴論である。

そもそも日本は「朝鮮における唯一の合法政権である」として、韓国と基本条約を結んだ。北朝鮮に対して戦後補償をするというのは、この大前提をひっくり返してしまうということになるわけなのに、いわゆる金丸《かなまる》訪朝団は「北朝鮮に対して戦後の償いをする」と宣言をした。こんな馬鹿な話はない（もっとも、金丸信氏は当時、きわめて有力な政治家ではあったが、日本政府を代表する資格を持っていなかった。だから、日本はこの放言に拘束される必要はないことをあらためて指摘しておく）。

この声明が、日本に対する請求権を放棄した韓国のことをまったく蔑《ないがし》ろにしていることは言うまでもないが、それ以上に問題なのは、金丸訪朝団の連中が、示談の意味をまったく理解していなかったという点である。

これは言ってみれば、交通事故で亡くなった人の遺族と示談をし、見舞金を払って解決したのに、わざわざ別の人にもカネを払うようなものである。そんな愚かなことをする人が、どこの世の中にあるだろうか。たとえ先方が「本当の遺族は自分であって、お前は別の人間に払ったのだ」と主張していても、そんな話を聞く必要はない。第一、「そんなことを後から言い出してカネをせびるような人物にロクなやつはいない」というのが、一般人の常識ではないか。

ところが、金丸や田辺誠という政治家たちは、お人好しにも「示談のカネをもう一度払う」と言ってしまった。こういう言葉は戦時中に濫用《らんよう》されたからあまり使いたくないが、彼らのような政治家のことを、まさに〝国賊〟というのではないか。国賊の本来の意味は、「自国の利益を損なう人」ということである。

誤解と無知の従軍慰安婦問題

最近とくに問題になっている従軍慰安婦問題に関しても同じである。これは問題が問題であるので口にしにくいことなのだが、あえて「国益」のために事実を指摘しておきたい。

日本や韓国のマスコミは、戦時中、日本軍がコリア女性を従軍慰安婦にしたことに対して戦後補償をせよと主張しているが、これもまた無数の誤解と無知に基づく言い分である。

第一、従軍慰安婦という言葉じたい、なかったのだ。従軍看護婦、従軍記者、従軍画家など、「従軍」という語は、「軍属」というれっきとしたステイタスを示すものであった。売春婦は軍属ではない。強《し》いていえば戦場慰安婦、あるいは「軍」慰安婦であろう。

そもそも「軍」慰安婦というのは、何のためにあったか。それは、占領地区の婦女子と日本軍兵士との間に問題が起こるのを避けるために行なわれたのである。

戦場では略奪と強姦が起こりやすい。これは日本軍に限った話ではなく、世界中の軍隊に共通した話であった。このような忌《い》まわしきことが起きないように、自前の売春婦を連れていくということになったのが、「軍」慰安婦の起こりである。

その意味では、日本軍はむしろ良心的であったと言ってもいいであろう。なお断わっておくが、戦前の日本において、また戦後も昭和三十三年（一九五八）まで、さらに世界の多くにおいては今日でも、売春は合法なのだ。

しかも、「軍」慰安婦は日本軍が直接集めたものではない。そもそも軍隊という官僚組織は、慰安婦を集めるということに馴染まない。そこで、売春斡旋《あっせん》業者に委任して人集めを行なうということになったのは当然の成り行きであろう。マスコミの「軍」慰安婦報道は、こうした点をまったく無視している。

たしかにコリア人で「軍」慰安婦になった人はいたであろう。しかし、その人たちを集めたのは日本軍ではない。それをやったのは、おそらくコリア人の売春斡旋業者である。戦前の日本でもそうであったように、貧しい女の子を集めるのだから、農村に行って親と交渉するということになる。これは同じコリア人でなければ務まらない仕事である。

ここに『朝日新聞』（平成五年九月二十日）の記事がある。朝鮮人強制連行問題を研究している高校教諭高橋信氏たちが発見した「軍」慰安婦の募集広告を取り上げたものだ。この募集は、戦争も終末局面に入った昭和十九年十月下旬から十一月上旬にかけて行なわれた。

朝日新聞や高橋氏らは、日本を非難するつもりで資料を出しているらしいが、これからでも次の事実が浮き上がってくる。まことに「朝日新聞よ、語るに落ちたり」である。

まず第一に、これは「募集」であって、強制ではない。

第二に、「契約」および「待遇」について「面談」して決めることになっている。

第三に、希望者の連絡先は「旅館」にいる許という人物（おそらくコリア人）である。朝日新聞の意図と反して、まさに「強制連行でなかった」ということを示す第一級の証拠資料ではないか。

この広告の許という人物は、おそらくコリア人の売春婦斡旋業者、つまり女衒《ぜげん》（当時は、警察の鑑札を持った合法的業者）であったのであろう。かつて吉田某なる人物が、戦争中に済州《さいしゅう》島で慰安婦の強制連行をやったという告白記を書いたが、それは嘘であったらしく、当人はどこにいるのか姿を隠していると聞いている。

しかも、コリア人女性だけが「従軍」したのではない。同時に日本内地の女性も働いていたわけであり、あたかもコリア人だけを差別しているかのごとき印象を与える報道は、まったくのミス・リードである。

さらに言えば、「軍」慰安婦たちは、その報酬としてカネを受け取っているのである。ある体験者の手記によれば、一回が二円だったということである。一日一〇回として二〇円。一週間六日働いたとすれば一二〇円になる。一カ月で、ざっと五〇〇円。当時、東大卒の月給が七〇円ぐらいであるから、売春業者のピンハネがあったとしても、これはむしろ飛びきり高給の部類に属すであろう。

戦争初期の頃の「軍」慰安婦たちはカネを貯めて故郷に帰り、家などを建てて親孝行した例も少なくないと聞く。コリアの女性は戦前の東北の少女たちのごとく親孝行であり、「身を売る」ことを恥と思わない面があった。

もちろん、戦場に赴《おもむ》くわけだから、そこで砲火の犠牲になった方もおられるだろう。これはまことに気の毒な話であるけれども、そういうところで亡くなった人はコリア人女性ばかりではない。同じように日本女性も亡くなっているのである。

「パンドラの箱」を開けるな

この問題を考えるうえで、敗戦後、日本に進駐してきたアメリカ軍が何をしたかということも大いに参考になるであろう。これについては、当時東京都の渉外部長であった磯村英一氏の貴重な証言がある。その一部を、ここに引用したい。

「敗戦の年のクリスマス、司令部（ＧＨＱ）の将校から呼ばれて〝ヨシワラ〟の状態の報告を命ぜられた。もちろん、その地区は焦土と化していた。命令は宿舎を造って、占領軍の兵隊のために〝女性〟を集めろということだった。

命令は英語で〝レクリエーション・センター〟の設置である。最初は室内運動場の整備だと思ったが、そうではない。旧〝ヨシワラ〟のそれであった。（中略）

やむを得ず焼け残った〝地区〟の人々に、文字通り、食料を支給すると約束してバラック建ての〝サービス・センター〟に来てもらった。その理由として、日本の〝一般の女性の操《みさお》〟を守るためにといって頭を下げた」（『産経新聞』「正論」欄、平成六年九月十七日）

日本軍は占領地で売春婦を募集しなかった。その代わりに業者を通じて自国の女性を集めて、「軍」慰安婦とした。これに対してアメリカ軍は、占領している日本で「軍」慰安婦を集めようとした。言うまでもないが、当時のアメリカにも職業的売春婦はいたのである。そうした女性を連れてきて、占領地の日本女性に迷惑をかけまいとする姿勢があってもよかったのではないか。ところがアメリカ占領軍は、東京都渉外部長たる磯村氏に、前述の許氏のような「女衒《ぜげん》」の役を命じたのである。

いったい、日本とアメリカのどちらのやり方のほうが〝文明的〟であるか――「軍」慰安婦問題を言うのであれば、まず、このような事態を見てから発言していただきたいものだ。

なるほど、「かつて日本人はアジアの人たちに悪いことをした」と反省するのは、個人の自由である。誰にも迷惑のかかる話ではない。しかし、だからと言って、それを国家として補償しようというのは、たとえ善意から出たことであっても、国際常識として言ってはならないのだ。なぜなら、何十年も前に条約によって示談が済んだことを、さらに補償してしまえば、パンドラの箱を開けたに等しい行為だからである。

過去の補償ということを言い出せば、日本でもキリがなくなる。たとえば戦前、コリアに残してきた日本人の財産はどれだけになるであろう。敗戦によって日本領でなくなったために、コリアに在住していた日本人の多くが財産を失った。日韓国交回復のときにも討議されたが、結局、これは請求しないことになった。

しかし、「軍」慰安婦たちに安易に補償してしまえば、それが前例になる。日本人が韓国政府に対して私有財産の補償を要求するようになっても、誰も文句が言えなくなるのである。

さらに言えば、アメリカに対する戦後補償の問題も出てくる。

戦時中、アメリカ軍の爆撃によって家や財産を失った日本人は何百万人にも上る。そうした人たちが現在のアメリカ政府に謝罪と補償を求めることになれば、それこそ目茶苦茶《めちゃくちゃ》なことになりかねない。

戦後補償のことを言う人たちは「善意から払うのだ」とおっしゃるが、それは日本一国に終わらない話なのである。もし日本が始めてしまえば、国際秩序はどうにもならなくなるのだ。まさしく、パンドラの箱なのである。

平和条約は示談のようなものだと書いた。示談は、それぞれが譲歩するから成立するものである。どちらの側も「これで充分だ」とは思っていないけれども、どこかで決着を付けなければならないから、示談を承諾するのである。それを後になって「あの示談は誠意が足りなかった」ということでひっくり返されていては、誰も示談をやろうとは思うまい。それでは社会の秩序は保てないのではないか。

戦後補償をやれというのは、そういうことを言っているに等しいのである。

第3章

なぜ「太平洋戦争」に至ったか

──浮上した両翼の「社会主義」思想

1 日本を追い詰めたアメリカの脅し

シナ大陸切取り競争に参入したアメリカ

日露戦争に勝利を収めた日本は、朝鮮半島に触手を伸ばすロシアの意図を挫《くじ》くことができた。明治三十八年（一九〇五）九月五日、ポーツマス条約が調印され、ロシアは韓国や南満洲から手を引くことになった。

このポーツマス条約締結に当たって仲介者となったのは、アメリカのセオドア・ルーズベルト大統領であったわけだが、日本がロシアに勝ったのを見たアメリカが考えたのは、「これはシナ大陸にアメリカの利権を得るチャンスだ」ということであった。

それまでのアメリカは、シナ大陸に対して興味はあっても、実際には列国がひしめくように進出しているため、充分割りこむことはできなかった。ところが、ここに来て、日露間の講和の仲介者になることができた。この機会を活《い》かして、シナ大陸の切取り競争に参加したいと、彼らは考えたようである。ポーツマス条約が結ばれた年の秋に、アメリカの鉄道王エドワード・

ヘンリー・ハリマンが来日したのは、その最初の試みであったと言えよう。

彼は、ニューヨークの株屋の店員から身を起こし、イリノイ・セントラル鉄道を買収し、さらにユダヤ系のクーン＝ロウブ銀行の助けを得て、ユニオン・パシフィック鉄道を獲得、さらにはサザン・パシフィック鉄道をも手中に収めた男、つまりアメリカ中部以西の鉄道王であった。

そのハリマンが桂《かつら》太郎首相や元老・井上馨《かおる》などに面会し、ポーツマス条約によって日本が経営することになった南満洲鉄道に資金を提供し、日米シンジケイトを作りたいと申し入れたのである。

最初、ハリマンの提案を日本側は了承し、予備協定の覚書も交わされた。明治三十八年十月十二日のことであった。桂も井上も、また財界を代表する渋沢栄一も賛成したのは、ひとつには日露戦争を終えたばかりで、財政的に苦しい日本が独力で南満洲鉄道を維持するには負担が大きすぎるという判断があったからだとも言われる。

満洲の北にはまだロシア軍の勢力がいるのだから、それを日本一国で守るのは大変な負担である。日本の首脳部がアメリカの参加を許したのは、現実的な判断であった。

だが、これに徹底的に反対する人物が現われた。それはポーツマス条約をまとめて帰国し、この年の十月十五日に外務大臣に復職した小村寿太郎《こむらじゅたろう》である。自分に何の相談もなく、桂・ハリマン覚書が結ばれたことを知り、小村は激怒する。ただちに彼は、桂や井上たちのもとに行き、「日本の将兵の血によって手に入れた満洲をアメリカに売り飛ばすようなことはできない」と猛烈な反対運動を始めたのである。

結局、一度結ばれた覚書を、日本政府が一方的に破棄するということになった。同年十月二十三日のことである。ハリマン問題は、賛成から取消しまでわずか十日ばかりの間に起こった慌しい事件であったが、それが二十世紀前半の日米関係を左右することになるのだ。

フロンティアは太平洋の西にあり

もし、この合意がそのまま実行に移され、アメリカが満洲の利権に加わっていれば、その後の日米関係はどう変わっていたであろうか。

第二次大戦後は、戦前の日本はすべて悪で、アメリカはすべて善と見る風潮が流行《はや》っているが、そんなに簡単に割りきれるものではない。この当時のアメリカは、シナ大陸における植民地競争に自分も加わりたいと熱望していたのである。

それまでのアメリカは、あえてシナ大陸などに植民地を求める必要がなかった。何しろ、自国の中でインディアンを駆逐して白人の勢力を伸ばし、さらにメキシコから広大な領土（現在のニュー・メキシコ州やテキサス州など）を取り上げていたのだから、わざわざ他国に出かけて侵略せずともいいのだ。

ところが、それが十九世紀末になると、大きく事情が変わる。一八九〇年、アメリカの国政調査局は「フロンティアの消滅」を宣言する。つまり、アメリカの領土のどの土地にも入植者が入ったということである。

もはやアメリカ国内には、彼らの開拓欲を満たす土地はなくなった。アメリカという国は、開拓精神で出来たような国である。つまり、コロンブス以来、西へ西へと太陽の沈む方角に進み続けることを「刷込み《インプリンティング》」されたような国であった。アメリカのフロンティア精神（開拓者精神）というのも、簡単に言えば、「お日様とともに西へ西へと行こうとする刷込み」であり、向西侵略欲にすぎない。そんな国でフロンティア消失が宣言されたら国民の間に一種、虚脱状態のような感じが蔓延《まんえん》したのも当然のことである。

このような事態を打開するには、他国に領土を拡張するしかない。そこで彼らが見出したのは、ハワイ王国やシナ大陸であった。それまで「西へ西へ」と進んできた彼らにとって、太平洋の西方にあるハワイやシナの大地は「新たなるフロンティア」に見えた。そして実際、一八九七年（明治三十）にハワイを吸収、翌年にはフィリピンのマニラを占領した。あとはシナ大陸への進出あるのみであった。

実際、ハリマン構想が破れたあとも、アメリカは日本に対して、さまざまなアプローチをしかけている。たとえば、明治四十二年（一九〇九）に外交ルートを通じて、満洲鉄道を中立化せよと提案してきたのも、その一つである。中立化とは聞こえがいいが、結局は「ロシアと日本ばかりがうまい汁を吸うのは許せない」ということに外ならない。

これ以外にも、アメリカは清国に働きかけて何とか利権を得たいと運動をしていたが、それらはどれも失敗し、彼らのフラストレーションは募る一方であった。そして、その不満の矛先《ほこさき》は、太平洋を隔てて隣り合う日本に向けられることになった。

「清貧が勝って不幸を招く」典型例

さて、「戦いで手に入れた利権を商売の材料にしていいのか」という小村の意見は、それなりの正論であろう。彼の意見は彼なりの愛国心から出たものであるから、私は非難する気にはならない。

だが、ここで面白いのは、ハリマンの申し入れに対して賛成した人と反対した人のバック・グラウンドの違いである。

先ほど記したように、ハリマン構想に対して賛成した主な人は、桂太郎、井上馨、渋沢栄一である。また、元老の代表格である伊藤博文も賛成派であった。この四人に共通しているのは、いずれも正規の学校教育を受けていないということである。桂太郎には維新直後にドイツに留学した経験があるが、彼はそれ以前に戊辰《ぼしん》戦争に従軍しているわけで、あくまでも現場からスタートした人と見るべきであろう。

これに対して小村寿太郎のキャリアは堂々たるものである。彼は藩の貢進生《こうしんせい》（一種の奨学生）に選ばれて東京帝国大学の前身である大学南校《なんこう》に入学、同校が開成学校に改組された後は法学部に入り、第一回文部省留学生としてアメリカ・ハーバード大学で学ぶ。そして、留学後はただちに東京裁判所判事、その後、大坂控訴裁判所に赴任して辞職、それから間もなく大審院《だいしんいん》判事となっているわけで、東大法学部から官界に入るというエリート・コースの第一号のような人である。

しかも彼は並みのエリートではない。後年〝カミソリ小村〟と渾名《あだな》されたように、まことに頭が切れた。彼が外交畑に進んだのは、「判事にしておくのはもったいない」と眼を付けた外務省がスカウトしたからである。官僚たちの中でも図抜けた頭脳であったわけだ。外務省では、公信局、翻訳局などで芽が出なかった時期もあったが、明治二十六年（一八九三）、日清の風雲急な時に、外相陸奥宗光《むつむねみつ》に認められ、かつ日露戦争中に桂太郎と知り合い、その後の明治外交の中心になったのである。

そして、この小村は〝清貧の人〟でもあった。彼の実家は宮崎にあったが破産したため、彼は若い頃、大変な苦労をしたようである。また、卒業後も、判事や外交官という、ほとんど役得のない仕事に就いた。

このような小村に比べれば、井上馨などはまさに〝濁富《だくふ》の人〟である。すでに書いたように、井上はつねに、三井財閥との癒着《ゆちゃく》の噂が絶えなかった。おそらく、その噂は正しかったであろう。また桂首相は美人の芸者「お鯉さん」を妾《めかけ》にしていることがよく話題になっていた。

一方の小村については、昭和七年（一九三二）の平凡社『大百科事典』にも、森谷秀亮《ひですけ》（文部省維新史料編纂官）は「人となり明敏達識、要職にあるも恬淡《てんたん》にして家に餘財《よざい》なく」と書いている。

日本人全体の感覚からすれば、小村と井上のどちらを好むかと言えば、これは文句なく〝清貧のエリート〟のほうであろう。たとえば戦後の首相を見ても、叩き上げで濁富《だくふ》的なところがある田中角栄《かくえい》氏よりも、福田赳夫《たけお》氏のような純然たるエリートのほうが、日本人は何となく安心し、信用するところがある。

すでにハリマンとの間で話がついている南満洲鉄道の一件を、後からやってきた小村がひっくり返せたのも、彼が〝清貧のエリート〟であったことが大きいのではないか。

小村のような人物が愛国的正論で反対論を述べれば、どうしても井上馨は悪者に見える。井上にしてみれば、国家財政の問題という現実論からハリマンにOKを出したわけだが、理想主義者の正論の前には現実主義者の意見は分が悪い。一度結ばれた合意が覆されることになった背景には、そうした事情が関係していると思われる。

しかし、政治家としての資質を考えるとき、清貧であるか否かは関係ない話である。日本人は清貧のエリートのほうが優れた指導者と思いがちだが、そんなことはまったくない。それどころか、清貧の指導者で名政治家ということは、めったにあったためしがない。日本の近代史において最も清貧とされた首相が東条英機《とうじょうひでき》であったことを見れば、ただちに理解できるはずである。

昭和前期の政治の流れを一言で言えば、それは「腐敗から清潔へ」ということに集約できる。このころの軍人や右翼たちがさかんに言っていたのは「財閥と密着している政党政治家は信用できない」ということであった。そして、これを当時の新聞などは「まことに正論である」と歓迎したのである。

では、このような清潔好きの軍人を代表して東条英機が陸軍大臣になり、そして首相となったとき、日本はどうなったか。あらためて説明するまでもないであろう。汚職問題の多かった政党政治は解党によって消滅し、大政翼賛会が作られ、言論は弾圧され、日本は不幸な戦争へとまっしぐらに進むことになった。

清貧という思想は、個人の倫理としては尊重すべきものかもしれない。だが政治において濁富が負けて清貧が勝つというのは、しばしば国民にとって不幸な状態なのである。小村の意見に従ってハリマン構想を潰《つぶ》した結果、日本とアメリカの関係がこじれてくるようになったのも、その典型的な例と言うべきであろう。

恐怖と憎悪が育てた排日運動

新たなるフロンティアを求めてシナ進出を目論《もくろ》むアメリカにとって、だんだん日本は邪魔な存在になった。

シナ大陸にはヨーロッパ列国も進出しているわけだが、それらは同じ白人の国であるから、どうしても憎悪は日本にだけ向くことになる。汚い言葉を使えば「あの黄色い猿さえいなければ」というのが、アメリカ人の率直な感覚であったであろう。人種偏見が当然の時代である。自分たちが行きたいところに有色人種がすでにいたとなれば、それが怒りに変わるのは当然のことである。

これに加えて、日露戦争の勝利は、アメリカ人の心に微妙な影を落とした。一言で言えば、恐怖感である。

日露戦争で日本がバルチック艦隊を沈めたとき、アメリカ人がまず感じたのは、「日本には恐るべき連合艦隊があるのに、われわれはそれに対抗する艦隊を太平洋に持っていない」ということであった。アメリカの新聞で「日本軍襲来」という記事（もちろん誤報）が流れるようになったのが日露戦争以後なのは、こうした事情を抜きにしては説明できない。

たとえば、日露戦争の翌年にはすでに「日本軍がハワイに上陸した」とか「日本がメキシコと同盟を結んだ」、「日本がアメリカに最後通牒《つうちょう》を送った」というニュースが流されている。今から考えると、そんなニュースが大真面目に報道されたとは信じがたい話だが、そうした〝与太話《よたばなし》〟を真《ま》に受ける人もいたほど、アメリカ人の日本に対する恐怖は募っていたのである。

日本への怒りと恐怖――こうした感情がどんどん醸成されていった結果、生まれたのがアメリカ本土における排日運動であった。

アメリカにおける排日の歴史についてはすでに何度も書いているから、ここではそのプロセスについては詳述しない。主な事実だけを書けば、次のようになる。

一九〇六年　サンフランシスコ市教育委員会、日本人・コリア人学童の隔離教育を決定。

一九〇七年　サンフランシスコで反日暴動。

一九〇八年　日米紳士条約（日本が移民を自粛するかわりに、排日的移民法を作らないことを米国が約束）。

一九一三年　カリフォルニア州で排日土地法成立。

このように西海岸を中心として、アメリカでは排日的な雰囲気がどんどん強まっていたわけだが、これに対して日本の国論はどうであったかといえば、まったく反米的な言論はなかったと言ってもいい。また、日本政府にしても、こうした排日の動きはアメリカ人の理性に訴えかければ何とか解決できると思っていた。だが、排日運動の根本には日本に対する恐怖と憎悪があるのだから、いくら理性で説得しても、どうなるものではないのである。

日本がいかにアメリカや白人諸国の理性に期待していたかは、大正八年（一九一九）、第一次世界大戦のパリ講和会議で、日本の牧野伸顕《のぶあき》全権代表が提案した内容を見てもよく分かる。

パリ講和会議では国際連盟が作られることになったわけだが、その規約を作る過程で、日本の牧野代表は画期的な提案を行なう。それは連盟規約に「人種差別撤廃条項」を入れようというものであった。つまり、連盟に参加している国では、今後、肌の色によって差別するようなことは止めようということである。これは歴史上、国際政治の場で人種差別撤廃を提案した最初の例と言っていいであろう。

しかし、この提案は葬《ほうむ》り去られることになる。国際連盟に参加しているような国はみな植民地を持っているから、人種差別の撤廃などといったアイデアは危険思想なのだ。実際、アメリカやオーストラリアなどは、「白人を中心とする世界秩序を混乱させるための日本の陰謀ではないか」という見方さえ持った。理性に訴えかけるという日本のアプローチは、失敗したばかりか、かえって先進諸国の疑念を増す結果になったのである。

排日移民法が対米感情を逆転させた

パリ講和会議で人種差別撤廃条項が否決されたことは、かえってアメリカにおける排日運動を勢いづかせることになった。

まず、その翌年の大正九年(一九二〇)十一月、カリフォルニア州でまったく悪質な「排日土地法」が作られた。この七年前に、すでに同州は日本人移民の土地所有を禁ずる法律を作っているのだが、今度は日本人移民の子どもまで土地所有を禁じられることになったのである。

本来、アメリカの憲法では、アメリカで生まれた子どもはすべてアメリカ国籍を持つとされている。したがって、日本人の移民の子どももアメリカ人であるのに土地所有ができないというのだから、目茶苦茶な法律である。

日本人の移民たちは、白人が見放したような土地をも素晴らしい農地に変えていった。しかし、今や日系人は地主になる喜びを奪われた。八〇パーセントの移民は帰国したという。これこそ、日本人の土地を欲しがっていた白人の貪欲《どんよく》が望んでいたことであった。

それに追い撃ちをかけるように、大正十一年（一九二二）、アメリカ最高裁は「黄色人種（すなわち日本人）は帰化不能外国人であり、帰化権はない」という判決を出した。この判決は恐るべきことに、すでに帰化した日本人の権利までを剝奪《はくだつ》できるとした。この結果、第一次大戦でアメリカ兵として従軍した日本人移民まで、帰化権を剝奪されたのである。

言うまでもないが、近代法治国家の大原則は、「事後法で人を裁かない」ということである。つまり、後から自分たちに都合のいい法律や判例を作っておいて、それで他人を狙い撃ちするようなことをしてはならないというわけだが、アメリカ人たちは近代法の精神を踏みにじってでも、日本人を排斥したかったのである。

一七九〇年（第十一代将軍家斉《いえなり》の寛政二年）の帰化法は、主として欧州からの白人移民のためのものであったが、奴隷解放後はアフリカ人にも適用された。ところが一八八二年（明治十五）、シナ人の帰化を認めない法律を作り、それを日本人にも及ぼすことになったのである。

彼らの日本人に対する憎悪たるや、今考えても身震いがするほどである。

こうした反日的動きの総決算という形で生まれたのが、大正十三年（一九二四）に成立した、いわゆる「絶対的排日移民法」である。これは、それまでの排日法が州法であったのと違い、連邦法であった。つまりアメリカは、国家全体として日本人移民を排斥することにしたのだ。

しかし、それまで日本はアメリカに協調しなかったことはなく、すべて国際的にもうまくやっていたのである。アメリカに対する不義理はなかった。一方的にアメリカが日本を敵視したのである。

この絶対的排日移民法の成立が、日本の対米感情を一変させた。すでにアメリカの排日運動は二十年近く続いていたのだが、前に述べたように、日本人の心にはどこかアメリカに対する期待や信頼があって、この法律制定までは反米的な主張は少なかった。それが、これ以来、アメリカに対する感情はまったく逆転するのである。

たとえば、三宅雪嶺《みやけせつれい》は「日本人はヨーロッパよりもアメリカに学ぶべきだ」と繰り返し主張していたほど、アメリカに好感を持っていたが、そのような人でさえ、この排日法を見て「アメリカは利害次第で何をやるか分からない国だ」と思うようになった。

また、財界の長老である渋沢栄一は、

「アメリカは正義の国、人道を重んじる国であると、年来信じていた。カリフォルニアで排日運動が起こったときも、それは誤解に基づくものだと思ったから、自分なりに日米親善に尽力したつもりである。ところが、アメリカ人は絶対的排日法を作った。これを見て、私は何もかも嫌になった。今まで日米親善に尽力したのは、何だったのか。『神も仏もないのか』という気分になってしまった」

というようなことを述べている。

渋沢栄一という人は温厚円満な人格で知られた財界の大御所《おおごしょ》である。そのような人物でさえ、アメリカの排日移民法の成立を見てショックを受けたというのであるから、ほかは推《お》して知るべしであろう。言うなれば、このとき感じた日本人の〝怨念〟が、そのまま日米開戦に繋がると言っても過言ではない。

戦後に出版された回顧録などを読むと、「日米開戦を知って、『これは大変なことになった』と思った」ということが、よく書いてある。読者も、そうした記述を読まれた記憶があるだろう。

もちろん、これは嘘ではない。だが、その一方で当時の日本人が「これでスカッとした」という感情を抱いたことを言わねば、これは真実を語ったことにならないのである。

開戦当時の新聞を調べてみれば、それはすぐに分かる。このとき大新聞の紙面を埋めたのは「これで長年のモヤモヤが晴れたような気分です」というコメントで一杯なのだ。

こうした感情は当時、少年だった私も同じだったし、シナ事変反対派の岩波茂雄（岩波書店創立者）も日米開戦を歓迎し、長与善郎《ながよよしお》という白樺派の作家も「痛快」と言っている。

なぜ日米開戦を知って、多くの日本人がそのような感情を抱いたかと言えば、その淵源は大正十三年の「絶対的排日移民法」にあると言っても過言ではないであろう。

だが、このことは現在の親日、知日アメリカ人でも理解していない人が多いようである。確か平成六年のこと、ある小さな研究会で、日本研究で有名なアメリカ人の話を聞いた。その時の質疑応答の間に、この移民の問題が出た。

すると、日本についての権威である、そのアメリカ人学者は「植民を入れるか入れないかは各国の自由である。現在の日本でも入れていないではないか」と言い、同席した知日アメリカ人も同意した。私が「日本人移民を一人も入れない法律を作っていた頃、ヨーロッパからは毎年何十万人もの移民を入れていたのだから、人種差別ではないか」と指摘したら、彼らは沈黙し、二度と移民問題を口にしなかった。

日本を追い詰めたアメリカの脅迫

アメリカという国に対するイメージは、昭和の前期と後期では一八〇度違う。戦前の日本人にとってのアメリカとは、「日本人を侮辱する人種差別の国」であり、言ってみれば少し前の南アフリカ共和国のようなイメージであった。

しかもアメリカは、先に述べたように日英同盟を解消させ、さらには開戦前、ABCD包囲陣を作って日本を経済封鎖し、鉄鉱石一つ、石油一滴入れないようにした。言うまでもないが、石油や鉄がなければ二十世紀の国家は存続しない。それをまったく封じてしまおうというのだから、これは日本に「死ね」と言っているに等しい。

実際、これによって日本は瀕死の状態に陥った。最初、海軍は対米戦争をやる気がなかったが、禁輸によって石油の備蓄を食い潰《つぶ》すしかないという昭和十六年になって、はじめて開戦を決断する。山本五十六《いそろく》のような人でさえ、この頃には「海水から重油が採れる」という詐欺師に騙《だま》されたほど、追い込まれていたのである。

さらにアメリカは日本に追い撃ちをかけるように、「ハル・ノート」を突きつけてきた。これはそれまでの日米交渉のプロセスを一切無視し、日本政府が呑《の》めるわけがない要求ばかりを書き連《つら》ねてきたものであって、実質的な最後通牒と言ってもいい。実際、後に東京裁判のパル裁判官はアメリカの現代史家ノックを引用して、ハル・ノートのような覚書を突きつけられたら、「モナコ王国やルクセンブルグ大公国でも、アメリカに対して戈《ほこ》を取って立ち上がったであろう」と言っているが、まさにそのとおりである。

人間関係でも同じことだが、たとえ相手に非があったとしても、あまり追いつめるのはよくない。追いつめられれば、どんなに大人しい犬であろうとも、牙《きば》を剝《む》きだして反撃してくるではないか。

たとえば、一人の子どもを同級生たちがよってたかって毎日のようにいじめるということは、最近の中学・高校ではよく起きているそうである。いじめる同級生たちにとってみれば、その子をいじめたくなるような理由があるのかもしれない。

だが、このいじめられた子どもが思いあまって、いじめっ子たちにナイフを振りかざしたとする。それを見て、普通の大人なら、いじめた子どもと、反撃した子どものどちらに同情するであろうか。「何もそこまでいじめることはなかっただろう」と考えるのが常識的な感想ではないか。

何度も言うが、たとえどんな理由であったにせよ、相手を追いつめすぎてはならない。ところが、アメリカはシナ大陸に利権を求めたいがために、日本をいじめすぎた。排日移民法を作り、のちには石油を止めることもやった。また真珠湾には大艦隊を集結させた。これは息が止まる寸前まで首を絞め、かつ、ナイフをちらつかせて脅したのとまったく同じことではないか。

それは、いじめられた日本にも「ああしたほうがよかった。こうしなければよかった」と、今にして思えば、もっとうまくやる方法があったかもしれない。しかし、それにしてもこれは過剰な日本叩きである。日本がナイフを持ち出したのも無理からぬところがあった。

このポイントを忘れては、戦前の日本が、なぜあのような無謀な戦争に突入したかは、絶対に理解できない。戦争は独《ひと》りで起こせるものではないのだ。

日本の指導者が愚劣で、闇雲《やみくも》に大戦を始めたというのは、東京裁判史観である。最近出版されている『東京裁判却下・未提出辯護側資料』全八巻(国書刊行会、平成七＝一九九五年)を見れば、日本の首脳が日米開戦を避けようと懸命の努力をしていたことに疑う余地はない。

2　社会主義礼讃を生んだ「大国の罪」

ファッショ化は米英が引き金を引いた

戦前の日本が、なぜあのような戦争に突入したかを考えるとき、どうしても忘れてならない要素として、世界経済のブロック化と共産主義の影響を挙げねばならない。この二つの要素は、一見、別々のもののように思われるかもしれないが、じつはコインの裏と表なのだ。

一九二九年十月、ニューヨークの証券市場で起きた株の大暴落を引き金に、世界中に恐るべき大不況の嵐が吹き荒れるのは、ご承知のとおりである。この不況によって、アメリカでは労働者の四人に一人が失業するというような状況になった。もちろん、日本やヨーロッパも同様である。

アメリカの株式大暴落の引き金となったのは、「ホーリー・スムート法」が提出されたからである。こんな法律が通れば、世界の貿易は麻痺してしまう。不景気は必然だ。ところが、ホーリー・スムート法の提出によって株式大暴落が起こり大不況になると、まさにその不景気を打開するために、アメリカ議会はこの法律を一九三〇年六月、成立させた。ホーリー・スムート法の目的はただひとつ。不況で苦しむ国内産業を保護するために、アメリカに輸出される商品一〇〇〇品目について超高率の関税をかけるということであった。いわゆる関税障壁である。

世界中に大不況が起こったときに、アメリカのような大国が万里の長城のような関税障壁を巡らせるのは、世界貿易の破壊に外ならない。現に、この法律が出現したのを見て、世界中の国が報復措置を採った。わずか一年半で二十五の国が、アメリカ製品に対する関税を引き上げたのである。

この結果、アメリカの貿易量は一年半後、半分以下に落ち込み、当然ながら世界全体の貿易もさらに不振になった。つまり、不況を克服するために行なったことが、さらに不況を深刻にし、長期化させることになったわけである。

ホーリー・スムート法の施行によって、アメリカが自由貿易体制から完全に離脱したことを受けて、イギリスも自衛のために保護貿易を行なうことになった。

一九三二年（昭和七）、つまりホーリー・スムート法が生まれて二年後に、カナダのオッタワに大英帝国のメンバーが集まって会議が開かれた。いわゆるオッタワ会議であるが、正式には英帝国経済会議（Imperial Economic Conference）と称する。会議に参加したのは、イギリス本国、カナダ、アイルランド自由国、オーストラリア、ニュージーランド、インド、ニューファウンドランド、南アフリカ連邦、南ローデシアの九邦である。

この会議で決まったのは、世界不況を生き残るため、帝国外からの輸入を制限し、大英帝国内で自給自足体制に入ろうということであった。つまり、帝国の中で商品や原材料を動かす場合には無関税か特恵関税で、帝国外から来るものに関しては高率の関税をかけようというのだ。

当時の大英帝国と言えば、植民地を含めると世界の四分の一を占めるほどの規模である。イギリス本国や会議に参加した他の八邦に加え、香港、シンガポール、マレーシア、北ボルネオ（ブルネイ）、エジプトなどの植民地、またイギリスが支配権を持つ中近東の産油地帯がその影響下に入ることになる。現在のEU（欧州連合）をしのぐほどの経済グループが、国際経済から離脱するというのだ。

この巨大ブロックの出現が、大不況にさらに追いうちをかけた。とくに、日本に対する影響は深刻である。

この当時の日本は、生糸《きいと》などを売って外貨を稼ぎ、そのカネで買った原材料で安い雑貨類を作って海外に輸出するということで成り立っている国である。日本は、その乏しい利益で近代工業を興し、近代的軍備をしていたのである。

それが世界経済がブロック化してしまったら、どうなるか。製品の輸出も、資源の輸入もできないのであれば、国内産業は滅びるしかないし、近代国家としての自立の基礎である軍備も整えられないことになる。「イギリスやアメリカに対抗するためには、日本も自給自足圏を作るしかない」と考える日本人が出てくるのも当然の展開であった。

つまり、東アジアにおいて、日本を中心とする経済ブロックを作り、その中でおたがいに貿易を行なうことで、この大不況を生き残ろうというのである。その考えは、やがて「日満ブロック政策」(日本と満洲＝中国東北部＝を一つの経済圏とする政策)となり、これが日本国民の広い層の支持を得ることになった。だが、アメリカやイギリスがブロック経済化する以前は、日満ブロックのような考え方を日本は支持していなかったのである。

一方、ヨーロッパでもドイツやイタリアのような「持たざる国」では、英米のような「持てる国」の経済ブロック化に対抗して、国家社会主義化(ファッショ化)が国民の支持を得るようになった。一九三〇年代のファッショ化の引き金は、アメリカとイギリスが引いたのである。

浮上した統制経済＝社会主義思想

さて、この大不況が何年も何年も続くのを見て、経済学者や政治家たちが考えたのは、「自由経済体制というのは、やはり限界があるのではないか」ということであった。

大恐慌が始まる以前にも、社会主義や共産主義の思想はあったわけだが、一九一七年に成立したソ連を除いて、世界中の国々は「自由放任こそが経済の王道」と考えていた。ところが、一九二九年に起きたウォール街での株の暴落は、まさに自由な証券取引が生み出したものである。しかも、「経済の自律作用で、そのうちに大不況も終わるだろう」と思っていたのに、いつまで経っても景気は上向きにならない。

もちろん、景気が回復しない最大の原因はホーリー・スムート法に始まる保護貿易にあるわけだが、当時の経済学はそこまで進歩していなかった。だから、多くの人は「もう自由放任の時代は終わったのだ」と即断することになったのである。

そこで浮かび上がったのが、政府による統制経済的なアイデアであった。つまり、中央政府が強権を発動させることで経済活動を振興するという「社会主義」である。しかも、ちょうど大不況のころから始まったスターリンの五カ年計画の成功は、それを裏付けるかのように思われた。

成立当初のソ連は、経済的には破綻寸前の状況であった。一九一七年の革命から数年後には、餓死者が数百万人も出るようになり、人が人の死体を喰い、飢えた親が子どもを生きながらヴォルガ川に放り込むというような悲惨な話が数えきれないほどあった。

ところが、一九二九年（昭和四）、つまり大恐慌の年にスタートした第一次五カ年計画は、ソ連経済を復活せしめたような感があった。とくに重工業に対して重点的な投資が行なわれ、統計上は驚くべき伸びを示した。

実際には、この五カ年計画はいろいろな弊害を産み出したから、長い目で見れば、けっして成功とは言いがたい。しかし、世界中が不況に苦しんでいる中、ひとりソ連が活況を呈している姿は、「やはり自由放任は駄目ではないか」と思わせるに充分なインパクトがあった。

このような事情があったから、どこの国でも経済政策は自由主義から社会主義にシフトしていくことになった。アメリカで民主党出身のフランクリン・ルーズベルト大統領が、一九三三年（昭和八）、「ニュー・ディール政策」を行なったのも、その一例である。

これは、社会福祉を導入する一方で、公共事業を行なうことによって景気を立て直そうという試みであった。今までは経済の自助作用にまかせていたが、これからは政府主導で経済を動かすというのだから、社会主義的な色彩が強い。

ディール（deal）は「政策」の意味に用いられるが、語源的にはドイツ語のタイレン（teilen）と同じく、その原義は「頒《わ》ける」ことである。目に見えるイメージとしては、トランプで「札《ふだ》を配ること」である。つまり、ニュー・ディールのイメージは、トランプの札の配り直しのように、チャンスや富を人々に再配分することにあったと言えよう。当時、ニュー・ディール政策を共産主義的と非難したアメリカ人が少なくなかったが、その印象はある程度正しかったと思われる。

ただ、このニュー・ディール政策は華々《はなばな》しく行なわれたわりには、失業者を減らせなかった。アメリカが不況から完全に脱出するのは、第二次欧州大戦が始まってからのことである。戦時体制による特需で、はじめてアメリカから失業者は消え、景気もよくなったのである。それなのに、ニュー・ディール政策の評判がいまだに悪くないのは、これは単にアメリカが他の国よりも経済余力があったということにすぎない。

アメリカのように国土が広く、資源があれば、世界中がブロック化しても自給自足が可能である。だから、ニュー・ディールが成功しなくとも、日本のように「国家ごと滅ぶのではないか」ということまで考えずにすんだのである。

これに対して、経済政策の変更で大成功を収めたのはドイツであった。

もともとドイツは第一次大戦での敗北によって、大恐慌前からハンディキャップを抱えていた。戦争で領土も減ったうえに、一千三百二十億マルクという天文学的な賠償金を課せられていたのだから、すでに国家財政は緊迫している。そこに大不況が押し寄せてきたのだから、その悲惨さたるや、言うまでもない。不況に加えて賠償金も払わねばならないというのだから、これは貧血の患者が献血を強いられているようなものである。

たちまち超インフレが起き、手押し車いっぱいに高額紙幣を積み込んでも、パン一斤《きん》を買うのがやっとということになった。倒産は続出し、失業者が町に溢れた。ドイツの中産階級は壊滅した。

こんな話がある。兄は勤倹貯蓄していたが、それが天文学的インフレでパーになった。一方、弟は飲み助で、彼の庭にはビールの空き瓶がたくさん転がっている。ところが、そのビールの空き瓶の値段のほうが、兄の全預金の価値より、はるかに大きかったというのである。ソ連崩壊後のロシアにおけるインフレなど、これに比べれば天国のようなものである。

このような経済的苦境を解決するといって現われたのが、ヒトラーのナチスであった。ナチスは、正式名称を「国家社会主義労働者党」というとおり、まさに社会主義的政策をその大方針にしている。

ヒトラーとスターリンは〝双子の兄弟〟

ここで断わっておくが、ドイツのナチスとソ連の共産党は第二次世界大戦において敵味方に分かれて戦ったけれども、結局は「一つ穴の狢《むじな》」である。いずれも国家が経済を完全にコントロールし、自由な経済活動を許さないという点ではまったく同じなのだ。

このことを明快に論証したのは、フォン・ハイエク教授である（『隷従への道《ロード・トゥ・サーフダム》』一九四四年）。彼は戦後、サッチャー英首相やレーガン米大統領のメンター（指導教授）とも称され、ノーベル経済学賞も与えられている。

両者の違いは、ナチスがそれを「国家が主体になって行なう社会主義」と規定したのに対して、ソ連が「人民が主体になって行なう」と規定しただけの話である。

だが実際には、ソ連において政治を動かしていたのは党であって、人民の意見など聞かなかったのはご承知のとおりである。本当は「党＝国家が主体になって行なう」わけで、結局はナチスと本質的に変わりはしないのだ。

ナチス・ドイツとソ連がヨーロッパにおいて争ったのは、けっして両者が相反する存在だったからではない。それはまったく逆で、どちらも本質においては同じであったから、相手を憎悪し、叩き潰そうと考えたのである。

傍観者から見れば同じように見えるのに、当事者どうしは犬猿《けんえん》の仲ということは、世の中にしばしば起こることだ。たとえば、日本の極左集団の中核派と革マル派は、どちらも日本で革命を起こそうとしているにもかかわらず、けっして手を組むことができない。それればかりか、両者の間では陰惨な殺人さえも行なわれたではないか。

ナチスとソ連も、それと同じである。ナチスにはヒトラーがおり、当時のソ連にはスターリンがいる。二人は外見こそ違うけれども、社会主義者で独裁者ということに関しては双子の兄弟であった。この二人が独ソ国境を隔てて向き合ったとき、戦争が起こらないわけはなかったのである。

社会主義的経済政策は覚醒剤効果

さて、社会主義的な経済政策の特色は、「短期的に見ると大きな効果が上がる」という点にある。それも、経済状態が悪ければ悪いほど、劇的に効《き》くように見えるのである。というのも、社会主義では国家の富を政府がすべてコントロールし、それを集中して投資するのだから、自由経済のようなロスが生じない。だから、一時的に見れば、奇跡のような効果が上がる。

実際、ナチスが登場してからのドイツは、驚異的な経済復興を成し遂げた。ヒトラーが総統に就任してからたった二年目の一九三六年（昭和十一）の三月には、ライン非武装地帯に軍隊を進駐させ、その八月にはベルリンで前代未聞の規模のオリンピックが開催できたのは、その一例である。ドイツ全土に失業者はいなくなり、国民生活は向上した。

しかし、社会主義の経済政策は、言ってみれば覚醒剤のようなものだ。覚醒剤の服用者は、最初のうちは体中に力が満ち溢れ、ぜんぜん寝なくてもいいような気持ちになるという。しかし、その活力は覚醒剤が与えたものではない。単に自分の肉体を燃やしてエネルギー源にしているだけにすぎないのである。だから、そのうち身体は痩《や》せ衰え、健康が失われてくる。

統制経済も同じである。当初は効果が上がるように見えるけれども、それは今まで蓄えていた富が生み出したものであって、その富を使いきってしまえば、後はないのだ。

たとえばアメリカでは自動車産業が生まれ、日本ではエレクトロニクス産業が起こったけれども、これに対してソ連には自動車産業も電子産業も結局、生まれなかった。厖大《ぼうだい》な国富を注入しつづけた結果、宇宙開発と武器開発は進んだが、国富自体は痩せ衰えた。ソ連は覚醒剤的政策を七十年間やりつづけ、病み衰えて解体したのである。

自由経済にはロスが多いかもしれないが、そこでは新しい産業がつねに生まれ、富がつねに産みだされていく。これは、統制経済ではけっして起こらないことなのである。

「天皇制の廃止」に恐怖した日本人

さて、話を戻そう。

このようにして、一九三〇年代はじめ世界中に社会主義礼讃《らいさん》の風潮が生まれたとき、日本もその影響を受けないわけにはいかなかった。ただ、日本の場合、他国と違ったのは、社会主義や共産主義に対して非常な恐怖心を抱いていたということにある。そのため、日本における社会主義の入り方は屈折したものになった。

それではなぜ、日本は社会主義や共産主義に恐怖を覚えたか。それは、マルクス主義者たちが「天皇制を廃止する」ということを唱《とな》えたからに外ならない。

一九二二年（大正十一）、ソ連で開かれた第四回コミンテルン世界大会において決議された中に、「君主制の廃止」という一項があった。この大会は、世界各国の共産党が革命を起こすための方法論を決める会議である。このコミンテルン大会には日本共産党も参加していたから、当然ながら、日本共産党の方針も皇室の廃止ということになった。

さて、「天皇制の廃止」という共産党の表現はたいへん抽象的な言い方であるが、当時の日本人にとって、この言葉は恐怖心を抱かせるに充分であった。というのも、その五年前にソ連共産党がやった「君主制の廃止」なるものは、まことに残忍なものであったからだ。

ロシア革命において、ロマノフ王朝の王族が、その愛馬に至るまでことごとく惨殺されたことは、日本においても広く知られていた。だから、日本共産党が「皇室の廃止」を唱えていると聞けば、誰もが「ロシア革命と同じことをやろうというのか」と思ったのは当然のことであるし、「共産主義は恐ろしいものだ」と思ったのも無理もない。

明治維新が世界史上、類を見ないほどの成功を収めたのは皇室があったからだということは、誰もが認めざるをえない事実である。

もし皇室がなければ、薩長土肥がいかに軍事力を持っていたとしても、日本全体が新政府の下にまとまることはなかっただろう。おそらく、新政府は〝徳川ゲリラ〟というような勢力に悩まされていただろうし、またその混乱に乗じて、西洋の列強が日本を植民地化していたはずである。ところが、実際には短時日の戊辰《ぼしん》戦争であっさり明治維新が成立したのは、やはり、皇室というナショナリズムの中心があったからに外ならないのである。

このような経緯があって戦前の日本があったわけだから、当然ながら、皇室に対する国民の一体感はまことに強かった。現代とは違い、とくに家族意識の強い時代である。「皇室は日本人すべての総本家」という感じを多くの国民は抱いていた。

そのような意識の国で「天皇制の廃止」をやれとしたコミンテルンは、日本のことを何も分かっていなかったと言わざるをえない。ことに共産主義者が「被搾取階級」と呼んでいた労働者たちほど、素直に皇室を敬愛していたのだから、完全に道を塞《ふさ》がれたも同然である。東北の貧農の家にも、天皇・皇后の写真などが飾ってあったものである。

戦前の武装共産党において書記長を務めた田中清玄《せいげん》氏も、その回顧談で、

「当時の労働者農民大衆は、天皇制廃止というスローガンを、無批判に受け入れることはできなかったんです」(『田中清玄自伝』文藝春秋)

と語っているとおり、「天皇制廃止」を掲げたために、戦前の共産党はまったく組織を拡大で

きなかった。このことは、私自身、田中氏の口から直接に「皇室をなくするなどと言った途端《とたん》に、戦前の共産党は大衆の支持を完全に失い、実質上、消えたのです」という趣旨の話を聞いたことがある。

事実、戦前の日本共産党員は全部を合わせても数えるほどしかいなかったと言ってもいい。しかも、新規に加入する人間はほとんどいないのに、警察に逮捕されて転向する人は多かったから、日米開戦のころには完全消滅寸前に近かった。

戦後、「軍国主義と戦った共産党」ということがさかんに言われるようになったので、戦前の共産党は立派なように思われているが、それは大きな間違いである。戦前の当局者にとって、共産党は微々《びび》たる存在であって、当時の政治状況に対してほとんど何も影響がなかったと言っていい。

たとえば、特高（特別高等警察）というと、共産主義者を弾圧する機関というイメージがあるが、実際のところ、特高の主たる関心は極右の取締まりにあり、共産主義者の非合法活動に対する取締まりは年を逐《お》うほどに減っていった。そのことは〝最後の内務大臣〟と言われた安倍源基《げんき》の大著『昭和動乱の真相』（原書房）に詳しい。

治安維持法は「民衆弾圧の道具」だったか

話がだいぶ先に行きすぎたが、「君主制の廃止」がコミンテルンで決議されたことに対応するため、政府は大正十四年（一九二五）、治安維持法を公布する。

この法律の趣旨は、あくまでも共産主義イデオロギーが日本国内に入ってくることを防ぐことにあって、それ以外の労働運動や社会運動までも取り締まることは考えられていなかった。戦後は、〝天下の悪法〟というイメージが定着したため、「治安維持法は民衆弾圧の道具」と思われがちだが、それは正確ではない。

それは、この治安維持法と同時に公布された普通選挙法に基づき、昭和三年（一九二八）に最初の普通選挙が行なわれた際に、社会民衆党、労働農民党、日本労農党といった無産政党が議席を獲得していることを見れば明らかであろう。また、労働運動に関しても、治安維持法が成立した直後の大正十五年に日本労働組合総連合会が結成されているし、同時期には農民運動もさかんに行なわれていた。治安維持法が出来たからといって、世間がただちに真っ暗になったと思ってはならないのである。

治安維持法は、最初は緩やかなもので、最高刑でも十年以下の懲役であった。だが、戦局の緊迫化とともに改正がなされ、刑の規定も厳しくなっていった。

昭和三年（一九二八）の第一回改正が勅令《ちよくれい》によってなされ、最高刑が死刑になったが、このとき悪名高き特高の事務当局ですら「思想犯に死刑は適《あ》わない」として印判を押さなかった。そのため、司法省が中心になって改正をしたという経緯がある。またその後、昭和九年、十年、十一年と改正案が提出されたが、反対が多くて通らず、第二次近衛《このえ》内閣の昭和十六年になって、第二次改正がなされている。このときはシナ事変（日華事変）中とあって、適用範囲も広く、厳しくなっている。

治安維持法によって多くの人が警察に疑われたり、逮捕・拘留されたりしたのは、動かしがたい事実である。私の近親にも治安維持法で捕まり、二年半にわたって拘留された人がいるが、この人の場合もまったくの冤罪《えんざい》であった。

ただ、日本に共産主義を入れないという点においては、治安維持法が大きな効果を上げたことは認めなければならないし、それは評価すべきだと思われる。なぜなら、ナチスの思想が人種差別とセットになっているように、共産主義イデオロギーはつねに暴力とセットになっているからである。人種偏見のないナチズムが考えられないように、暴力や大量殺人のない共産主義などありえないのだ。

これは、共産革命が起きた国のことを考えてみれば、ただちに理解できるであろう。ソ連ではロシア革命でロマノフ王朝一族が惨殺《ざんさつ》され、さらにスターリンの統治下では数百万人もの人が粛清《しゅくせい》されたり、シベリアの強制収容所に送られたりした。

戦後になって、スターリンの残虐行為が明らかになったとき、日本の進歩的文化人たちの中には「あれは共産主義のせいではなく、スターリン個人の資質の問題である」とか「ロシア人の民族性ゆえに起こった悲劇だ」というような弁護論を展開した人もいた。しかし、それが大きな間違いであるのは、毛沢東《もうたくとう》の中国革命、さらに文化大革命などで同じような大量殺人が起きたことを見れば、ただちに分かるであろう。このとき、中国で犠牲になった人の数は数百万という説もあれば、一千万を超えるという説もある。

これはベトナムでも同じである。ベトナム戦争で南ベトナムが〝解放〟されたあとに待っていたのは、恐るべき大虐殺であった。そして、それから逃《のが》れるために百万を超えるベトナム人が難民として海外に脱出した。

さらにカンボジアでも、ポル・ポト派によって大量虐殺が行なわれた。今でもその詳細は分かっていないが、およそ一国で行なわれた粛清としては、史上最悪の高率で国民が殺されたという。また、北朝鮮で同様のことが今日でも行なわれているのは周知の事実である。

こうしたことから分かるように、およそ共産革命と名のつくもので、組織的な暴力や虐殺と無縁だった例はまったくない。革命は、つねに大量の血を欲するものなのである。

治安維持法の目的は、このような暴力的イデオロギーの侵入を防ぐためにあった。現に日本の場合、ロシア革命直後の大正九年（一九二〇）、ニコライエフスクというアムール河口の都市で、革命ゲリラによって日本人居留民約七百人（うち軍人は二百人足らず）が一人残らず虐殺されるという事件（ニコライエフスク事件。尼港《にこう》事件とも）を経験しているから、共産革命に対する恐怖感は強かったのである。

隣国であるソ連からそのようなテロ思想が入ってくることに対して、治安維持法という対抗措置を採った日本政府の立場は、今日から見ても理解できるものだし、また未然にそれを防げたという点については評価できるのではないか。

だが、その一方で、治安維持法によって無辜《むこ》の人々が犠牲になったのも否定できない事実である。特に労働運動や農民運動、無産運動、新興宗教運動の関係者たちは大きな迷惑を被《こうむ》った。

さきほど触れた私の近親も、その一人である。彼は教育者として、生活綴《つづ》り方（今日の作文教育の原点）の運動をやっていたのだが、「左翼思想である」として捕らえられたのである。これはまったくの冤罪であったのに、二年以上も未決のまま拘留された。

結局、放免されたわけだが、それでも特高の刑事が執拗《しつよう》に付け回してくるので、そのために何度も職を失った。刑事が職場にまで聞き込みにくるのでは、雇っているほうも気味が悪い。それで、馘《くび》にしてしまうのである。そこで「これでは生活もできない」ということで、私の近親は満洲に渡った。すると、満洲の新しい職場にまで刑事が現われたという。おそるべき執拗さではないか。

私の近親のように、共産主義とはまったく関係ないのに治安維持法で逮捕された人は数え切れない。その中には、無罪なのに罪を認めてしまった人もいるし、取調べの途中、拷問によって命を失った人も何人かはいる。

死刑になった共産党員はいない

治安維持法が共産主義排除という当初の目的を離れ、まったくひどい運用のされ方をしたことについては、一点の疑いもない。だが、それでも私は治安維持法について、次の指摘をしておきたいと思う。「この治安維持法によって死刑を宣告された共産党員は一人もいなかった」という事実である。

治安維持法の最高刑は、当初は十年以下の懲役または禁固であったが、一九二八年に改正されて、死刑または無期懲役ということになった。ところが、この法律によって死刑になった共産党員は一人もいないのである。

私がこの事実の持つ意味を知ったのは、さきほど紹介した近親者からであった。私がこの人に「過酷な取調べを受けているあいだに、よく無実の罪を認めてしまいませんでしたね」と尋ねたところ、彼はこう答えたのである。

「それは、警察は無茶な取調べをするけれども、裁判になれば無実が明らかになるはずだという思いがあったからだ。あの頃の裁判は天皇の名によって行なわれていたから、国民はみな正義が通ると信じていた。それに、拘留中は辛かったけれども、戦争に行っている人のことを思えば、我慢もできた。食い物だってあるし、弾も飛んでこないのだから、兵隊に取られるよりはずっとましだと思った」

この話を聞いて、私は目から鱗《うろこ》が落ちるような気がした。

なるほど治安維持法は悪法かもしれない。だが、この法律によって無実の罪で拘留された人ですら、裁判が正しく行なわれると信じていたのだ。何も彼らは「暗黒裁判」で裁かれたのではない。そこでもう一度、事実を確認してみると、「天皇の裁判」によって死刑になった共産党員が一人もいなかったことに気付いたのである。

戦後の日本共産党においては、「非転向」ということが勲章になっていた。つまり、逮捕されても思想を捨てず、最後まで抵抗したという人が大きな顔をしていた。しかし、考えてみれば、この人たちが日本に入れようとしていた共産主義は、転向とか非転向という言葉すら許さないイデオロギーである。

スターリン時代の粛清の話を読むと、一枚の紙切れで逮捕され、裁判もなしに銃殺された人が無数にいたという。おそらく逮捕に当たっては、反革命という罪状があっただろうが、彼らには裁判を受ける権利さえ許されなかった。

日本の場合、警察で拷問を受けて死んだ人がいるのは事実である。作家・小林多喜二《たきじ》などが死んだのも拷問の結果だという。

しかし、これは明確にしておきたいが、小林多喜二が殺されたのは、あくまでも取調べの過程で起きた出来事だという点である。共産主義国家のように最初から取調べもせずに死刑にされたのとは、意味が違うのだ。ソ連のような国家では、転向することも、非転向を貫くこともできない。一度逮捕されたら、無罪を訴えることすら許されずに殺されてしまうのである。そして、その数が厖大なのだ。転向や非転向などというのは、命があってこそ成り立つ話なのである。

戦後はいざ知らず、戦前の日本共産党は、ソ連の指導によって日本をソ連のごとき国家にすることを目的としていた。

治安維持法は、紛《まご》う方なき悪法である。だが、そのことを非難する資格が共産主義者にあるのだろうか。彼らが理想としていたのは、治安維持法の日本など比べものにならないほど残虐な国家ではなかったか。それを棚に上げて、戦前の日本を非難するというのは、どう考えてもおかしいのである。

共産革命が起きたら日本がどうなるかは、昭和四十七年（一九七二）二月の連合赤軍事件を見ればよく分かる。わずか三十人ばかりのグループが何と十二人の同志男女を虐殺していたのだ。これは革命のミニ版である。スターリンや毛沢東は、これと同じことを全国規模でやったと思えばよい。

治安維持法の評価には公正な認識が不可欠だ

このことは何度も繰り返したいが、治安維持法の歴史的評価をするのであれば、同時に共産主義のことも考えなければ、その真実は見えてこない。

治安維持法を悪と決め付けるのは、たやすい。たしかに、治安維持法ほどの悪法は日本史上ないであろう。それは特高でさえも反対した法律である。だが、過去を振り返る場合、そのような悪法がなぜ成立したかということをも、あわせて考えなければ、歴史から何の教訓も得られないのではないか。

戦後の日本は、一方的な断罪史観と言うべきものが大手を振った時代であった。教育の現場でも、「戦前の日本はすべて悪」と決めつければ、それで近代史は充分というような教え方がされてきた。だが、そのような平面的な見方は何の役にも立たないし、かえって害ばかりを生み出すことになる。治安維持法に関しても、それは言える。

「かつて特高で思想弾圧をした」ということが強調されすぎた結果、戦後の警察当局は世間に対して堂々と胸を張りにくいような雰囲気になった。警察官は「権力の手先」のごとく思われ、ことあるたびに、マスコミなどから「また不法逮捕や思想弾圧をするのではないか」と疑われる。それで政府のほうも、だんだん世間を気にして、思想が絡《から》む事件に対してひじょうに穏健、悪く言えば弱腰になってきた。

オウム真理教なる新興宗教が世間を騒がせたが、戦後の警察が宗教がらみの問題に対してまことに慎重になったのも、治安維持法のイメージの悪さが大いに影響していると言えよう。

むろん、憲法によって思想信条の自由は保証されている。しかし、それは、イデオロギーによって暴力を行なうことまでを認めているわけではないのだ。ところが、戦後の警察は暴力的な左翼イデオロギーに対して、毅然《きぜん》たる姿勢を取りにくくなった。

それどころか、日本のジャーナリズムでは犯人が警察官を撃ってもあまり批判しないが、警官が正当な理由で武装した犯人を撃つと大いに騒ぎ立てる体質さえ生じた。先に触れた連合赤軍事件でも、浅間山荘に立て籠《こも》った武装集団は警官二人を死亡させ、十三人に重軽傷を負わせたのに、犯人は一人も射殺されていない。このことは日本の警察の名誉ではあるが、これでは犠牲になった警官があまりにも傷《いた》ましいではないか。

そのような傾向が最悪の形となって現われたのが、成田空港の土地問題である。

昭和六十三年（一九八八）前後、成田空港の土地収用委員長が路上で襲われ、また他の委員の家にも脅迫電話がかかるという事件が起きた。この結果、土地収用委員会は委員長以下、全員が生命の危険を感じて辞任し、事実上、委員会が崩壊してしまうことになった。

暴力によって目的を達成しようということが、許されていいはずはない。しかし、これに対して日本政府は「このような事態になったのは強制収用をやろうとしたからだ」と言って、それまでの強制収用路線をあっさりと捨て、反対派との対話をすることにしたのである。

なるほど、成田空港に関しては、そもそもの用地選定の段階で問題があったという意見もある。はたして強制的に土地収用をせざるをえなかったかについても、議論の余地があるかもしれない。

だが、公共の福祉のために用地を買収できることは、現行憲法の第二十九条にも明記されていることだ。また、その法の執行に当たっては約五千人の警官が死傷している。しかるにテロによって収用委員会のなり手がいなくなったからといって、急に方針を変え、対話路線にするというのでは、まさにテロをやった連中の思う壺《つぼ》ではないか。

このようなことが起きたのも、つまるところは、治安維持法の亡霊が徘徊しているからである。

戦後、治安維持法の悪法ぶりが強調されすぎるあまり、どんな思想信条であっても警察が干渉してはいけないというような雰囲気になった。ことに左翼がかった思想に対してマスコミは過敏で、ことあるたびに「思想弾圧の疑い」と報じた。だが、ほんとうは暴力を認めるような思想と、そうでない思想との間には明確な一線が引かれるべきであったのだ。いかなる思想にせよ、法治国家において組織的暴力を行なうような集団は許されるべきではない。

治安維持法によって共産主義以外の思想も弾圧されたことは、まことに遺憾であるし、いくらでも反省の余地がある。だが、暴力革命を目指した戦前の日本共産党に対する措置は別なのだということが、あまりにも言われなさすぎた。

あえて言えば、戦前の世界において、日本の警察は比較的ましなほうであった。ソ連や毛沢東の中国は言うに及ばず、ナチス・ドイツの警察はもっともっとひどいことをやっている。アメリカにおいても、アメリカ国籍を持つ日系人が強制収容所に入れられた時代である。その中において、日本の警察が特に悪質だったとは誰にも言えないと思う。

その意味で、日本の警察関係者が戦前の警察について、あまり極端な罪悪感を持ちすぎることは、日本のためにマイナスであろう。

いわゆる〝サリン事件〟などが起こったとはいえ、諸外国に比べれば、まだまだ日本は治安のいい国である。また、共産主義思想の影響力はほとんど失われた。しかし、いつまた暴力を積極的に容認するような思想が出てこないともかぎらない。そのとき、警察に毅然とした態度を取ってもらうためにも、ぜひ治安維持法について公平な認識を持っていてもらいたいと思うのである。

3　「天皇を戴《いただ》く社会主義者」の台頭

天皇を戴く社会主義者

戦前の日本において、共産主義はほとんど影響力を持ちえなかった。その最大の原因は、彼らの用語で言えば、「天皇制の廃止」、つまり皇室をなくすること（ロシア革命的に言えば、皇室に繋がる人たちを皆殺しにすること）を掲げたことにある。このスローガンが、共産主義に対する国民の恐怖感を生み、さらには治安維持法を生んだことは、すでに述べたとおりである。

さて、こうした左翼の共産主義者、社会主義者の代わりに日本で大きく力を持ったのは、右翼の社会主義者たちの存在である。彼らは天皇という名前を使って、日本を社会主義の国家にしようと考えたのである。

戦後の歴史教育では、彼らのことを国家主義者とか軍国主義者というような名前で呼んでいるが、それでは本質は分からない。彼らは、あくまでも右翼の社会主義者なのである。

この右翼社会主義思想を唱えた人に北一輝《きたいっき》がいるが、彼の主著は『国体《こくたい》論及び純正社会主義』（傍点・渡部）というタイトルで、まさにこれは〝社会主義のすすめ〟である。実際、この本が出たとき、日本の左翼思想家たちは諸手《もろて》を挙げて、その主張に賛成したほどである。

昭和六年（一九三一）三月、右翼が結集して「全日本愛国者共同闘争協議会」という連合体を作った。そのときに決議された綱領を見れば、「右翼社会主義」の思想がよく分かるであろう。

〈一、われらは亡国政治を覆滅《ふくめつ》し、天皇親政の実現を期す。〉

彼らが言う亡国政治とは、議会政治のことを指す。腐敗・堕落した議会は日本のためにならないから、廃止して、天皇自らが政治を執《と》るようにすべきだというのである。「天皇親政」とは聞こえがいいが、結局は、天皇の権威を籍《か》りて独裁政治を実現すべきだということである。

〈一、われらは産業大権の確立により資本主義の打倒を期す。〉

「産業大権」というのは、軍事における天皇の統帥《とうすい》権と同じように、産業に対する統帥権を確立すべきだという意味である。つまり、資本主義に基づいた私的財産権を大幅に制限し、土地を含むすべての生産手段を国有にせよというのだ。これが社会主義的な発想であることは、今さら言うまでもない。

〈一、われらは国内の階級対立を克服し、国威の世界的発揚を期す。〉

左翼も右翼も同じ社会主義であることは、ここで「階級対立」という概念が持ち出されていることでも分かる。資本家と労働者の間にある貧富の差をなくすることは、右翼社会主義者にとっても重要な政策スローガンであったのだ。

右翼社会主義に飛びついた青年将校

このような右翼社会主義思想は、特に若い軍人たちに浸透した。彼らがこの思想に飛びついたのは、日本の不況、ことに農村部の窮迫が意識にあったからである。

青年将校たちは、毎日のように農家出身の兵士たちと接している。東北の農村などで、一家を救うために娘が身売りしているというような話を聞いて彼らが感じたのは、日本の体制に対する義憤であった。

こうした〝義憤〟に駆られた将校たちが怒りを向けたのが、資本主義と政党政治であった。一部の財閥が巨利を貪《むさぼ》っているのに、農民は飢えに苦しんでいる。政治家たちは、目先の利益だけを追い求め、国民のことを考えようとしない――こうした不満が「天皇を戴く社会主義」と結び付くのは、ある意味で自然の成り行きであった。

そこで生まれた陸軍内のグループが、皇道《こうどう》派と統制派である。この二派は抗争を繰り返していたから誤解されやすいけれども、それは革マル派と中核派が対立しているのと同じで、結局はこれも〝一つ穴の狢《むじな》〟なのである。

彼らはともに、天皇の名によって議会を停止し、同時に私有財産を国有化して、社会主義的政策を実行することを目指していた。そうすることで、ホーリー・スムート法とブロック経済による大不況を解消し、〝強い日本〟を作ろうというのである。両者の間で違ったのは、日本を社会主義化するための方法論にすぎない。

皇道派は、二・二六事件を起こしたことからも分かるように、テロ活動によって体制の転覆を狙うグループである。彼ら若手将校が唱えていた〝昭和維新〟とは、要は「天皇の名による、そして天皇を戴く社会主義革命」であった。

これに対して統制派は、軍の上層部を中心に作られ、合法的に社会主義体制を実現することを目指した。それ以外は、ほとんど皇道派と変わらないと言っても間違いない。

自由経済への攻撃

といっても、右翼や軍人たちの言うように、はたして財閥や政党政治家は腐敗していたかと言えば、そうではない。社会主義者の目から見れば、自由経済や自由主義はすべて腐敗しているかのごとく映るのである。たとえば、彼らは財閥が為替《かわせ》相場で儲けることとすら、気に入らなかった。

世界大恐慌の大波をかぶって、日本も不況になったとき、〝ドル買い事件〟ということが新聞を賑《にぎ》わせた。

長びく不況の中、金融の中心だったイギリスは昭和六年（一九三一）に金本位制を止めた。これに北欧三国やアルゼンチン、オーストリアなどが続々と追従したのに、日本の井上（準之助）蔵相は金本位制を固守し、円は一ドル二円のままであった。しかし、日本の経済力から言って、一ドル二円五十銭くらいが相応というのがプロの推定だった。事実、財閥系の銀行ではドル資金が不足してもいたし、また、「どっちみち一ドル二円という円高は長く維持できるはずがない」と見て、財閥系銀行は大規模に〝円売りドル買い〟を行なった。

円の暴落を見越して、ドルを大量に買い付けることでリスク・ヘッジをしようというのだから、これは商人や銀行家であれば当然の判断である。ところが、右翼たちから見れば、これは「世の中が不況で苦しんでいるのに、財閥だけが為替相場で儲けているのはけしからん」ということになった。昭和七年（一九三二）、血盟団《けつめいだん》事件で三井の団琢磨《だんたくま》を暗殺したのは、この〝ドル買い事件〟に怒った右翼のしわざであった。

社会主義者たちの目から見れば、まったく合法的な自由経済活動すら、〝腐敗〟に見えたのである。

だから、彼らが財閥を攻撃対象にしたのは、一種のスケープゴートであった。彼らにとっては、自由経済そのものが悪に見えたのであり、それを攻撃するための生《い》け贄《にえ》として、まず財閥首脳を選んだにすぎないのである。それは、シナ事変の後、彼ら右翼社会主義者たちが政権を取るようになったとき、財閥のみならず、すべての商業活動が制限されたのを見れば分かるであろう。

そして、自由な商業活動がなくなってしまえば、戦争を止めるものは誰もいなくなるのである。

かつて駐日大使でもあったライシャワー教授が、「日本には三井・三菱という世界的財閥もあったのに、なぜむざむざと戦争に突入したのか分からない」というようなことを書いておられたのを記憶している。これは自由経済のことをよく知っている人なら、当然の感想である。日本では戦前の財閥は悪の象徴のごとく言われるが、それは間違った理解なのだ。

世界中の国を相手に商売をやろうと思えば、その前提になるのは平和である。友好的な外交関係がなければ、自由貿易は成り立たない。だから、もし戦前の日本において財閥などの企業家たちの意見が通るような状況があれば、戦争を回避する方向に向かったはずである。ところが、実際にはそのようなことにならなかったのは、「財閥は悪である」と決めつけた右翼社会主義者たちが政権を握ったからに外ならない。

「クリーンな政治」の恐るべき終着点

右翼たちは、政党政治家に対しても、その〝腐敗〟を攻撃した。「政友会《せいゆうかい》は三井財閥から、民《みん》政党《せいとう》は三菱財閥から政治資金をもらっている」というのが、その理由であった。

しかし、政党政治で支持者から献金を得るのは当然のことである。政治家たちが財閥から政治献金を得ていたのは事実だろうが、だからと言って、それを腐敗と攻撃するのは民主主義が何も分かっていない証拠である。

そもそも大正十四年（一九二五）に普通選挙法が公布されてからというもの、選挙はたいへんにカネのかかるものになった。それまでは、ある一定額以上の税金を納めた成人男子しか投票権がなかったから、選挙運動はほとんど必要なかった。この当時、選挙権を持っているといえば、農村では地主ぐらいだし、また都会でも自分で商売をやっているような人である。したがって、ほとんどの人は支持政党が決まっているし、収入もあり、プライドもある。だから、買収など効き目がない。

私が物心ついたのは、普通選挙法が通ってから十年も経ってからだが、選挙と言うと父がめったにかぶらない帽子をかぶって投票に行ったことを覚えている。この習慣は戦後も続いていて、むしろ奇異な感じがした。父の頭に刷り込まれていた選挙とは、威儀を正して投票所に行くことであった。その姿は、戦後にはアナクロニズム（時代錯誤）に見えたけれども。

ところが、これが普通選挙になると、買収や饗応《きようおう》が効果を持つようになるのだ。すべての成人男子に参政権を与えるのは、たしかに素晴らしいことである。しかし、それは必然的に選挙のコストを押し上げるのだ。なぜなら、選挙民が一挙に増えたということは同時に、支持政党のない、またプライドもない、政治に無関心な人たちまでが一票を持つということである。

そのような人たちの票を集めようと思えば、これは大規模なキャンペーンを行なわなければならなくなる。あるいは買収や饗応で、票買いをするということになる。政党政治家たちが、企業からの大口献金に頼らざるをえなくなったのは当然のことであろう。つまり、普通選挙の実施が企業献金を生み出したのである。

ところが右翼たちは、選挙の実態にはまったく触れず、企業献金だけを非難して「政党は腐敗している」というのである。

このような論理の展開は、今のマスコミもよく使う手である。一見すると、まともな意見に思えるかもしれないが、それがいかに危険なものかは、この後、右翼社会主義者たちがやったことを見ればよく分かるであろう。

〝クリーン〟な軍人の代表として首相に就任した東条英機が、「汚職を追放する」と称して行なったのは、翼賛《よくさん》選挙であった（昭和十七年）。これは何かといえば、「政治献金をもらうから汚職が起こるのだ」ということで、推薦を受けた立候補者には選挙資金を交付するということになったのである。

じつは、その選挙資金はすべて、陸軍の機密資金からばらまかれたものであった。これは当時から周知の事実で、機密資金（臨時軍事費）で当選した議員は、〝臨軍代議士〟と呼ばれた。つまり、この選挙で当選した人は、すべて陸軍と〝癒着〟した議員なのである。民間からいっさいカネをもらっていないのだから、選挙民や財閥などの顔色を気にする必要はない。その代わりに、「陸軍の言うことなら何でも聞く」という議員が大量に誕生した。

こうなってしまえば、もはや議会制民主主義は消滅したも同然である。実際、この翼賛選挙の一年半前の昭和十五年（一九四〇）秋には、近衛首相を総裁とする大政翼賛会が発足し、すべての政治団体は解党し、日本に政党はなくなっていた。つまり、大戦中の帝国議会は、臨軍代議士三百八十一人と、そうでない代議士八十五人から成っていたのである。

これは日本ばかりの話ではない。あらゆる社会主義国の選挙は、基本的に翼賛選挙と同じである。たしかに、個人的な汚職はないかもしれない。だが、そこでは議員と政府とが〝癒着〟するという、言ってみれば組織的な汚職が起こっているのである。

これが社会主義者や現代のマスコミが言う〝クリーンな政治〟の終着点なのだということを忘れてはならない。

軍部と軌を一にした新官僚

さて、陸軍内の右翼社会主義者たちに話を戻そう。

彼らは先ほども記したように、皇道派と統制派に分かれて対立していたわけだが（もちろんこうした派閥の圏外にいた軍人も多い）、この両者のうち、結局生き残ったのは統制派のほうであった。というのも、若手将校を中心とする皇道派が二・二六事件を起こして自滅してしまったからである。

皇道派は二・二六事件において、〝昭和維新〟を唱えてクーデタを起こそうとした。その目的は言うまでもなく、軍部を中心とした「天皇を戴く社会主義的政権」を作ることであった。

ところが、これは完全な失敗に終わった。昭和天皇の断固たる決意もあって、反乱軍は鎮圧され、首謀者たちも逮捕された。国民の多くも、反乱した青年将校のやり方を好まなかった。この事件で殉職した警官たちに寄せられた同情の大きさは、それを示す一つの証拠と言えよう。

しかし、これは対立する統制派にとってはチャンスであった。陸軍内の皇道派は勢力を失い、統制派が陸軍の主導権を握ったのである。そしてこれ以後、日本全体も統制派に動かされることになった。すでに陸軍は彼らの思うがままに動くわけだし、政府も議会も二・二六事件以来、テロを恐れて、まったく軍の意向に逆らえなくなった（といっても、実際には統制派はテロを嫌っていたし、その必要もなかった。統制派の意志は陸軍の意志となり、陸軍の意志は日本の意志であるかのごとき状態になったからである）。

さらに、第1章で述べたように、このころには統帥権干犯《かんぱん》問題によって首相も内閣もない明治憲法の欠陥が露呈していたので、「憲法上」、政府は軍に干渉できないことになっていた。だから、一部の政治家が抵抗したところで、軍の意志を止めることは不可能な状況だったのである。

このような軍部の台頭に呼応する形で、社会主義に傾斜していったのが官僚たちであった。官僚の仕事は、自由経済であればあるほど少なくなり、統制色が強まるほど増えていく。大恐慌前の日本の経済政策の基本は、言うまでもなく自由主義であり、国家は財閥の活動を奨励こそすれ、統制しようとはしなかった。必然的に、役人の出番は少なかったのである。

それが、大恐慌になってから、役人たちは「今こそわれらの出番ではないか」と考えるようになった。日本国中に失業者が満ち、景気が悪くなるようすを見て、官僚も軍人と同じく「もはや政治家にまかせてはおけない」と思ったのである。

しかも、高級官僚たちはみな帝国大学卒業のエリートであるから、雑多な学歴の政治家に対する蔑視あるいは嫌悪感もあった。つまり、「われわれのほうがずっと頭がいいのに、なんで政治家ごときの言うことを聞かねばならないのか」という反感である。

こうしたことから登場したのが、「新官僚」と呼ばれる人たちであった。彼らは、〝天皇の官僚〟を自称した。軍部が〝天皇の軍隊〟と言うのなら、自分たちも天皇に直結して、政治家から独立して行動できるというのが理屈である。無論、そんな理屈はあってはならないのだが、彼らは軍部と結託し、日本の政治改革を行なおうとした。

特にその中でも積極的だったのが内務省である。内務省は選挙粛正運動、つまり選挙の〝腐敗〟を防ぐという名目で政党政治家たちを徹底的にマークし、選挙違反で摘発して政党政治の力を削《そ》ごうとした。こうした傾向は内務省から他省庁に広がり、さらには中堅の官僚にまで及ぶようになった。

そして、この新官僚の次に登場したのが、「革新官僚」という連中である。「議会や政府という邪魔者はいなくなった。今度は日本全体を統制国家にしよう」というのが、彼らの狙いである。戦時体制を推進する軍部と一緒になって、彼らはナチスばりの全体主義国家を作ろうとしはじめた。

「経済版の参謀本部」企画院設立

こうした革新官僚の台頭を最も象徴するのが、二・二六事件の翌年の昭和十二年十月二十五日に創設された企画院である。

これは、シナ事変（同年勃発）に対応するため、戦時統制経済のあらゆる基本計画を一手に作り上げるという目的で作られたものである。言ってみれば「経済版の参謀本部」で、その権限はあらゆる経済分野をカバーした。この企画院の産みの親となったのが、当時の近衛文麿《このえふみまろ》首相であった。細川護熙《もりひろ》元首相がこの人の孫であることは、よく知られた事実である。

それはさておき、企画院を作った近衛自身も、社会主義的政策に共感を覚える人であったようである。彼は、東大哲学科から京都大学法科に移ったという経歴の持ち主であるが、彼が転学したのは、河上肇《はじめ》に師事したいということが最大の理由であったという。この河上は、日本におけるマルクス主義経済学の先達《せんだつ》とも言うべき人である。

近衛のために多少弁護するなら、当時の上流階級に属するような青年たちは、自分たちが裕福な生活を送っていることに対しての引け目から、左翼思想に惹かれる傾向があった。太宰《だざい》治《おさむ》もその一例であるが、華族の近衛も同じような感覚であったと思われる。

近衛は、その後はマルクス主義からは離れたわけだが、社会の貧富に対して良心的な呵責《かしゃく》を覚えるという姿勢は変わらなかったようである。それは彼が大学卒業後、二十代後半に書かれた文章の中にも現われている。

このような社会感覚を持った人が、革新官僚や軍人の唱える「天皇を戴く社会主義」に共感を抱いたのは、ある意味では当然の結果であった。彼らの唱える国家改革プランは、自由主義経済によって財をなした人々からその富を取り上げ、貧しい人に分け与えようというものであるから、近衛も賛成したのである。

とは言っても、近衛は「右翼の社会主義ならいいだろう」と思って企画院を設立したのではない。彼は、革新官僚たちの主張することが社会主義とまったく同じだということに、はじめは気付いていなかったのだ。そうと断言できるのは、終戦直前になって近衛が「右翼も左翼も同じだということに、ようやく気付いた」と告白しているからである。

昭和二十年（一九四五）二月十四日、近衛文麿は、昭和天皇に上奏文《じょうそうぶん》を呈出する。この日はアメリカ軍が硫黄島《いおうじま》に上陸を開始する五日前であり、ドイツではドレスデンの大空襲で十三万五千人が死に、またハンガリーの首都ブダペストがソ連に占領されたという報道があった翌日であった。つまり、敗戦の色が急に濃くなった頃である。

「このまま戦争を続けていれば、日本は敗北し、共産革命が起こることになるので、一刻も早く戦争を終結すべきだ」ということを進言するためのものであったが、その中に、次のような趣旨の一節がある（現代文訳・渡部）。

「少壮軍人の多数は、わが国体と共産主義は両立するものなり、と信じているもののようであります。軍部内の革新論の基調も、またここにあるものと思われます……

これら軍部内の革新論者の狙いは、かならずしも共産革命ではないかもしれませんが、これを取り巻く一部官僚および民間有志（これを右翼と言ってもいいし、左翼と言ってもいいでしょう。右翼は国体の衣《ころも》を付けた共産主義者であります）は、意識的に共産革命まで引きずろうという意図を包み隠しております……

このことが過去十年間、軍部、官僚、右翼、左翼の多方面にわたって交友を持っていた不《ふ》肖《しょう》近衛が、最近静かに反省して到達した結論です……

彼らの主張の背後に潜《ひそ》んでいる意図を充分に看取《かんしゅ》できなかったことは、まったく不明の致すところで、何とも申し訳なく、深く責任を感じている次第です」

青年時代にマルクス思想を学び、そして首相として軍人や官僚たちと仕事をした人の意見であるから、まさに注目すべきものであろう。

今なお残る統制経済政策

さて、企画院によって生み出されたのが、国家総動員体制であった。日本に存在するすべての資源と人間を、国家の命令ひとつで自由に動かせるということであり、まさに統制経済が行き着くところまで行ったという観がある。何しろ、この体制では釘《くぎ》一本、人ひとりを動かすのでも、政府の命令、つまり官僚が作った文書が必要なのである。

国家総動員体制によって、日本は完全な右翼社会主義の国家となったわけだが、最後に一つだけ述べておきたいことがある。それは、敗戦によって全体主義の軍人たちはいなくなったが、官僚とその組織はなくならなかったという事実である。

シナの歴史を見れば分かるように、官僚というのは、政治体制が変わっても、その影響をほとんど受けない集団である。たとえば、漢民族の宋《そう》が滅んだときもそうであった。新しい王朝の主人になった元《げん》のモンゴル人たちは、前王朝の官僚たちを追放できなかった。彼らがいなくなれば、新国家の運営に必要な事務処理が止まってしまうからである。その後、満洲族の支配した清《しん》も、科挙《かきょ》（古来からの高級官僚試験）を維持し、その官僚を使って統治した。

それと同じことが、先の敗戦のときも起きた。GHQは官僚組織の上層部にいた連中を飛ばすことはできても、その下にいる人々を馘《くび》にできなかったし、統制的な法律も残した。

それで敗戦後も日本は統制経済が続くことになった。たとえば、戦後五十年間にわたって維持されてきた食管法（食糧管理法）も、戦時中の配給制度のために作られた法律である（昭和十七年＝一九四二制定）。また、現在の不動産所有の形の原型を作った地代家賃統制令なども、昭和十四年（一九三九）に公布されている。

このような法律は、終戦後の混乱期には意味があったかもしれない。しかし、その後、環境が変化しても一向に廃止にならなかったのは、やはり戦時中の強権を手放したくないという官僚の論理によってなのである。

ただ一つの例外は通産省であった。ここだけは、戦時中の統制をどんどん放棄する方向にベクトルが働いてきた。それは、世界市場の中での自由競争に勝つうえで、配給制度はかえって邪魔になるという判断があったからだろう。

配給のような統制経済は、戦時や混乱期においては効果があったかもしれない。しかし、豊かになってまで続けてはならないのだ。

幸いにして、昨今の日本はどんどん規制緩和の方向に行って、官僚の権限も徐々に縮小しているようである。われわれが繁栄と平和を謳歌《おうか》しつづけるためにも、今後も統制経済を許してはならないということを、ぜひ強調したいと思う。

第4章

東京裁判史観の大いなる罪

――歪曲された史実、日本の誤謬

1 「民族の自決」満洲建国の真実

関東軍暴走の責任は誰にあるか

ホーリー・スムート法をきっかけとして始まった世界経済のブロック化、そして「天皇制打倒」を唱える共産主義の恐怖——昭和初年において、このような状況に対して最も危機感を募らせたのは、満洲にいた日本陸軍、すなわち関東軍の将校たちであった。

彼らは満洲北方で、直接ソ連軍と対峙《たいじ》していたし、また、満洲内部では蔣介石《しょうかいせき》や張作霖《ちょうさくりん》といったシナ軍がいたるところで反日的行動を行なっていて、日本人入植者（それには多数のコリア人も当然、含まれる）の生命や財産がつねに危険に晒《さら》されていた。

しかるに当時の日本政府は、幣原喜重郎《しではらきじゅうろう》外相の方針で、徹底した国際協調外交を行なっている。それは「軟弱外交」と言われたほどで、シナ大陸で日本人居留民の生命が危険に陥っても、武力を用いず、話し合いで解決しようとしたから、関東軍将校は「日本政府は頼りにならない」と思うようになった。

このような事態を打開するために、関東軍は昭和六年（一九三一）九月十八日、満洲事変を起こし、さらに満洲国（昭和七年三月一日建国宣言）を作ったのである。

もちろん、日本政府の方針をまったく無視し、出先で勝手なことをやった関東軍将校の行動は暴走としか言いようがない。この暴走は、陸軍の中央でさえ知らないところで起きたのであるから、事はさらに重大である。

このような事態になったのは、もとはと言えば、繰り返し述べてきたように、首相も内閣も規定されていない明治憲法の欠陥に起因する。

この欠陥に気付いた一部の海軍高官は、昭和五年（一九三〇）のロンドン軍縮会議をきっかけに、いわゆる統帥権干犯《とうすいけんかんぱん》問題を起こした。

ことの起こりは、イギリス、アメリカ、日本の海軍力（軽巡洋艦と駆逐艦）を、およそ10・10・7の比率にすることに反撥《はんぱつ》した勢力が「軍事に関することを政府が決めるのは、天皇が軍隊を統帥する権利を犯すものである」と騒ぎ立てたことであった。この背景にあったのが、プロシア式の明治憲法であった。

こうした議論に対して、ロンドン会議の五年前（大正十四年＝一九二五）に四個師団を廃止され、軍縮を心配していた陸軍も深い共感を覚えた。そして彼らも憲法を盾《たて》に「政府の言うことを聞く必要はない」という理由をこしらえたわけだが、それを関東軍はさらに拡大して「政府の言うことも、陸軍中央の言うことも聞く必要はない」としたのである。

陸軍首脳は関東軍の暴走に激怒したが、それは元を質《ただ》せば、国家全体の指揮系統を乱した彼ら自身の責任なのである。

居留民保護は〝侵略〟ではない

政府の言うことも聞かず、暴走した関東軍の責任は重い。しかし、彼らが満洲で行なったことが、はたして後世言われるようにすべて〝侵略行為〟であったかと言えば、それは違うのではないか。

東京裁判では、満洲事変以後の日本の行動はすべて侵略と決め付けられたが、この当時の日本軍の行動は、当時の先進国と呼ばれた国ならどこでもやっていることである。それなのに、同じことを日本がやれば侵略で、欧米がやれば侵略ではないという理屈が、どうして出来るのであろう。

そもそも、当時の満洲で日本が軍事行動を起こしたことについては、国際法上、何の問題もないのである。というのも、第一に日露戦争のポーツマス条約において、日本はロシアから南満洲における権益を譲られている。これは当時のシナ政権も承認したことであって、何も不法に満洲に入っていたわけではない。しかも、満洲にいた日本人が、満洲事変当時、シナ人によって危険な状況にあったのも動かしがたい事実である。

このころのシナ大陸は、軍閥が割拠し、また中国共産党もいて、乱れに乱れていた。しかも、アメリカの排日政策に勢いを得て、シナ人の間には排日・侮日《ぶにち》の気運が高まっており、ことあるたびに日本人に危害を加えていたのである。

その一例を挙げれば、満洲事変が始まる三カ月前の昭和六年六月には、視察中の現役陸軍将校がシナ兵に殺されるという事件が起きている。さらに、それから一週間も経たないうちに、今度は満洲の万宝山《まんぽうざん》で、コリア人（すなわち日本人）の農民とシナ人農民の衝突があって、コリア人たちが中国官憲の弾圧に遭うという事件があった。

この事件は満洲全土の日本人に危機感を与えたし、また『朝鮮日報』で誇大に報道されたために、コリア全土で反シナ暴動が起き、平壌《ピョンヤン》では百人以上のシナ人がコリア人に殺害された。

関東軍が満洲事変を起こした目的は、このような危機的状況を解決するために、シナの軍隊や匪賊《ひぞく》を満洲から排除することにあった。現地の居留民に危害が及んだ場合、本国政府が彼らの安全を守ろうとするのは、今日の世界でも当たり前に行なわれていることである。そして、そのために軍隊が出動するというのは、当時の国際社会では広く認められたことであった。

北清《ほくしん》事変（第2章2節参照）のとき、北京《ペキン》や天津《テンシン》にいた居留民を守るために、イギリスや日本などの連合軍が出動したのも、その一例である。このときの連合軍は清国軍隊と交戦しているわけだが、当時、それを侵略だと言った人はいない。現在でも、パナマにいるアメリカ人の生命や財産に危険が及べば、アメリカ政府は相当強硬なことを行なうであろうし、またアメリカの世論は沸騰《ふっとう》するはずである。

それと同じように、関東軍はコリア人を含む日本人居留民の安全を守るために実力行使をしたのであって、これは外交上、特に非道なことをやったとは言えないのである。

満洲建国には正当な根拠がある

しかも、関東軍は満洲を制圧したまま居座ったわけではない。満洲地方の安全を維持するため、溥儀《ふぎ》を迎えて満洲国を作った。これも当時の国際常識から言えば、ひじょうに穏健な方法である。

北清事変においても、義和団と清軍を制圧した連合軍は、事後処理として清国に対して賠償金を課し、また条約を作って二度と同様のことが起きないように約束させた。このときの事後処理と同じことである。

もし居留民保護を口実にして、関東軍がそのまま満洲占領を続けていれば、それは外交上、多くの問題を惹《ひ》き起こしたであろう。火事場泥棒のようなもので、弁護の余地はない。侵略と言われてもしかたがないことである。

そのいい例が、満洲事変の十六年前の一九一五年にアメリカがやったハイチ侵攻である。このときアメリカは「米国人居留民を守る」という口実でハイチを武力制圧し、そのまま十九年にわたって占領しつづけた。これは、どんなに言いつくろったところで侵略であろう。

だが、関東軍は十九年も居座らなかった。満洲事変からわずか一年後に、満洲国の建国宣言が行なわれたのである。これは事後処理としてはけっして悪くないし、民族自決の観点から言えば、むしろ筋の通った話である。

そもそも満洲という土地は、本来シナの領土とは言えない。この地方は元々、清国を作った満洲族（女真族《じょしん》）の故郷であり、シナの本流である漢族が所有権を主張できるようなところではない。

しかも、当時の満洲は極端に人口密度が少なかった。英語で言うところの〝ノーマンズ・ランド〟で、日本人のみならず、シナ人やモンゴル人が急速に流入していた。きちんとした政権が存在しないまま、このような大量流入が続けば、土地の所有権などを巡って必ずや国際紛争が起こるはずである。

満洲に満洲族の本来の皇帝である溥儀が来て統治者となるアイデアは、民族自決のみならず、国際紛争を未然に防ぐというえでも優れたものであった。たとえば、アメリカが西部開拓において、「もともとこの土地はインディアンのものだから」ということで、インディアンの酋長が治《おさ》める自治区を作ったかということを考えてみればいい。無論、アメリカは今日に至るまで、そんなことを一度たりともやっていない。

これに対して、日本軍は満洲に満洲族の自治国家を作ろうとした。どちらのほうが〝文明的〟であろうか。

日本の保護を求めた溥儀の意志

たしかに満洲国は、日本の傀儡《かいらい》国家であった。だが、外交権や軍事権を日本が預かったということを非難するのであれば、同様に大英帝国も非難されねばならない。大英帝国はオーストラリアやニュージーランドの宗主国ということで、これらの国々の外交権や軍事権を長い間、預かっていたではないか。

さらに言えば、戦後のアメリカはパナマのノリエガ将軍を武力で追い出し、親米的な指導者を据《す》えた。また、ハイチに侵攻してセドラ司令官を追放し、アリスティド大統領を復帰させている。大義名分は「民主主義の回復」であっても、これは親米的な傀儡政権を作っていることに外ならない。

しかも、溥儀は無理矢理に皇位に就《つ》けられたのではない。彼は自らの意志で満洲国皇帝になったのであり、それを傀儡国家呼ばわりするのは溥儀の意志をまったく無視している。

かつて溥儀は宣統帝《せんとうてい》として清国を治めていたが、革命が起きたために退位を余儀なくされる。その代わり、退位の条件として、紫禁城《しきんじょう》内に暮らすことが許され、また生活も保証されていた。

ところが、一九二四年(大正十三)、国民政府内部でクーデタが起こったのをきっかけに、彼は紫禁城から追い出されてしまったのである。このとき、彼が逃げ込んだのは北京の日本公使館であった。といっても、日本政府が溥儀を招いたのではない。彼の個人教師を務めていた英国人ジョンストン卿が、「北京なら日本公使館が最も安全だ」と勧めたからである。

このジョンストンはのちに『紫禁城の黄昏《たそがれ》』という手記を書いた。これは、当時の溥儀の姿を知るための第一級資料と言ってもいい本である（邦訳は現在では祥伝社と岩波文庫から出されているが、岩波文庫の方は意図的な削除が大量になされた悪質な訳書で、原著の意義が損なわれている）。

この本によれば、「溥儀を保護してくれるのは日本公使館が最もいい」というのは、ジョンストンだけの意見ではなかった。イギリス公使も、彼の判断に賛成したという。かくも、当時の日本は列国から信頼されていたのである。

日本の芳沢謙吉《よしざわけんきち》公使はジョンストンからの突然の依頼に当惑したらしいが、危険を冒《おか》して公邸に転がりこんできた溥儀を保護することにした。

といっても、溥儀に対して日本政府はあくまでも慎重であった。日本としては、溥儀を国民政府との駆引きの道具に使うこともできたのだが、それを徹底的に避けたのだ。当時の日本外交の基本方針は、中国との協調にあったからである。日本政府は、流浪《るろう》の身になった溥儀を一度も日本に招待しなかったし、それどころか溥儀に対して、「日本を訪問するとか、満洲の日本租借地に行くようなことは絶対に困る」と告げている。溥儀自身も、ふたたび皇帝の座に戻ることや、満洲に行くことは考えていなかったから、これは問題なかった。

ところが、退位から四年後の一九二八年、溥儀の心を大きく揺り動かす事件が起こった。北京にあった清朝帝室の墳墓《ふんぼ》が、国民政府の兵士たちによって荒らされたのである。しかも、ダイナマイトで墳墓を爆破し、埋められている宝石や財宝を盗むという荒っぽいやり方であった。当然ながら、溥儀の先祖たちの遺体や棺《ひつぎ》は、この爆発でバラバラになった。

この墳墓荒らしには、軍高官も絡《から》んでいたという。ところが国民政府は実行犯を形式的に罰しただけで、首謀者の罪を不問にした。しかも溥儀に対しては、悲しみも遺憾の意も伝えなかった。

清朝において、一族の墓はある意味で日本以上に重いものがある。それを壊しておきながら何もしない国民政府を見たときから、溥儀の心は変わったようである。すなわち、戦乱が続くシナを去り、清朝発祥の地・満洲に帰ることを望むようになったのだ。

このような溥儀の決心がなければ、いかに関東軍の将校といえども、満洲国は作れなかった。満洲国はたしかに傀儡政権ではあったが、溥儀はただのお飾りではない。彼は彼なりに満洲の地に自民族の国家を作りたかったのである。そこのところを見落として満洲国を傀儡国家と呼ぶのは、満洲族に失礼な言い方であろう。

東京裁判において、溥儀は満洲国建国の意志は自分になく、日本軍に命じられて否応《いやおう》なく皇帝になったのだと証言した。真っ赤な嘘である。そのように証言しないと殺すと脅されたからに違いない（彼は敗戦後、ソ連に囚《とら》われていた）。

溥儀が父祖の地である満洲に戻り、皇帝になりたがっていたことには一点の疑いもない。ジョンストン卿の『紫禁城の黄昏』なども動かしがたい証拠であるのに、東京裁判では却下された。却下しなければ、日本の軍人を裁くことができないからだ。

ジョンストン卿は自分が教え、かつ愛した溥儀が、自分の民族の発祥地たる満洲で皇帝になったことを心から喜んでいた。彼は死ぬまで自分の書斎に満洲国国旗を掲げていたのである。

また、溥儀を皇帝にしようという清朝系の人たちの運動を、当時、「復辟《ふくへき》運動」と言っていた。このような日本で馴染みの少ない表現があったことも、当時の状況を示す一つの証拠となろう。しかし、復辟運動の存在を認めることは、満洲国の正統性を認めることである。岩波文庫の『紫禁城の黄昏』では、運動に関係のあった人名を、ジョンストン卿の序文から勝手に削除している。歴史に対する何たる歪曲《わいきょく》であろうか。

日本の〝大義〟とは何か

さらに日本の立場から見ても、勢力圏を拡大し、権益を増やすというような帝国主義的な理由だけで満洲国建国に手を貸したわけではない。日本には日本なりの〝大義〟があったからこそ、当時の帝国議会も政府も、成立の順序には問題があったが、満場一致で満洲国を承認することになったのである（当時はまだ政党政治は健在だった）。

その第一の理由は、世界中に吹き荒れる大不況とブロック経済化の波を、どうやって凌《しの》ぐかという問題である。

すでに述べたように、こうした世界経済の大変動を受けて、当時の日本では失業者が溢れていた。このような人たちを救うためには、どこかに新天地を求めて生活が成り立つようにするというのが、当時の経済常識である。

かつてヨーロッパの多数の失業者が救いを求めて移住したのが南北アメリカ大陸であったように、日本の失業者にも移住先が必要だと考えられた。そこで日本に友好的な満洲国の出現は、たいへんな福音《ふくいん》に思われた。当時の満洲は前述のとおり人口密度がはなはだしく低く、一種の〝ノーマンズ・ランド〟と世界的に認識されていたからである。

これがもしアメリカが日本人移民をシャットアウトしていなければ、別の展開もありえたであろう。しかし、現実には人種偏見のために、アメリカは白人移民は受け容れても、日本に対して扉を閉ざしてしまった。「それならば、われらは満洲を目指す以外にない」と日本人が考えたのは当然のことである。

もちろん、排日移民法のことを棚に上げて、アメリカは日本を強く非難した。彼らは彼らで、シナの大地が欲しかったからである。

これに対して日本が主張したのは「アジア・モンロー主義」ということであった。つまり、「アメリカはモンロー主義を標榜《ひょうぼう》して、ヨーロッパ諸国が米大陸に干渉してくることを拒否してきた。また、われわれもモンロー主義に反対しなかった。それと同じように、アメリカにもアジアのことに干渉してほしくない」というのである。

この理屈が、今日から見て正統なものであるか否かは別として、アメリカに満洲のことを言う資格があるかということに関しては、まことに筋の通った話である。

また、日本に友好的な国家が満洲にあることは、ソ連および共産主義イデオロギーの南進圧力に対抗するうえでも、ひじょうに助かることであった。満洲に親ソ的な政権が出来れば、日本もコリアも風前の灯《ともしび》になる。それは、誰の目から見ても明らかであった。

ちなみに満洲国建国についてアメリカは、満洲事変の勃発から四日後の昭和六年（一九三一）九月二十二日に国務長官スチムソンの名で、九カ国条約（一九二二年調印）の違反であると抗議した。一方、イギリスが翌昭和七年一月十一日に「アメリカと共同の対日通告の必要はない」と声明し、同年六月二十二日にはリンドレー駐日英国大使が「九カ国条約は満洲に対して、その独立宣言を禁ずるものではない（傍点・渡部）というイギリス政府の見解を伝えたうえで、「九カ国条約は調印国に、そのようなこと（満洲国独立）を奨励するようなことはしない義務を課した」ことを指摘して、日本政府の慎重な動きを求めた。初めから強硬なアメリカの態度に比べると、イギリスの態度はまことに柔軟で妥協的である。

これは、満洲事変が日本人居留民の保護のために行なわれたことを知っていたからである。また、シナにおけるイギリスの利権さえ侵害しなければ、満洲国はソ連南進の防波堤にもなるから、かえって好都合だという判断もあったようである。さらに日露戦争以来の日本の権益についても理解があったからだろう。

また、蔣介石の国民政府は、国際連盟など外交の舞台では日本を非難したけれども、実際には兵隊を一人として動かさなかった。これは「もともと満洲はシナ固有の領土ではない」という認識から、日本軍がそこから出てこないかぎりは満洲国を黙認してもよいと判断したからだ、と伝えられている。

したがって、その後の日本政府と軍部の連繫《れんけい》がよければ、歴史の流れは別になっていたであろう。

「五族協和」の理想

満洲国は独立後、目覚ましい発展を遂げた。かつてノーマンズ・ランドであったところが、あっという間にアジア大陸の中で最も繁栄した地域に一変した。これは、いかに満洲国を認めない人でも否定できない事実である。

治安も大いに改善されたので、満洲には日本やコリアのみならず、シナ本土や蒙古からもどんどん移民が入ってきた。これは、満洲国を評価するうえで忘れてはならない事実であろう。移民というのは、強制すれば入ってくるというものではない。やはり、そこに行けば生活が向上する可能性があり、また生命の安全も保たれるというのでなければ、誰も行かないのである。

満洲国のスローガンは〝五族協和〟、つまり満洲民族、漢民族、蒙古民族、朝鮮民族、日本民族が共存共栄するというものであったが、移民の実態を見るかぎり、この理念はみごとに実現しつつあったと言わざるをえない。朝鮮半島における反日運動は、ほとんど姿を消した。むしろ、大陸でシナ人に殺害されるコリア人の件数の多さが目を惹くようになる。コリア人は日本人と見做《みな》されていたから、彼らの保護のために、日本軍が動く機会が増大した。

しかも満洲の繁栄は、日本をも凌ぐところがあった。たとえば南満洲鉄道（満鉄）は世界全体を見渡しても、これほど近代的な鉄道はなかったであろう。高速列車が作られ、その運行も整然としていた。また、首都・新京《しんきょう》（長春《ちょうしゅん》）や奉天《ほうてん》といった都市は見事な開発がなされて、日本から訪れた旅行者を感嘆させた。

この満洲に入った日本人の中には、民族偏見を持った、質の悪い人がいたかもしれない。しかし、その一方で、五族協和の理想を信じて入植した人も多かったはずである。

満洲国は十数年で消えてなくなったから、その正当な評価はむずかしいことではあるが、ある種の理想に基づいて作られた国家であることは間違いない。

この国を傀儡国家として忘却してしまうのは簡単なことだが、現実の問題として、今や満洲族自体が地球上から消えかかっていることを忘れてはならない。同じ中国領内の少数民族でも、チベットに対しては世界の注意が向いているが、人権に敏感なはずのアメリカも満洲は忘れている。いや、忘れざるをえないというのが正解であろう。満洲族のことを口にしたとたんに、アメリカは自国の間違いを突きつけられることになるからだ。

2 シナ事変勃発の隠された真相

統帥権の呪縛

満洲の居留民保護および満洲国建国は欧米的な意味での〝侵略〟ではなかったが、それが政府のコントロールを受けずに進んだということは、きわめて悪しき先例となった。

元はと言えば、明治憲法の中に首相や内閣のことが書かれていなかったために、「われわれは政府の指図を受けないでいいのだ」と軍が主張しはじめたことに端を発していることは先に述べた。

この「統帥権問題」が明らかになってからというもの、軍の中では〝下剋上《げこくじょう》〟の雰囲気が急に強まった。つまり、大義のためなら上官の言うことに逆らってもいい、という雰囲気が若手将校の中に広がったのである。

それはそうであろう。上層部が公然と政府に対して、統帥権の独立という〝下剋上〟をやっているのだ。「ならば、上官に向かって〝下剋上〟をやっても許されるはずだ」という理屈が若手の間で出てきても、上官は反論のしようがないのである。

満洲事変は、そのような〝下剋上〟の雰囲気が生み出したものであったが、この暴走に対して、政府も軍首脳も、きちんとした形で彼らを処罰することが出来なかった。統帥権の問題があるから、政府は強い態度に出られない。また、軍の首脳も、自分自身が〝下剋上〟をしているという弱みがあるから、何も言えないのである。

この満洲事変を見て、勢いづいたのは軍内部にいた国家社会主義者たちである。五・一五事件が満洲事変の翌年（昭和七年）に起きたのは、けっして偶然ではない。彼らは「憂国の心があれば首相を殺してもいいのだ」という理屈で、この事件を起こした。まさに〝下剋上〟である。このときも、軍は首謀者たちを極刑にすることができなかった。

そして、この五・一五事件に味をしめて行なわれたのが、二・二六事件であった。これが、不況打開のために天皇を戴《いただ》いた国家社会主義の政府を作るという〝大義〟を掲げていたことは、すでに述べたとおりである。

このときは、たしかに首謀者や実行犯たちが多数死刑になった。しかし、それは〝下剋上〟が否定されたからではない。もはや軍にとって、〝下剋上〟が必要なくなったからにすぎない。二・二六事件で反乱軍が首都を占拠し、政府高官が暗殺されるのを見て、日本人は挙《あ》げて震え上がった。軍の意向に逆らっては命が危ないのが、誰の目にも明らかになったのである。

蘆溝橋事件は中国共産党の陰謀だ

実際、二・二六事件以後、軍に逆らうような政治家は、ごく一部の例外を除いていなくなり、日本は国家社会主義への道を驀進《ばくしん》することになった。昭和十二年（一九三七）に始まるシナ事変（日華事変）は、こうした状況の中で起こったことである。

政府をまったく無視して日本軍がシナ大陸で戦争を始め、誰もそれを止められなくなったというのは、まことに遺憾《いかん》な出来事であった。明治憲法の欠陥が、ついに日本を戦争に引きずり込んだのである。

だが、このシナ事変の発端《ほったん》が、出先の日本軍が仕組んだ〝侵略〟であったかといえば、これは違う。東京裁判は、日本を悪と決めつけるために行なわれたものであったから、「シナ事変の一連の出来事は、すべて日本軍の陰謀で起こされた」という判決が出た。そして、その結論がそのまま戦後の歴史観に反映された。しかし、ことはそう単純ではない。

それはシナ事変の発端となった蘆溝橋《ろこうきょう》事件にしても同じである。事件の経過は次のとおりであった。

事件は、昭和十二年七月七日の夜十時、蘆溝橋に駐屯《ちゅうとん》していた日本軍の一個中隊に向けて、何者かが発砲したことから始まった。周囲に中国軍（国民政府軍）が駐屯していたから、彼らが発砲したのではと思われたので、日本軍は軍使を派遣することにした。

ところが、翌八日の早朝四時、ふたたび日本軍に向けた発砲事件が起こった。さすがにこのとき日本軍は戦闘態勢に入るのだが、事件が拡大することを恐れて、直前で攻撃を中止する。すると今度は、日本軍が攻撃を始めたと思ったのか、中国軍が攻撃を開始した――これが、蘆溝橋事件勃発の真相であった。

この経過を見ても分かるとおり、蘆溝橋にいた日本軍には武力衝突を起こそうという姿勢はまったくない。実際、発砲を受けた中隊は、その直前に夜間演習を行なっていたのだが、誤射事故が起こるのを恐れて、実弾を装塡《そうてん》していなかったという。そればかりか――これは褒《ほ》められたことではないのだが――、彼らは鉄カブトすら被《かぶ》っていなかったのである。

つまり、これは日本にとってはまったくの偶発事件であったし、また事件勃発後も、これを拡大して全面的な中国との武力対決に広げようというつもりはなかった。それは事件から四日目の七月十一日に、事態収拾のために現地協定が成立したことでも分かるであろう。

さらに、蘆溝橋事件については、戦後になって重大な事実が明らかになってきた。

それは、この事件が中国共産党の仕組んだワナであったということである。つまり、日本軍と国民政府軍の衝突を意図的に作り出し、両勢力を弱めて「漁夫《ぎよふ》の利」を得ようとしたのだ。蘆溝橋の国民政府軍の中に中共軍のスパイが入り込んで、日本軍に向けて発砲したということは、公刊された中国側資料の中に記述されているし（中村粲《あきら》『大東亜戦争への道』〈展転社〉）、また、日本側でも蘆溝橋事件直後、中共軍司令部に向けて「成功せり」という緊急電報が打たれたのを傍受したという証言が出されている（『産経新聞』平成六年九月八日夕刊）。

やはり、日本軍は蘆溝橋事件に「巻き込まれた」のである。

これに対し、「そもそも、そんなところに日本軍がいたこと自体が悪いのだ」という意見が日本で見られる。しかし、日本軍部隊は条約によって駐在を認められていたのだ。現在でも、日本や韓国には条約によってアメリカ軍が駐留している。このアメリカ軍に対し、暗夜に発砲すれば、事件が起こっても当然であろう。蘆溝橋事件はそれと同じであり、また事件発生から四日後に現地協定が成立したのは褒められてよいことであった。

抹殺された通州邦人惨殺事件

シナ事変が日本の一方的な〝侵略〟ではないことを示す、最も象徴的な出来事が「通州《つうしゅう》事件」である。この恐るべき虐殺事件は、蘆溝橋の事件の約三週間後に起こった。

この通州事件については、戦後、ほとんど語られなくなった。なぜなら、この事件のことを言い出すと、「中国は善玉、日本は悪玉」という構図が崩壊してしまうからである。ためしに、手元にある歴史書や年表で通州事件のことを調べてみるといい。ほとんどの本には載《の》っていないし、あったとしても、その事件の本質をごまかして書いている。

現在、最も詳しい近代史年表とされている岩波書店の『近代日本総年表』は、七百ページを超える大冊であるが、昭和十二年の項に通州事件のことは一行も書かれていない。おそらく、意図的に省《はぶ》いたのであろう。岩波書店が『紫禁城の黄昏』（岩波文庫）においても、事実を歪《ゆが》める悪質な改変を行なっているのは前述したとおりである。そのようなことを行なう出版社が、通州事件のことを年表から省いていても、何の不思議なことはない。

さて、昭和十二年（一九三七）七月二十九日、北京の東方にあった通州で、シナ人の保安隊（冀東《きとう》防共自治政府軍）による大規模な日本人虐殺事件が起こった。殺されたのは、通州の日本軍守備隊、日本人居留民（多数のコリア人も含む）の約二百六十名であり、中国兵は婦女子に至るまで、およそ人間とは思えぬような方法で日本人を惨殺した。

東京裁判において弁護団は、通州事件について外務省の公式声明を証拠として提出しようとしたが、ウェッブ裁判長によって却下された。この事件に触れると、シナ事変は日本ばかりが悪いと言えなくなってしまうという判断があったのは、言うまでもない。

ただ、通州事件の目撃者三人の宣誓口供書だけは受理された。あまりに残虐な内容であるけれども、その一つ、元陸軍少佐の証言をあえて引用したいと思う。

「守備隊の東門を出ると、数間ごとに居留民男女の死体が横たわっていた。某飲食店では、一家悉《ことごと》く首と両手を切断され、婦人は十四、五才以上は全部強姦されていた。旭軒という飲食店に入ると、七、八名の女が全部裸体にされ、強姦射刺殺され、陰部に箒《ほうき》を押しこんである者、口中に砂を入れてある者、腹部を縦に断ち割ってある者など見るに堪《た》えなかった。東門の近くの池では、首を電線で縛《しば》り、両手を合せて、それに八番線を通し、一家六名数珠《じゅず》つなぎにして引廻した形跡歴然たる死体が浮かんで居り、池の水は真っ赤になっていた。夜半まで生存者の収容に当たり、『日本人はいないか』と叫んで各戸ごとに調査すると、鼻に牛の如《ごと》く針金を通された子供、片腕を切られた老婆、腹部を銃剣で刺された妊婦などが、そこそこの塵箱《ちりばこ》の中やら塀《へい》の蔭から出て来た」（朝日新聞法廷記者団『東京裁判』〈東京裁判刊行会〉中巻。読者の便を考え、読点を増やした）

これが人間のやることだろうか。シナの史書には、生きたまま人の皮を剝《は》ぐとか、あるいは手足を切り落とすというようなことが多数、書いてある。日本人からすれば、とうてい信じがたい話であるが、この証言を読むと「あの記述はやはり真実であったのか」と思わざるをえない。

当然ながら、こうした虐殺の報は現地の日本軍兵士を激昂《げきこう》させたし、日本にも伝わって、国民のシナに対する怒りは頂点に達した。

蘆溝橋事件はまったく軍どうしの衝突であり、それは現地で解決を見た。ところが、この通州事件は明白な国際法違反であるし、その殺し方はまったく狂気としか言いようがない。当時の日本人の反シナ感情は、この事件を抜きにして理解することはできないのである。

「誤爆原因説」の真っ赤な嘘

では一体、彼らは何のために、このような虐殺を行なったのか。これについては、戦後、通州事件のことをタブーにする風潮があったために、まだ細部は明確になっていないが、少なくとも通州の日本人（コリア人も含む）には何の責任もないのは間違いない。

東京裁判で通州事件のことが話題になったとき、これを不利な材料と見た人たちは「あの事件は、そもそも日本軍が通州の保安隊施設を誤爆したからだ」と言い立てたが、これはまったくの嘘である。

たしかに、虐殺事件の直前に誤爆事件があったのは事実である。

蘆溝橋事件が現地協定で休戦になったにもかかわらず、北京周辺では国民政府軍が日本軍に対して攻撃をしかけるという事件が何度も起こった。これをやったのが通州にいた国民政府軍の部隊であったから、日本軍はこの部隊の兵営を爆撃することにした。

ここで説明しておきたいが、当時のシナ大陸は国民政府のほか、各地に自治政府が乱立して、ひじょうに複雑な事態になっていた。この通州でも同じである。通州を支配していたのは親日的な冀東《きとう》防共自治政府で、だからこそ日本人の居留民が住んでいたのだが、同じ通州には反日的な国民政府軍の駐屯地もあったのである。

こうした複雑な状況が不幸な誤爆を生んだ。というのは、関東軍の爆撃機が、国民政府軍の兵営を爆撃するつもりで、その隣にあった通州の保安部隊の施設を誤爆したのだ。この結果、数名の保安隊員が死亡した。

だが、この誤爆事件は、ただちに関東軍の責任者が冀東政府の高官を訪問して陳謝したので、一件落着となった。関東軍は遺族のところにも足を運んでいるし、また保安隊をも訪問して、事情を説明して理解を求めている。事後処理に手落ちはない。

だから、誤爆事件が虐殺事件の引き金になったという見方は事実ではない。そもそも、誤爆程度のことで住民全体を虐殺したというのであれば、それは保安隊の神経のほうがおかしかったということになるではないか。

それでは、なぜ通州の保安部隊が日本人居留民を襲ったか。

要するに、誤爆事件以前から、彼らは反日側に寝返って、虐殺をやる気でいたのである。国民政府に寝返ったという説もあるし、中国共産党に寝返ったという説もある。しかし、誤爆以前から通州の虐殺が計画されていたという点では、どちらの説も一致している。

近年出版された中国側資料でも、その事実は明記されているという。それによると、彼ら保安隊員は口実を作って、まず日本人居留民らを通州城内に集合させ、そののち城門を閉めて虐殺を行なったらしい（中村粲・前掲書）。

それにしても、事前に住民虐殺を計画して実行するというセンスは、いったいどこから生まれてくるのであろうか。

確かに、戦場において一部の日本兵はシナ人に対して暴虐な行為をしたかもしれない。しかし、組織的に、しかも事前に準備してから虐殺を行なうようなことは一度も行なわなかった（「南京事件があるではないか」という読者がいるだろうが、それがまったくのナンセンスであることは後述する）。

進歩的な歴史家や文化人たちは、このような事実を故意に隠して、日本がシナを一方的に攻撃していたと言いつづけていたのである。

蔣介石の謀略、第二次上海事変

通州で虐殺が行なわれる一方、上海《シャンハイ》でも日本人の生命に危険が及んでいた。いわゆる第二次上海事変であるが、この戦闘は蔣介石軍のほうから始めたものである。

これも例によって、戦後の東京裁判史観では「日本が蔣介石軍に対して攻撃をしかけた」ということになっている。しかし、実際に上海にいた日本の軍隊は、居留民を守るため海軍陸戦隊がいただけであり、これに対して、蔣介石軍は上海攻撃のために正規軍一〇個師団を配置して、日本に圧力をかけた。まさに日本にとって圧倒的に不利な状況で、この一事を見ただけでも、日本が〝侵略〟したというような話でないのは明らかである。

上海事変については、トレヴェニアンの『シブミ』（菊池光訳、早川文庫）というベストセラー小説が、その実態を見事に書きつくしている。この作品はまったくの娯楽小説ではあるけれども、当時の上海のことをこれだけ分かりやすく書いた本はない。私は友人に奨《すす》められて読んでみたのだが、「西洋人（作者はいわゆる覆面作家で、その経歴はいっさい不明）がなぜ、ここまで当時のシナ事情を的確に理解できているのか」と驚嘆した記憶がある。

それは、私だけの感想ではなかったようである。評論家の小堀桂一郎氏も、この小説の記述が史実的に極めて正確であることを考証して、「作者はどんな史料を使っているのか。もしや自ら昭和一二年夏の上海を体験した人物ではあるまいか」という感想を記されているほどである（小堀「アメリカ大衆小説の日本像――トレヴェニアンとは何者なのか」『比較文学研究』〈東大比較文学会〉六三号）。

この上海事変で蔣介石が狙ったのは、「日本がシナを蹂躙《じゅうりん》している」というイメージを作り出し、国際世論の同情を集めようということであった。そして、あわよくば一緒に戦ってくれる第三国が出てくれないかとも考えていた。

世界の注目を集めるために、蔣介石は一般市民を犠牲にすることさえ厭《いと》わなかった。日本側が欧米からの求めに応じて上海から撤退することにした後に、何が起きたか――そのことを、トレヴェニアンは次のように書いている。

「しかし、八月十二日に中国側は日本総領事館と商社の電話線を切断した。その翌日、十三日、金曜日に、中国軍第八十八師団が北停車場に到着して、租界から外に通じる道路をすべて遮断した。それは、ごく少数の日本軍と自分たちの間の緩衝用にできるだけ多くの一般市民を閉じ込めておくのが狙いであった。

八月十四日にアメリカ製ノースロップ機に乗った中国軍パイロットが上海を盲爆した。高性能爆弾の一弾がパレス・ホテルの屋根を貫《つらぬ》いた。別の一弾がカセイ・ホテルの表の路上で爆発した。七百二十九名が死に、八百六十一名が負傷した。三十一分後にべつの中国機が女性と子供の避難所になっていた大世界娯楽センターを爆撃した。千十二名が死に、千七名が負傷した」（この引用文に出てくる固有名詞や死傷者の数は、小堀氏の論証によれば、きわめて正確なものであるという）。

蔣介石は、一般市民が逃げられないように道路をすべて封鎖し、しかも民間人がいるに決まっているホテルなどを爆撃したのである。

一説によると、蔣介石はあえて外国人の被害者を出すことで欧米を日中戦争に引きずり込もうとしたと言われるが、そのようなことで無差別爆撃をやったとすれば、これこそ〝戦争犯罪〟と呼ぶべきものではないか。

いずれにせよ、上海事変においても、日本が一方的に攻撃を開始したという東京裁判の歴史観はまったく成り立たない。

八月十三日に蔣介石軍の攻撃が始まり、海軍陸戦隊（アメリカの海兵隊とは違い、本格的な陸戦の装備を持っていない。居留民保護のための便宜的軍隊である）だけでは日本人居留民を護りきれないことが分かったので、日本は八月十五日に陸軍の派兵を決めた。その任務は「……上海並びにその北方地区の要線を占領し、帝国臣民を保護すべし」（傍点・渡部）というものであった。すなわち、通州の惨劇を繰り返してはならないということである。

3　作られた「南京大虐殺」の幻

慎重を期した南京攻略

盧溝橋で始まった日中両軍の衝突は、通州、上海と飛び火していき、全面戦争の様相を呈してきた。それらはすべて、国民政府軍が主導権を握った形で進んだから、日本軍が「適当なところで収束させたい」と考えるようになったのは当然のことであった。だが、国民政府のほうに、この戦争を止める気はないのも明らかであった。

そこで、シナの日本軍が考えたのは、首都・南京《ナンキン》を攻略することであった。首都を占領してしまえば、さすがに国民政府も和解に応ずるのではないかというのである（だが、南京占領でも、戦争は終わらなかった。蔣介石は和解交渉を拒絶し、また、日本側も近衛《このえ》首相が「国民政府を相手にせず」と声明し、和平の道を閉ざしてしまったからである）。

そこで日本軍は南京に進撃したわけであるが、こともあろうに、これを見た蔣介石ら国民政府の首脳部は、二十万人近くの市民を置去りにしたまま、夜間脱出してしまった。

さらにこのとき、蔣介石は南京防衛を唐生智《とうせいち》将軍に任せたのだが、何と、この将軍も南京陥落前夜、ひそかに脱出しているのである。つまり、日本軍が南京を陥落したときには、この城の中には、責任者と呼べるような人がいなかったのである。

一方、攻略側の日本軍はどうであったかと言えば、これはまことに慎重であった。

そもそも南京城を包囲しても、日本軍はすぐに攻撃をしなかった。その前に、籠城している国民政府軍に対して投降勧告を出し、彼らが拒否したのを確認してから攻撃したのだ。

また、南京攻略戦を前に松井石根《いわね》将軍は全軍に訓令を出した。内容としては、「日本軍が外国の首都に入城するのは史上初めてのことであるから、後世の模範となるような行動をするべし」ということで、軍規を徹底的に守れということが細かく書かれていた。

日本軍が南京攻略に当たって慎重を期したのは、当時の国際社会がみな日中の戦争に注目していたからである。蔣介石によって上海で多数の外国人居留民が殺されているのだから、なおさらである。

この当時、シナ大陸にはたくさんの外国人ジャーナリストがいた。彼らはけっして日本に同情的な人ばかりではない。もしここで少しでも日本軍の落ち度を報道されるようになれば、国際社会における日本の評判がさらに落ちてしまうであろう――松井将軍が全軍に軍規の徹底を呼び掛けたのは、そうした判断があったからだ。

さて、南京攻略は、昭和十二年十二月十日から始まった。最初、国民政府軍の抵抗は激しかったが、すでに述べたように、途中で唐生智将軍らが脱出してしまったこともあり、彼らの戦意は急速に衰え、日本軍は十三日には城内に入ることができた。正式に入城式が行なわれたのは十七日のことである。

突如出現した「南京大虐殺」説

ところが、このようにして行なわれた南京攻略戦に対して、敗戦後、突如として「南京大虐殺」という言いがかりがなされたのである。何と、この戦いで日本軍は三十万人のシナ人を殺したというのだ。

この〝大虐殺〟が最初に言われたのは、言うまでもなく東京裁判の法廷であった。東京裁判で主張された「南京大虐殺の真相」なるものは以下のとおりである。

①南京落城直後の数日で、非戦闘員の中国人が少なくとも一万二千人殺害された。
②占領後、一カ月の間に約二万の強姦事件が起こった。
③同じく六週間にわたって略奪・放火が続けられ、市内の三分の一が破壊された。
④降伏した中国兵捕虜三万人以上が殺された。
⑤占領後六週間で殺された一般人・捕虜の総数は二十万から三十万人に上る。

敗戦後これを聞かされた日本人の多くは、話を真に受けてしまった。戦時中の大本営発表がいかに出鱈目《でたらめ》であったかはすでに有名だったから、「こういうことがあってもおかしくない」と考えたのは無理もない。

じつは、私もその一人であった。しかし、時間が経つにつれて、「南京大虐殺」には不審なことが多すぎるのではないかと思うようになった。しかも、その思いは募る一方である。

そこで、なぜ私が南京大虐殺を疑うようになったか、その理由をいくつか紹介したいと思う。

なぜ戦後まで報道されなかったか

理由の第一としては、「かりに南京大虐殺が行なわれていたとしたら、なぜ日本人は戦後になるまでの長い間、誰も知らなかったのか」ということである。

これには二つの可能性が考えられる。一つは、徹底的な報道管制を敷いて報じさせなかったという可能性で、もう一つは、日本軍が虐殺の現場をいっさい隠して誰にも見せなかったという可能性である。

まず前者のほうだが、報道規制の可能性は限りなくゼロに近い。なぜなら、報道管制が行なわれるようになったのはもっと後になってからであり、当時は戦争報道に関してはほぼ自由であったからだ。

これは、南京入城に際して百人以上の記者やカメラマンが同行していることでも明らかであろう。この記者の中には、外国人ジャーナリスト五名も含まれている。また、多くの日本人ジャーナリストや作家が、陥落直後の南京を訪れて見聞記を書いている。大宅壮一《おおやそういち》、西条八十《さいじょうやそ》、草野心平《しんぺい》、杉山平助《へいすけ》、木村毅《き》、石川達三《たつぞう》、林芙美子《ふみこ》といった面々がそれだが、報道管制を敷くぐらいであれば、最初から彼らを入れなかったはずである。しかも、これらの人々が戦後、「南京虐殺見聞記」という本を書いたとか、あるいは大虐殺の証言をしたという事実もない。

また、戦後になって、日本の大新聞で「南京大虐殺の証拠写真」なるものが発表されたことがある。しかし、これらの写真はすべてインチキ、あるいは虐殺と何ら関係ないことが分かり、今では使われなくなった。それは累々《るいるい》と横たわる死体や、中国兵を日本兵が殺しているところを撮ったものであったが、よくよく調べてみたところ、中国兵が馬賊《ばぞく》を殺したときの写真であったり、あるいは戦後に作られた映画のトリック撮影であったのが判明したのである。

では次に、虐殺の現場を彼らに見せなかったという可能性は、どうであろうか。こちらも、ほとんど考えられないことである。

というのも、南京の面積は東京の世田谷区よりも小さく、鎌倉市と同じくらいである。この狭い地区の中で、十万人を超えるシナ人が虐殺されていれば、一人ぐらい「累々と積み上げられた死体を見た」とか、「虐殺の現場を見た」というジャーナリストや文学者がいてもいいはずである。いや、少なくとも死臭ぐらいは嗅《か》いでいるはずである。ところが、彼らは誰もそんなことを報告していないのである。

これは、いったい何を意味するのだろうか。

なぜ中国政府ですら抗議しなかったか

第二の理由としては、「かりに南京大虐殺があったとしたら、なぜ当時の国際社会で問題にならなかったのか」ということである。

百歩譲って、いかなる理由からか、日本人が戦前に大虐殺のことを知らずにいたとしても、外国人の口に戸は立てられない。しかも当時の国際社会は、日本軍のシナでの行動に批判的であった。すでに日本は国際連盟からも脱退しているのだ。

そのような時期に南京で民間人を虐殺していれば、これは非難の的になったはずである。当時の南京には多くの欧米人がいる。国民政府の首都に住んでいるくらいだから、みな反日的な立場の人である。また、シナ大陸にはロイター、AP、UPIといった大通信社や、新聞社の特派員たちが多数駐在している。

ところが実際には、当時の国際社会で「南京の暴虐」ということを正式のルートで非難する声は上がっていない。『ニューヨーク・タイムズ』やアメリカの地方紙の中には「大虐殺《マッサカー》があった」と伝える記事もあるが、その内容は逆立ちしても何十万人という数になるものではない。後述する便衣隊《べんいたい》（あるいは気の毒にもそれと間違われた市民）の処刑を見て、誤解したものと推定される。

私はかつて、アメリカ『タイム』誌の戦前のバックナンバーを全部調べたことがあるが、そこには一つとして、日本軍が南京で万単位の虐殺をしたというような話は書かれていない。私が見落としたとは思えないが、少なくとも私の目には止まらなかった。それどころか、南京での日本軍の占領政策を褒めているぐらいである。

何しろ、被害者であるはずの中華民国政府の代表さえ、国際連盟の議場で「南京虐殺」のことを取り上げなかった。日本軍による南京空爆の際、民家に落ちた爆弾があると言って国際連盟に訴えた中国政府が、南京大虐殺なるものについて抗議していないのはなぜか。また、中共軍にしても、負けた南京の中国軍を非難したことはあっても、日本軍を非難したことはない。さらに米英仏などの国から、公式に日本政府に抗議が寄せられたという事実もない。

ただ、ここで公平を期すために、英国『マンチェスター・ガーディアン』紙の特派員ハロルド・ティンパリーという人物が、南京陥落の半年後、『外国人の見た日本軍の暴行』なる本を書いたことを記さねばならない。

この本は事実上、唯一の「南京虐殺」の記録ということになっている。ところが問題は、この筆者が一度も南京に行かずにこの本を書いたということである。つまり、この本に書かれている話はすべて伝聞証拠であって、信頼性に欠けるのである。

戦場での話というのは、えてして尾鰭《おひれ》が付きやすいものである。しかも、シナは昔から「白髪三千丈」の国である。そのような伝聞を集めた本しか「南京虐殺」の証拠がないというのは、いかがなものであろうか。

いかにしたら「大虐殺」が可能だったたか

第三の理由としては、「かりに南京大虐殺があったとしたら、そのような大量虐殺は誰が命じ、いかにして行なわれたのか」ということである。

南京では二十万人から三十万人のシナ人が殺されたとされたわけだが、これだけの人間を殺すのは、その場の激情や思い付きでなしえるものではない。

昭和二十年三月十日の東京大空襲では、三百機のＢ29が一千六百六十五トンの焼夷弾を投下したわけだが、このときの死者は八万人強である。また、広島・長崎の原爆による死亡者は、およそ二十万人とされる。

この数字を見れば分かるように、もし世田谷区に満たない広さの地域で二十万人以上の人を殺そうとすれば、これは事前に入念な準備をして、そのための設備も用意せねばならないはずである。

ところが、現実はどうであったか。

すでに述べたように、南京攻略戦を前にして、松井将軍は全軍に軍規の徹底を呼び掛けているが、その訓令はまことに具体的なものであった。「外国の外交機関に接近してはいけない」とか、「たとえ不注意であっても、失火した者は厳罰に処す」といったことから、「南京城外にあった孫文《そんぶん》の墓（中山陵）や革命志士の墓（明考陵）に立ち入ることを禁ずる」というところにまで及んでいるのである。

敵側の人間の墓にまで近づくなという命令を出し、国際社会から後ろ指を指されまいとした司令官が、同時に大虐殺の計画までを用意していたとは、常識では考えられないことである。

それに当時の日本軍には、住民を二十万人も殺せるほどの弾丸の余裕などあるはずがない。いや、日本軍に限らず、鉄砲の弾というのは高価なもので、管理も厳しい。それをすでに占領している都市の住民を殺すために使用するというのは、〝経済的な理由〟から見ても許されるはずはないのである。

だからといって、「松井将軍の言うとおりに南京占領が進んだ」と言うつもりはない。どんな人間集団であっても、不心得者がいるのである。そのことは、入城式の十日後に出された通達文が示している。

「南京デ日本軍ノ不法行為ガアルトノ噂ダガ、入城式ノトキモ注意シタゴトク、日本軍ノ面目《めんぼく》ノタメニ断ジテ左様《さよう》ナコトアツテハナラヌ。コトニ朝香宮《あさかのみや》ガ司令官デアラレルカラ、イツソウ軍規風紀ヲ厳重ニシ、モシ不心得者ガアツタナラ厳重ニ処断シ、マタ被害者ニタイシテハ賠償マタハ現物返還ノ措置ヲ講ゼラレヨ」

これはたしかに、日本軍にも不法行為があったことを示す文章であるのは間違いない。だが、よくよく読んでみれば、大虐殺などなかったということが分かるはずである。

なぜなら、「不心得者があったら処罰せよ」というノンビリした言い方は、そういう人物が一千人も二千人もいたら、まず使わない表現である。もし組織的に虐殺を行なっている者がいたり、あるいは多くの日本兵が強姦や殺人を犯していたのであれば、「見つけたら処罰せよ」どころの騒ぎではなかろう。これは、ごく一部の兵士が不法行為をしていたからこそ出てきた表現である。また、現物返還とか賠償という言葉から察するに、松井将軍が主に問題にしているのは略奪行為のことだと思われる。

南京では一部の「不心得者」が軍規違反をやっていたにすぎないという事実が、はしなくも現われたのが、東京裁判でのマギー牧師の証言であった。

マギー牧師は、南京市内に作られた安全区を管理する国際委員会のメンバーであり、南京陥落後も、日本軍の行動を監視するということで南京市内での通行を自由に許されていた人である。だから東京裁判の検事団も、この人の証言を最も重視していた。ちなみに安全区というのは、非戦闘員を保護するために作られた地区のことで、ここには当時、二十万の市民が集まっていたとされる。

さて、東京裁判における「南京大虐殺」の審理は、マギー牧師らの証言を中心に進んでいったわけであるが、反対尋問になって弁護団から「では、あなたが実際に目撃した殺人は何件でしたか」と尋ねられると、正直にも「たった一人です」と答えているのである。

それまで彼は、虐殺の話を証言していたわけだが、それらはすべて伝聞に基づくものであったことが明らかになった。あれだけ行動の自由を持っていた人が、ただ一件しか殺人の現場を見ていないのである。しかも、彼が目撃したという殺人の状況は、次のようなものであった。南京市内を警備するために歩哨《ほしょう》に立っていた日本兵が、一人の中国人を誰何《すいか》した。「お前は何者か」と尋ねると、その中国人は突然逃げ出した。そこで、日本兵が中国人を背後から撃ったというのである。

はたして、これのどこが虐殺であろうか。そのころの南京市内は、中国の敗残兵が市民の衣服を奪い、それを着て隠れているような状況である。警戒態勢は続いている。そうしたところで、不審尋問をされて脱兎《だっと》のごとく逃げ出すものがいれば、これを撃つのは歩哨の義務である。現在でも、不審尋問を受けて逃げれば、日本以外の国の警察官であれば警告なしで撃つはずだ。

また、マギー牧師は強姦の現場を見たとも言っているが、それも実際には、日本兵と中国女性が一緒にいる場面を目撃したということであった。しかも、マギー牧師がやってきたら、日本兵は驚いて銃剣を忘れて逃げ出したというのである。

女性にいたずらをしかけたのを牧師に見つけられて逃げ出す日本兵のどこに、残虐な兵隊の姿があるだろう。逃げ出した兵隊は、軍規違反で処罰されることをひたすらに恐れていたのである。こんな兵隊たちが、はたして一般人を何十万人も虐殺していたのであろうか。

なぜ一カ月後に人口が五万人も増えたか

第四の理由として――これが最も不審なところであるが――、「かりに南京大虐殺があったとしたら、殺された二、三十万の人は、いったいどこにいたのか」ということである。

陥落前後、南京にいた一般市民の数については いろいろな記録があるが、最も信頼できる数は、安全区を管理していた国際安全委員会の発表であろう。この委員会の調査によれば、南京陥落直後の非戦闘員の総数は推定で二十万人。委員会は実際に市民の保護に当たっていたわけであるから、これはかなり正確な数字であろう。

一方、この南京を守備していた軍隊の数は、公文書によると五万人ということである。

つまり、南京に日本軍が迫る前にいた南京の人口は多くても二十五万人というわけで、東京裁判の検事団が言っている虐殺の数字は、南京にいたすべての人間を殺したと言っているに等しい。

この記録を見ても、十万人単位の虐殺が起こりえないことはただちに理解できるわけだが、さらに重要なのは、陥落から日が経つにつれ、南京の人口が増えているという事実である。陥落から一カ月後に、安全委員会の発表した南京の人口は二十五万人。すなわち、ひと月で五万人近くも増えたわけである。

これは南京の治安が回復したのを見て、それまで郊外に避難していた人が帰ってきたためである。当時の新聞報道を見ると、陥落後の復興は急ピッチであり、陥落から三週間が経った正月には電気や水道も回復したという。それどころか、南京落城の数日後には銭荘（両替屋）まで開店していたという。

東京裁判によると、虐殺は数週間にわたって続いたというが（二十万人以上の人を殺そうとすれば、そのくらいの時間は必要であろう）、それならなぜ南京に市民が戻ってきているのだろうか。これも理解に苦しむところである。

「大虐殺」説の〝種火〟の真相

さて、ここまで南京大虐殺についての不審点を、四つ紹介してきた。まだまだ他にも疑問点はいくつもあるが、田中正明《まさあき》氏や板倉由明《よしあき》氏、中村粲氏などの調査に譲ることにする。しかし、この四点だけを見ても、東京裁判の言うような虐殺は実際には存在しなかったと結論すべきではないか。

たしかに軍規の乱れはあったであろう。しかし、こうした散発的な不法行為を全部ひっくるめて「虐殺」ということはできない。虐殺というからには、やはり集団的かつ連続的に行なわれた大量殺人のことを指すのが、普通の言語感覚である。ある推定によれば（板倉由明氏）、南京で軍規違反によって起きた市民の殺傷は四十九件、傷害は四十四名であったとされるが、せいぜいこれが「南京大虐殺」の実態ではないか。

だが、その一方で、世の中には「火のないところに煙は立たず」という言葉があるのもたしかである。東京裁判では、虐殺という〝煙〟が棚びいた。それは実態のないものであったけれども、そのような話が作られるようになった〝種火《たねび》〟のごときものとは、いったい何であったのだろう。
それは、大きく分けて四つある。

中国兵の集団的不法行為

第一には、中国兵が集団的に行なった不法行為が、日本兵のせいにされたというケースである。

中国兵が戦場において不法行為を働くということについては、当時、国際的に〝定評〟があった。彼らが行くところでは略奪、放火さらには殺人が頻発し、そのため、中国の一般市民ですら恐怖感を抱いていた。

南京にいた中国兵が同種のことを働いたということについては、当時、南京にいた米国の副領事が、漢口《かんこう》の米国大使に送った報告に記されている。その一部を紹介しよう。

「しかしながら、ここで一言申し上げて置かねばならないのは、支那兵自身は日本軍入城前に掠奪をしなかったわけではないということです。最後の数日間は疑いもなく、彼らによって人間や財産に対して暴行がなされました。支那兵が大慌てで軍服を脱ぎ、平服に着替える最中には種々の事件が起き、その中には着物を奪うための殺人も行なわれたと聞いています。このような無秩序な時において、退却する軍人や一般人が計画的ではないにせよ、掠奪を働いたのは明らかです。（中略）このため、残留した住民には、日本人が来れば待望の秩序と統制が回復するだろう」と、日本人を歓迎する気分さえあったことは想像できるところです」（中村・前掲書。読者の便を考え、現代文に改めた）

実際、さまざまな当事者たちの証言によれば、日本軍入城後に火災が発生した例は皆無に近く、火事はすべて陥落前に起こったことだという。そもそも自分たちがこれから駐留しようという町を焼く馬鹿はいないであろう。

掃討戦も「虐殺」か

次に挙げられるのは、正規の戦闘で死んだ中国兵をも「虐殺」に含めたということである。もちろん、戦闘による死者のことを虐殺とすれば、それはあらゆる戦争が虐殺になってしまう。むろん、退却している兵隊を追撃して殺しても、これは虐殺ではない。

しかるに、戦後の「日中戦争」の専門家と称する人の中には、こうした死者をも虐殺の数字に含める人がいるのだから恐れ入る。とくに南京の戦闘では、陥落後も南京城外には多数の敗残兵がおり、日本軍は彼らの掃討に奔走した。むろん、敗残兵であっても投降すれば捕虜になるわけだが、降伏せずに日本軍を攻撃しようとした兵がいたのである。

南京虐殺の二十万とか三十万とかいう数字を挙げる人は、こうした〝敗残兵狩り〟で戦死した中国兵の数も計算に入れているようである。

投降兵を殺害したか

そして第三の可能性として考えられるのが、投降した中国兵を殺したということである。当時の日本軍は例によって補給に乏しかったので、南京で大量に投降者が発生したとき、非常な困難に陥った。彼らを収容する施設を作ったり、食事を与えることがむずかしかったのである。

といっても、彼らをことごとく殺したと即断してはいけない。ほとんどの場合、彼らを武装解除したのち、「お構いなし」ということで釈放した。中国の兵士は国民政府に対する忠誠心が薄いので、釈放されれば、多くのものは郷里に帰ったのである。

その一方で、殺された捕虜がいたのも事実である。

しかしそれは、いったん投降しておきながら、隙を見て日本兵に攻撃を加えようとした兵士を殺すというようなケースなのだ。南京では大量の投降兵が出たが、それを監督する日本兵が少ないため、不穏な動きを起こした投降兵に発砲するということはあった。このような場合、捕虜（正確には投降兵だが）であっても、殺すのは当時の常識から見て合法的なものであった。

もちろん、当時の国際法でも捕虜を殺したり、虐待してはならないということになっている。しかし、これは武装を解除され、正規の手続きを経て収容所に入れられた捕虜に対して当てはまることで、投降したからといって、ただちに保護されるということを意味しなかった。投降兵と、収容所に入れられた捕虜とは違うのだ。

その最たる例が、アメリカ軍が日本の投降兵に対して行なった措置である。

彼らは頭の痛い〝捕虜問題〟（正確に言えば投降兵問題）を解決するために、投降した人間を捕虜として収容せず、その場で殺してしまうという方法を考えついた。そのことは、リンドバーグの『戦時日記』（*The Wartime Journals of Charles A.Lindbergh*,1970）に明確に記されている。

リンドバーグは、ご存じのとおり、一九二七年（昭和二）に大西洋横断の単独無着陸飛行に史上初めて成功した人である。その時の回想録『翼よ、あれがパリの灯だ』は、ピューリッツァ賞を受賞している。彼は第二次世界大戦中、空軍の顧問として太平洋各地を回ったのだが、そのときの日記の中に再三にわたって書かれているのは、「アメリカ軍は日本兵を捕虜にしない」ということへの嘆きである。たとえば、タラワ島における一例を挙げてみよう（一九四四年八月三十日）。

「同校の士官は第一波が上陸に成功してから間もなく到着したのだが、海兵隊は日本軍の投降をめったに受け付けなかったそうである。激戦であった。わが方も将兵の損害が甚大であった。敵を悉《ことごと》く殺し、捕虜にしないというのが一般的な空気だった。捕虜をとった場合でも、一列に並べ、英語を話せる者はいないかと質問する。英語を話せる者は尋問を受けるために連行され、あとの連中は『一人も捕虜にされなかった』という」（新庄哲夫訳『リンドバーグ第二次大戦日記』下巻〈新潮社〉）

もちろん、捕虜にされなかった日本兵はみな殺しになったのである。南の島などで日本軍は玉砕したが、その中には降伏しながら殺された人が多数いたのだ。

リンドバーグは、日本兵の死体に対する扱いについても憤慨を隠さない。日本兵の死体から金歯を抜き取るとか、遺体を捨てた穴を埋めず、そのままゴミ捨て場にしたという話を、彼は書いている。

捕虜虐待の反日プロパガンダ

しかも、たとえ捕虜になって収容所に入れられても、その後の扱いが人道的であるという保証も実際にはなかった。

その最たる例は、ソ連に投降した日本人捕虜たちのことである。ソ連は、日本が降伏しても捕虜を帰還せしめなかったどころか、シベリアで強制労働をさせた。また、規模こそ小さいが、イギリスもソ連と同じように終戦後も日本兵を帰還させず、強制労働をさせていた。イギリスの例もソ連の例も、明白な捕虜虐待、しかも戦争終結後の虐待だから、さらに悪質である。

これは、ポツダム宣言に対する明確な違反行為である。日本が降伏したのは、連合国がポツダム宣言の条件を誠実に守ることを信じていたからだが、このポツダム宣言の第九項は、武装解除後、日本兵をすみやかに故国に帰すことを約束していた。その約束を破り、しかも捕虜をシベリアの荒野で非人道的に扱っておきながら、連合国は東京裁判で「日本軍は捕虜を虐待した」として関係者を処刑した。「勝てば官軍」とはよく言ったものである。

ついでながら、オーストラリアとの関係について、一言しておく必要がある。オーストラリアは日本に一方的に宣戦を布告しながら、戦争中の捕虜虐待を最も声高に言った国であるからだ。

平成七年二月十五日、同国のキーティング首相は戦没者追悼式典で、日本側の捕虜取扱いについては「怒りは消えない」と言い、次代を担う子どもたちにも「これを忘れるな」と繰り返した。しかし、昭和十九年（一九四四）八月五日、オーストラリアのカウラ市内にあった捕虜収容所から日本兵が脱走を企てたとき、オーストラリア兵は無差別に砲火を浴びせ、実に二百三十四人を射殺し、百八人に重軽傷を負わせたのである。

これに対して、長崎市にも戦時中、捕虜収容所があり、オーストラリア兵が収容されていた。アメリカが投下した原爆で収容所が破壊されると、捕虜たちは脱出し、市民の中に交じった。だが、家族や友人を原爆で失い、連合国憎しの極限状況下でさえも、日本人は何ら彼らに危害を加えなかったのである（『朝日新聞』平成七年三月十三日、「声」欄に寄せられた相田全民氏の投書、および同氏からの私信による）。

私の知っているオーストラリア人の教養ある人の中にも、捕虜の話になると興奮して日本を責める人がいる。読者の周囲にもいるかもしれない。そういう人たちには「あなたたちのほうがもっと酷《ひど》かったのだから、昔の話は止めましょう」と言ってやるべきである。彼らは自分たちのやったことには驚くほどに無知であり、しかも、日本人のやったことは、戦時中の反日プロパガンダがそっくりそのまま頭に入っているのである。

戦後の日本人に植えつけられた劣等感、あるいは「うしろめたさ」に捕虜虐待の問題がある。だが、そんなことばかりでもなかった例を一つ挙げておく。これは平成七年三月の『ロンドン・エコノミスト』(*The Economist*, March 11th - 17th, 1995, pp.4 - 9) に掲載されたサム・フォール氏(Sam Falle) の書簡からの引用である。

「……私の乗っていたイギリス駆逐艦エンカウンターは、一九四二年（昭和十七）三月一日、ジャワ海で沈められました。同じ時に撃沈されたものにイギリス艦エクスター、アメリカ駆逐艦ポープがあります。日本海軍は生残りの者を探して、櫛《くし》で掻《か》くように海上をくまなく捜し、事実、ほとんど全員を救助しました。助けられなかったのは、戦闘中に死んだ者ぐらいだったでしょう。われわれを救助してくれた日本の駆逐艦の上での取扱いは、極度に丁重であり、その艦長はわれわれを〝賓客《ひんきゃく》(honoured guests)〟として歓迎してくれたのです。（中略）私は終戦時まで捕虜でした（中略）私の言いたいのは、すべての日本人がサジストの化け物ではないということです。われわれは日本人を軽蔑しなかったし、日本人もわれわれを軽蔑しなかった。ある収容所では状況は捕虜にも看守（中略）にも同じく厳しく、日本兵もわれわれと同じく不幸であり、ホームシックに罹《かか》っていた。ひどい扱いを受けたのは、私が拘留されていた五つの収容所の一つだけだった。また、空腹だったが飢えたわけではない。二つの収容所では、図書

室の利用も許され、勉強もできました。人肉を食べることがなかったのは確かです……」（邦訳・渡部）

日本軍において捕虜の扱いの悪かった所は、日本軍自体にも食料がなくなっていた所や、ゲリラが多かった所が主であったと言ってもよいであろう。実際に悪かった所があったとしても、それは連合軍側の戦時プロパガンダで異常に拡大・誇張された話が、戦後になっても続いているというのが真相である。

話を戻せば、南京において日本軍が捕虜を殺したと言われるが、それは捕虜収容所に入れられる前の投降兵であり、連行中の不穏な動きに対する対応であり、充分理解できる。ところが、先にも述べたように、東京裁判において連合国は、自分たちの行為を棚に上げて日本軍を裁いた。これはどう見てもフェアではないし、むしろ彼らのほうが悪質なことをやっているのである。

便衣隊狩りをねじ曲げる

さて、「南京大虐殺」という〝煙〟が生み出された四番目の〝種火〟とは、便衣隊の存在である。この便衣隊を日本軍が処刑した事実がねじ曲げられ、あるいは誤解されて「一般人に対する虐殺」という話になったと考えられる。

シナ大陸における戦争において、日本軍が最初から最後まで悩まされたのが便衣隊《べんいたい》であった。これは、いわゆるゲリラ兵である。軍服を着用せず、一般人のなりをして日本の兵士や居留民を襲うのだ。

ベトナム戦争の映画を見ればただちに分かるだろうが、戦場においてゲリラから狙われることほど恐ろしいものはない。ようやく制圧したと思って村や町に入ると、建物の陰から鉄砲の弾が飛んでくる。「すわ敵兵か」と思って探しても、いるのは善良そうな顔をした人々だけ……。あるいは、かわいい少年少女だと思って油断していると、とつぜん懐《ふところ》から拳銃が出てきて撃ち殺されたり、爆弾を投げられたりする。

このようなことが繰り返されると、たちまち兵士は神経がおかしくなる。周囲にいる人がすべてゲリラに思え、あらゆる物陰に敵が潜んでいると思い込むようになるのだ。ベトナム戦争のとき、多くのアメリカ人兵士が戦場神経症になったのは、そのせいである。祖国に帰還しても後遺症が続き、正常な市民生活が送れない身体になったという悲惨な例は数え切れない。

また、これはゲリラ戦ではないが、平成七年、東京の地下鉄でサリン事件なるものが起きた。一般人の姿をしたテロリストが市民の中にいると知ったとき、日本人はみな恐怖におびえたではないか。

しかもゲリラ戦は、それをやったほうの国民も不幸にする。相手国の軍隊にしてみれば、誰が敵か区別ができないから、少しでも疑いがあれば殺すしかない。ベトナム戦争でもソンミ村の事件が起こったが、ゲリラ戦を始めると、無辜《むこ》の市民にまで犠牲が及ぶことになるのである。

だから、いかなる理由があってもゲリラはやるべきではないし、やった人を許してはならないというのが国際社会の常識なのである。

ハーグの陸戦に関する国際規約（一八九九年のハーグ平和会議で採択。一九〇七年、第二回ハーグ平和会議で改定）では、「交戦者」の要件を厳密に定めている。その重要な点は次の三つである。

①遠くからでも識別できる軍服を着ていること（市民の服装、つまり「便衣」は許されない）。
②武器は外から見えるように携行すること（たとえばピストルも体の外に吊《つ》るし、懐に入れない）。
③団体の場合は、かならず指揮者つまり責任者がいること（ばらばらの勝手な行動は許さない）。

この三点を守らずに武器などを持っている者は、山賊、海賊、野盗と見做してよいということになる。南京において犠牲者と呼ばれる人たちの多くはこの便衣兵であり、そうした活動を命じた蔣介石の責任は重い。便衣隊は捕虜になる資格がないのである。

そのことについて、畏友・日下公人《くさかきみんど》氏のご尊父の話がたいへん参考になるので、ここでぜひ紹介させていただきたい。

日下氏のご尊父は日本帝国の裁判官であったが、シンガポールが日本軍に占領され、昭南島《しょうなんとう》と呼ばれていた頃、そこに赴任され、全マレー半島における裁判の責任者となられた。そして、マレーで義勇軍となって日本軍と戦った華僑《かきょう》たち数百人に、死刑を宣告した。

日本が敗戦し、イギリス軍がシンガポールに再びやってきた時、日下判事は自分が裁かれることになった。

数百人の華僑を死刑にした日本人裁判官である。「死刑にならずとも有罪宣告されたはずだ」と読者は思われるであろう。しかし、日下判事は無罪であった。なぜかと言えば、死刑宣告を受けた華僑たちが、みなゲリラ活動をしていたからである。

そもそも日本軍がシンガポールに迫ってきたとき、シンガポールにいた華僑たちは、義勇軍を結成してイギリス軍を応援することを申し出た。ところが、この申し出をイギリス軍司令官のパーシバル中将は拒絶する。それどころか、「義勇軍など絶対にやってはならない」と禁じた。

それでも華僑の人たちは日本軍に立ち向かったのであるが、もちろん勝てるわけがなかった。たちまち、義勇軍は粉砕されたのだが、ここで生き残った華僑たちがやったのはゲリラ戦術であった。つまり、一般市民の姿をして日本軍に抵抗しようとしたのである。

これに対して日本軍は、徹底的なゲリラ掃討作戦を実施した。ゲリラとおぼしき人間は、ただちに逮捕する。抵抗すれば、その場で殺す。不審な動きをした者も、その場で殺すのである。

日下判事がマレー半島で裁いたのは、こうして捕らえられた華僑であったのである。その中でゲリラと認められた者には死刑を宣告し、証拠不充分のものは留置され、終戦とともに釈放された。

華僑たち数百人を死刑にした日下判事がイギリスによって無罪とされたのは、彼の行為が国際法的に合法であったからである。イギリスの裁判官も、日下判事のやった行為の意味が分かったのだ。つまり、前述のハーグ陸戦規則によって、ゲリラはその場で殺しても正当防衛であるし、捕まえてから殺害してもかまわないということを、イギリスの裁判官はよく知っていたのである。たとえ親英的な華僑であっても、ゲリラをやったのでは弁護のしようがないというわけである。

謝罪外交という国賊的行為

ところで、平成六年八月、村山富市《とみいち》首相と土井たか子衆議院議長がシンガポールを含む東南アジア地域を訪問した。いわゆる〝謝罪外交〟のためであったのは言うまでもないが、ここで見逃せないのは、彼らがシンガポールの「血債《けっさい》の塔」という慰霊碑に献花したという事実である。というのも、この慰霊碑が祀《まつ》っているのは、占領中に日本軍に殺された華僑たちであるからだ。

村山首相や土井議長は、慰霊碑に祀られている人々の多くがゲリラであったことを、ちゃんと認識していたのだろうか。おそらく、知らなかったであろう。身内を殺されたことをいまだに恨《うら》んでいる華僑系マスコミと、それを取り次ぐ日本の反日的マスコミに影響されて、「謝罪するのは悪いことではない」というぐらいの考えで献花したのではないだろうか。

死者の冥福を祈るために、献花することは構わない。だが、この人たちの死について謝罪したことは、二重の意味で犯罪的行為である。それは、敵味方双方を不幸にするゲリラ戦を肯定することであり、さらには華僑のゲリラと戦って死んでいった日本人兵士への侮辱である。

もう一度言うが、華僑ゲリラを処刑したことについては、イギリスの裁判官ですら、それを当然だと判断したのである。村山首相や土井議長がマレーシアやシンガポールに謝罪の旅をし、しかも「血債の塔」という慰霊碑に献花し、謝罪したのは、無知から出たことであったにしても、彼らの無知の深さは、国政の責任者として、ほとんど国賊的である。

蔣介石が犯した罪

南京に話を戻そう。

南京において陥落間近と悟った中国兵がやったのは、軍服を捨て、平服に着替えて〝便衣隊〟、つまりゲリラになることであった。彼らの多くは南京市内の安全区に逃げ込んで、隙あらば日本兵を襲おうとしたのだ。

南京に入城した日本軍も、そのことにすぐ気が付いた。南京の道路のあちこちに、脱ぎ捨てられた軍服が落ちている。また、非戦闘員ばかりであるはずの安全区に、多数の武器が隠されているのが発見された。ただちに、〝便衣隊狩り〟が行なわれることになったのは言うまでもない。

南京の日本軍も、当然ハーグ陸戦規定を知っているから便衣隊には容赦しなかった。実際、これによって多数の便衣隊を狩り出し、処刑したのである。

ところが、これが東京裁判では、「一般人に対する暴行」という話になったのである。あろうことか、「いったん軍装を脱いで安全区に入ったのであれば、それは民間人と見做すべきである」という屁理屈で、死者が水増しされた。また「便衣隊と間違って、無辜の市民を多数殺した」ということにされたのである。

これは、まったくの言いがかりである。もちろん、南京の市民の中には、便衣隊と間違えられ、不幸にも殺された人はいたかもしれない。おそらく、いたであろう。しかし、それはあくまでも遺憾な事故であって、これを組織的な「虐殺」と言うことは許されない。

しかも、そのことを責めるなら、まず便衣隊をさせた蔣介石の国民政府の責任を追及するのが筋というものではないか。蔣介石の国民政府が便衣隊を許したときから、無辜の市民が間違って殺されてしまうのは、目に見えていたことである。

ゲリラと一般市民をきれいに見分ける方法は、どこにもない。日本軍には「なるべく間違って殺さないようにしよう」という道しか残されていなかった。だから、絶対に蔣介石はゲリラをさせてはいけなかったのである。

さらに言えば、そもそも蔣介石は南京を死守すべきではなかった。松井将軍が降伏勧告を出し、開城を求めたときに、これに応じるべきであった。そうすれば、便衣隊などやらずに済んだはずである。

首都・南京を舞台に攻防戦をやることにした蔣介石の判断は、〝愚策〟と言われてもしかたがないことである。正常な判断力を持った指導者なら、首都攻防戦などはやらない。さっさとオープン・シティにしてしまう。

というのも、首都防衛戦は、一般市民の生命や財産をも巻き添えにするからである。たとえ防衛しきれたところで、市街は瓦礫《がれき》の山になり、都市機能は麻痺してしまうし、市民の犠牲も多い。流れ弾に当たったり、飢えて死んでしまう人がたくさん出るのは間違いない。それなら、あっさり敵に開放して、力を蓄えてから後日に奪還することにしたほうが、ずっと得策である。

たとえば、第二次世界大戦でドイツ軍がパリに迫ったときも、当時のフランスの指導者はさっさとパリを開放してしまった。そして連合軍が力を取り戻してパリに迫ったとき、ドイツ軍の司令官はパリをオープン・シティにして退却した。このおかげで、大戦中二度も占領されたのにパリの大部分は無傷であった。ヒトラーはパリに火をかけるよう命じたが、軍司令官は従わなかったのである。

また明治維新のときも、京から攻めこんできた官軍に対して、勝海舟《かつかいしゅう》は江戸を明け渡したではないか。これも今の言葉で言えば、江戸をオープン・シティにしたのである。

市民のことを考える指導者であれば、首都攻防などという悲惨な道は選ばない。ところが、蔣介石は南京をオープン・シティにしなかった。それはすなわち、「市民が何人死んでも、町がどれだけ破壊されようと構わない」ということに外ならない。

南京のことを問題にしたいのであれば、まず問われるべきは、南京防衛という最悪の選択肢を選んだ蔣介石自身の責任である。

南京大虐殺は幻だが、蔣介石が首都防衛戦をやることにしたのは紛《まぎ》れもない事実である。しかも、彼は戦闘が始まる前に、さっさと脱出してしまった。彼は、南京の町と市民を文字どおり「捨て石」にしたのである。これもまた正真正銘の事実である。

さらに南京死守を蔣介石に誓った唐生智将軍も、南京陥落前夜、部下を置去りにして、こっそりと逃げ出した。そのため、南京に残ったシナ兵たちは秩序ある降伏ができなくなった。これも事実である。

ところが、戦後五十余年間、日本のマスコミ人や歴史家たちは、蔣介石たちの責任には一言も触れず、南京大虐殺などという、ありもしないことを証明しようと躍起になってきた。それは日本人を侮辱するばかりか、歴史をも歪める背徳行為という以外にないのである。

原爆と無差別爆撃という大虐殺

結局のところ、東京裁判で突如として「南京大虐殺」の話が出てきたのは、日本も残虐行為を行なったという事実を連合国が欲していたからとしか思えない。

序章でも述べたように、東京裁判はまったく非文明的な裁判であった。そもそも国際法上、まったく根拠のない裁判であり、しかも勝者が検事と裁判官を兼ねるという裁判であった。これは、裁判の形式を借りた〝復讐の儀式〟にすぎない。

このようなイカサマ裁判をもっともらしく見せるために必要だったのが、「南京大虐殺」であったのではないか。誰の目から見ても人道に外れたことを日本軍がやっているとなれば、東京裁判で一方的に日本を裁くことも、正当化されると考えたのであろう。

しかも、もう一方の敗者であるドイツは、アウシュビッツなどでユダヤ人虐殺をやっていた。だから、ドイツと〝バランス〟を採るためにも、「何か大虐殺が必要だ」と思ったのではあるまいか。そこで、ありもしない大虐殺が騒ぎ立てられたというのが真相であろう。

実際、連合国の判断は見事に的中して、日本人ですら「南京で大虐殺をしたのだから裁かれてもしかたがない」と思うことになった。そして、その誤解は今でも続いている。

しかし、本当に残虐であったのは、日本と連合国のどちらであっただろう。

アメリカは原爆を広島と長崎に落とした。前者はウラニウム爆弾、後者はプルトニウム爆弾であり、二度も落としたのは実験のためであったろうとも言われている。

広島では十一万以上の人が死に、長崎では七万以上の人が死んだ。これらの人々のほとんどは、民間人である。もちろんアメリカは、原爆を落とせば、主として一般人が被害に遭《あ》うことを分かってやったのである。日本が降伏寸前であることも知っていた。遠からず日本が白旗を掲げるのを知っていながら、あえて原爆を落としたのは、一体、何のためであろう。これは、まさに虐殺のための虐殺に外ならないではないか。

また、アメリカ軍は日本の各都市を無差別爆撃した。昭和二十年(一九四五)三月十日の東京大空襲だけでも八万以上の一般人が殺された。これもまた、民間人の大量虐殺ではないか。

そのような国が東京裁判という〝復讐法廷〟を開き、そして、そこで「南京大虐殺」という根拠なき犯罪が主張されたという事実を、われわれは歴史の教訓として覚えておくべきだと思うのである。しかも、ニュールンベルク裁判ではナチス党員だけが裁かれたのに、東京裁判においては日本民族すべてが裁かれたのだ。

４　日本外交が犯した二つの大罪

チャーチルが描いたシナリオ「日米開戦」

蘆溝橋から始まったシナ事変（日華事変）はずるずると拡大していったが、その一方で、日本を取り巻く国際環境はますます悪化していった。気が付くと日本は、ＡＢＣＤ包囲陣に取り囲まれて、石油をはじめとする戦略物資がまったく入ってこなくなっていた。Ａはアメリカ、Ｂはイギリス（ブリテン）、Ｃはシナ（チャイナ）、Ｄはオランダ（ダッチ）である。オランダは今のインドネシアを植民地にしていた（当時、蘭領東印度諸島と言っていた）。

最近の研究によると、この包囲陣を画策《かくさく》したのは、どうやらイギリスのチャーチル首相であったようである。

第二次欧州大戦は一九三九年九月一日、ドイツのポーランド侵攻によって始まったわけだが、ドイツ軍の圧倒的な強さに、イギリスは風前の灯といったありさまであった。チャーチルが首相になったのも、連敗につぐ連敗でチェンバレンが政権を放り出したからであった。

このような状態を見てチャーチルが考えたのは、「イギリスを救うためには、この戦争にアメリカを引きずりこむしかない」ということであった。

だが、当時のアメリカは、とうてい参戦する見込みがない。というのも「第一次大戦のとき、連合国の一員として参戦したけれども、結局は何の見返りもなかったではないか。もうヨーロッパの戦争などごめんだ」という声が国民の間で圧倒的であったからだ。ルーズベルト自身、「絶対に参戦しない」という公約で大統領に当選している人である。

そこでチャーチルは、まず太平洋で日米戦争が起こるようにしむけるという迂回《うかい》作戦を採ることにした。アメリカが日本と戦争を始めれば、日本と同盟関係にあるドイツはアメリカと自動的に戦うことになる——それが、チャーチルのシナリオであった。

もちろん、放っておいても日米戦争が起こるわけではないし、アメリカが日本に宣戦布告するということもありえない。あるとすれば、日本がアメリカに戦争をしかけることしかない。そこでチャーチルは、アメリカやシナを説得して、ABCD包囲陣を作ったのである。

戦略物資(つまり近代工業に必要な物資)、中でも石油がなくなれば、日本は〝何か〟を始めるはずだと読んだチャーチルの計算は正しかった。一九四一年十二月八日、ついに日本は真珠湾攻撃を行なう。日米開戦であった。

マイナス・イメージは真珠湾に始まる

日米開戦は、このような経緯によって始まったことである。何も日本が好戦的だったり、侵略的だったから戦争を始めたのではない。むしろ、海軍などはギリギリまでアメリカと戦争はしたくなかったのである。

昭和天皇が終戦直後に側近に語られた記録が残されているが、それによると「この戦争の遠因はアメリカの移民禁止にあり、引き金になったのは石油禁輸だ」という趣旨のご発言がある（『昭和天皇独白録』文藝春秋）。これほど簡潔で明瞭な――疑う余地がない――史観は聞くこと稀《まれ》である。事実、ただでさえ世界経済がブロック化しているところに、石油まで入って来なくなっては、戦争を始めるしか選択肢は残されていなかったのである。

むろん、このような状態に追い詰められるようになった原因の一つには、軍の暴走を政府が押さえられないという憲法上の欠陥があったわけだが、それでも、東京裁判が言うような「戦争遂行の共同謀議」というような事実は、どこにもない。

東京裁判では、「狡猾《こうかつ》な日本の指導者が集まって、世界に戦争をしかける密議を凝《こ》らしていた」というような言われ方をした。そういうイメージは、今なお日本人の間にも強い。だが、当時の日本の状況は、何度も繰り返すように「共同謀議」どころの騒ぎではなかった。何せ海軍が対米戦争突入の研究を始めたのは石油禁輸の問題が出てからであり、真珠湾攻撃の図上演習は作戦開始の三カ月前からようやく始まったというありさまである。まさに〝泥縄式《どろなわしき》〟である。

それなのに今日でも日本のイメージが悪いのは、やはり真珠湾攻撃が〝スニーク・アタック〟(こっそり忍び足で近づいてやる、卑怯な攻撃)となってしまったことが、最も大きいであろう。日本が真珠湾を奇襲攻撃したというニュースは、それまで戦争に消極的だったアメリカ世論をいっぺんに変えてしまった。日本を叩き潰すことが一夜にして、アメリカ人にとって〝正義〟になったのである。今でも日米関係で何か問題が起こると、「やはり日本は油断がならない。真珠湾を忘れるな」という雰囲気になるのは、このときの記憶が生々しいからである。

「奇襲攻撃」にした外交官の大罪

いまだに真珠湾攻撃は日本にとってマイナスの要素になっているわけだが、これが最初から奇襲攻撃をするつもりで行なわれたのであれば、まだ諦めもつく。小狡《こずる》い日本人という悪評も甘受しよう。しかし、現実には日本はまったく奇襲攻撃をするつもりなどなかった。政府も連合艦隊も、ちゃんと開戦の通告をやってから真珠湾に最初の一発を落とそうと思っていたのである。

ところが、これは予定どおりに行なわれなかった。それは、すべてワシントンの日本大使館員の怠慢に由来する(以下の記述は徳岡孝夫「誰が一二月八日を国辱の日にしたか」『文藝春秋』昭和六十一年一月号によるところが多い。なお、この事実は私自身も、当時のことを知る外交官に聞いて確認した)。

真珠湾攻撃に当たって、海軍軍令部総長の永野修身《ながのおさみ》は宮中に参内《さんだい》し、昭和天皇に「戦争はすべて堂々とやって、どこからも非難を受けぬように注意いたします」と奏上した。また、連合艦隊をハワイ沖に送り出すに当たって、山本五十六《いそろく》長官は「くれぐれも騙し討ちにならぬよう」と念を押したという。

　このときの日本政府の計画では、開戦の三十分前にはアメリカ国務省のコーデル・ハル長官に国交断絶の通告を渡すことになっていたようである。

「たった三十分前では奇襲と同じではないか」という議論は成り立たない。というのも、この当時は、すでに開戦前夜のような状況が続いていた。すでに対日石油禁輸は実行されていたし、アメリカにある日本資産の凍結が行なわれていた。また、アメリカ側の事実上の最後通牒とも言うべき「ハル・ノート」が日本に渡されている。

　このような状況であるから、アメリカ側も「いつ日本は宣戦布告を出してくるのか」と待っていたのである。だから、日本が開戦の三十分前に断交通告を出してきても、彼らは驚かなかったはずである。もちろん、完全に合法的である。

　ところが、この予定は大幅に遅れ、実際には真珠湾攻撃から五十五分も経ってから、日本の野村・来栖《くるす》両大使がハル長官に通告書を渡すということになったのである。

　ルーズベルトは、日本側の失態を最大限に利用した。アメリカ国民のみならず、世界に向けて「日本は奇襲攻撃をしてから、のうのうと断交通知を持ってきた。これほど卑劣《ひれつ》で狡猾《こうかつ》で悪《あく》辣《らっ》なギャングは見たことがない」ということを印象づけたのだ。

このとき断交通知が遅れたことについては、戦後長い間「大使館員の不慣れなタイプのために予定が遅れたのだ」とされてきた。これは、当時の関係者が東京裁判でそのように証言したからであったが、真実はまったく違うのである。

開戦前日（ワシントン時間十二月六日）の午前中、外務省は野村大使に向けてパイロット・メッセージ（予告電報）を送った。「これから長文の外交文書を送る。それを後にあらためて通知する時刻にアメリカ側に手渡せるよう、万端《ばんたん》の準備をしておくように」という内容である。

何度も言うが、当時はすでに開戦前夜のごとき状況である。日米交渉の当事者であるワシントンの外交官たちは、そのことを充分知っていたはずである。

ところが、いったい何を血迷ったのか、この日本大使館の連中は一人残さず、夜になったら引き上げてしまったのである。すでに予告電報は届いているというのに、彼らは一人の当直も置かずに帰ってしまった。というのも、この日の夜（土曜日であった）、同僚の送別会が行なわれることになっていたのだ。彼らは、送別会を予告電報の重大性よりも優先させたのである。

さて、運命の十二月七日（ワシントン時間）、朝九時に海軍武官が大使館に出勤してみると、大使館の玄関には電報の束が突っ込まれていたという。外務省が予告していた、例の重大文書である。これを見た武官が「何か大事な電報ではないのか」と大使館員に連絡したので、ようやく担当者が飛んできたというから、何と情けないことか。同じ日本人として痛憤《つうふん》に耐えない。

しかも、彼らのミスはそれだけに留まらない。慌てて電報を解読して見ると、まさに内容は断交の通告である。しかも、この文書を現地時間の午後一時にアメリカに手渡せと書いてある。

大使館員が震え上がったのは言うまでもない。ところが、その緊張のせいか、あるいは前夜、当直も置かずに送別会をやったという罪の意識からか、電文をタイプで清書しようと思っても間違いの連続で、いっこうに捗《はかど》らない。そこで彼らがやったのは最悪の判断であった。ハル長官に電話して、「午後一時の約束を、もう一時間延ばしていただけないか」と頼んだのだ。

いったい、彼らは外交官でありながら、断交通知を何だと思っているのであろう。外務省は、「現地時間の午後一時に渡せ」と言っているのだ。それを独断で一時間も遅らせるとは、どういうつもりであろうか。

要するに彼らはエリートかもしれないが、機転が効かないのだ。「外交文書はタイプで清書しなければならない」という国際法など、どこにもない。タイプが間に合わなければ、手書きのまま持っていって、とにかく指定された午後一時に「これは断交の通知です」と言って渡すべきだったのだ。きれいな書面が必要なら、あとで持ってきますと、なぜ言えなかったのか。あるいは断交だけを口頭で伝え、あとで文章を渡してもよかったのだ。

現に、コーデル・ハルは戦後出版した回想録（*The Memoirs of Cordell Hull,* 1948）の中で、次のように書いているのだ。

「日本政府が午後一時に私に会うように訓令したのは、真珠湾攻撃の数分前に通告を私に手渡すつもりだったのだ。日本大使館は解読に手間どってまごまごしていた。だが野村は、この指定の時刻の重要性を知っていたのだから、たとえ通告の最初の数行しか出来上っていないにしても、あとは出来次第持ってくるように大使館員にまかせて、正一時に私に会いに来るべきだった」(訳文は『回想録』〈朝日新聞社〉昭和二十四年を用いた。原文を本章末尾に掲げた)

いやしくもワシントン大使館にいるような外交官といえば、昔も今も外務省の中では最もエリートのはずである。そのような人たちにして、この体《てい》たらくとは。

誰一人責任を取らなかった体質

しかも、これには後日談がある。

だいぶ昔の『タイム』誌で読んだのだが、あるとき、二人のオランダ海軍の軍人が正式な任官を前にして、生涯の誓いをしたという。それは、「どんなことがあっても、お互いのことを褒めあおう」ということであった。

閉鎖的な組織の中での出世の原則は、「同僚から足を引っ張られない」ということに尽きる。外部からの評価など関係ない。要は、仲間内での〝受け〟がいいかということが大事なのだ。この二人は誓いを守った。その結果、めでたく両人ともオランダ海軍のトップの座に就いたという。

この話と似たようなことが、開戦のとき一緒に送別会をやって大失敗をやらかしたワシントン駐在の外交官たちの中でもあったらしい。すなわち、「あの晩のことは、一生涯、誰も口にしない」という暗黙の掟《おきて》が出来あがったと見える。

その誓いは守られた。このときワシントンの大使館にいた人は、みな偉くなった。その中には戦後、外務次官になった人もいるし、国連大使になった人もいる。勲一等を天皇陛下からいただいた人もいる。

あの『昭和天皇独白録』を筆記した寺崎英成《ひでなり》という人は、あの晩、送別会の主役であった人物である。もちろん、断交通知が遅れたことについて、彼だけを責めるつもりはない。しかし、真珠湾攻撃がなぜスニーク・アタックと呼ばれるようになったのかは、当然知っていたはずである。ところが彼もまた、その真相を誰にも話さなかった。そして、話さないまま、天皇の御用掛《がかり》になった。

言うまでもないことだが、昭和天皇は最後まで日米開戦を望んでおられなかった。閣議が「開戦やむなし」という結論になったときも、「和平の可能性はないか」ということを重臣に何度も確認しておられたという。

このようなお考えであったから、天皇はきっと真珠湾攻撃がスニーク・アタックになったことを残念に思っておられたはずである。「暗号解読に予想外に手間取り」という言い訳を聞かされて、やむなく納得しておられたのだ。

ところが、その真相が違うことは、目の前にいる寺崎本人が誰よりもよく知っていたのである。何という皮肉な話であろうか。

もちろん、寺崎にしても、天皇に対して真相を隠しつづけることは苦痛であったと思う。それは、想像にかたくない。だが、やはり寺崎たち関係者は、事実を自ら公表すべきであったのだ。もし彼らがこのとき責任を感じて、ただちに辞表を提出し、その理由を世界に明らかにしておけば、「スニーク・アタック」という誤解が、これほどまでに広がることはなかった。

駐米大使をはじめ、当時の関係者たちがずらり並んで切腹して天皇と日本国民に詫びるということでもやっていたら——読者は笑うかもしれないが、明治の外交官であれば、そのくらいのことはやったであろう——、そのニュースは世界中を駆け巡り、真珠湾奇襲についての悪評は消えていたはずである。

「そうすれば、この間の戦争も、もっと早期に終わったかもしれない」というのは、かつて駐タイ大使であった岡崎久彦《ひさひこ》氏の意見である。この見方に私も賛成である。

アメリカにしても、もともとは広島・長崎に原爆を落とすところまで対日戦争に深入りする気はなかったはずである。彼らにしても、ある程度日本を叩いたら、さっさと有利な条件で講和をしたほうが得策だったはずである。

硫黄島の戦いでアメリカ軍は、それこそ島の形が変わるほど大量の砲弾を打ち込んだわけだが、それにもかかわらず、多数の犠牲者を出した。このとき、日本兵二万一千人を潰滅するために、アメリカ軍は三倍の兵力を投入した。軍事の常識からいえば、まさに万全の態勢と言っていい。ところが、いざ蓋《ふた》を開けてみると、アメリカ軍の死傷者は何と三万人近くにも上ったのである。

彼らにしてみれば「こんな割に合わない戦争はない」といったところであろう。たかだか二十平方キロしかない小島を制圧するのに、この始末である。これが日本本土上陸となったら、どれだけの被害が出るか分からない。

もし、この戦争が〝スニーク・アタック〟で始まっていなければ、彼らとて岡崎氏の言うごとく「早く手を打とう」と考えただろう。だが、現実にはアメリカの世論は反日ムード一色である。とても早期講和などと言い出せる状態ではない。戦争が真珠湾攻撃で始まったことは、アメリカの選択肢をも狭めたのである。

省益あって国益なし

あの不名誉な真珠湾攻撃から、すでに六十年が経過した。開戦時のワシントン大使館にいた人々は、ほとんどみな亡くなっている。しかし、私は今からでも遅くないから、彼らの名誉を外務省は公式に褫奪《ちだつ》すべきだと思っている。そして彼らがなぜそのような処分を受けたかを、全世界に発表すべきだとも思っている。

彼らに対して、私は何の個人的な恨みを持っていないが、それくらい、彼らのやったことは日本の国益を損なったし、今でも損ない続けている。日米間の交渉において、つねにアメリカのマスコミが日本を悪く言うのも、「日本は狭い国で、何をするか分からない」というイメージが根底にあるからだ。

だが外務省が、彼らの名誉毀奪をやる可能性はまったくゼロである。

私はこれまで、外務省に関係する人々に会うたびに、名誉毀奪のことを力説してきた。現職の外務大臣にお会いしたときにも、それを話したことがある。そうやっているうちにだんだん分かってきたのは、外務省にとっては〝国益〟よりも〝省益〟のほうがずっと大事なのだという事実である。

ある人は私に、こう説明してくれた。

「日本の外交官というのは、みんな親戚なんです。昔から、外交官になるような人は外国語ができなければなりません。そうなると、本当に外国語がうまいのは外国で育った子どもです。ところが、今日ならいざ知らず、ちょっと前までは外国で生まれ育つというのは、外交官の子ども以外にはあまりいない。それで結局、外交官の息子は外交官になり、外交官の娘は外交官に嫁《とつ》ぐということになりました。だから今や、外務省というのは親戚の寄り合いのようなものなのですよ」

もし、これが本当なら――おそらく本当であろう――、名誉毀奪は永遠に無理な話だ。いくらすでに死んでいるとはいえ、彼らにしてみれば親戚である。親戚の名誉を毀奪するわけがない。「日本の官庁には省益あって国益なし」とはよく言われることだが、外務省もまた例外ではなかったのである。

外務省が開戦当時の間違いを認めたのは、ようやく一九九四年になってからのことである。しかも、電文が明快でなかったの何だのとの弁解つきであった。

ハル・ノートを何と考えていたのか。石油禁輸の海軍に与える影響を何と考えていたのか。パイロット（予告）電報を何と考えていたのか。一時の手交時間を二時にした責任を何と考えていたのか。弁解の余地など、まったくないのだ。必要だったのは、戦後でもよかったから、切腹、しかも本当の切腹をすることであったのだ。

ついでに言っておけば、東京裁判でも日本が真珠湾攻撃を事前に通告する意思のあったことは認められている。しかし、日本に都合のよいことは世界の、否、日本人の知識にもなかなかなってくれないのだ。

日米交渉には致命的な判断ミスがある

日米開戦のことに話を戻せば、私は最近「そもそも日米交渉がああいう形で決裂することになったのは、日本外交のほうにも大きな判断ミスがあったのではないか」と考えるようになった。つまり、「当時の外交責任者たちは、アメリカという国の本質が分からずに日米交渉をやったのではないか」ということである。

彼らは一生懸命にアメリカ政府と外交交渉をやっていた。ルーズベルト大統領やハル長官を相手に、何とか打開の道はないかと探っていた。だが、彼らを交渉相手だと思ったところに、じつは日本外交の致命的な判断ミスがあったのだ。

これが、もし日本政府が直接アメリカ国民に日米和解を訴えかけていたら、そもそも戦争など起きなかった可能性は充分にあった。

私がそのようなことを考えるに至ったきっかけは、津本陽《よう》氏の小説『椿《つばき》と花水木《はなみずき》』を読んだことに始まる。第1章でも紹介したが、ジョン万次郎の生涯を書いた作品である。

アメリカで商船アカデミーを優秀な成績で卒業した万次郎は、さっそく捕鯨船に乗りこんで働くことになった。ところが、この最初の航海で船長がマリアナ近くで発狂してしまうのである。治療のため船長はマニラの病院に入れられるのだが、そこで問題になったのは、後任の船長を誰にするかということであった。

デイビス（船長）を病院へ送りとどけたあと、船員たちは今後の長い航海のあいだ、誰を船長に決めるか相談をはじめた。

エーキンがいう。

「俺たちが命を預けるキャプテンは、やはり選挙できめるのがいいと思うよ」

全員が同意して選挙がおこなわれた。皆が甲板に置かれた木桶《きおけ》のなかに一票ずつ入れた。

投票を終え、各自の指名を集計してみるとおどろくべき結果がでた。一等航海士エーキンと万次郎が同点で船長候補者にえらばれたのである。

万次郎は先輩のエーキンを船長とすべきだと主張した。

「わえはキャプテンにゃなれんちゃ。皆を差配《さはい》しよる人はエーキンよ。わえは二十一でエーキンは二十九じゃ。年齢《とし》からいうてん、貫目《かんめ》がちがうぜよ」

万次郎を支持する船員たちは、さっそく提案する。

「嵐のとき、俺たちの救い主になってくれたのはジョン・マンだ。マンを副船長にしよう」

「そうだ、それがいい。副船長なら一等航海士だぜ」

万次郎は大勢の支持を受け、副船長兼一等航海士となった。（前掲書・上巻）

かくして、ジョン万次郎は商船アカデミーを出たばかりの身であるのに、最初の航海でいきなり副船長に推挙されたのである。

この一節を読んだとき、私の頭に浮かんだのは「アメリカの〝ピープル〟というのは、日本で言えば農村社会でいう〝皆の衆〟なのだな」ということであった。

だいぶ前から何となく感じていたのは、アメリカ人がピープルという言葉を使うときと、イギリス人が同じ言葉を使うときでは、ちょっと語感が違うということであった。しかし、それがなんであるかは判然としなかった。ところが、この小説を読んで、すっきり分かったような気がしたのである。

もちろん、この小説には、〝ピープル〟という言葉は一語も書かれていない。しかし、万次郎が副船長に選ばれた話ほど、アメリカ人の〝ピープル〟の本質を示したエピソードはないように思う。

普通、辞書には〝ピープル〟の訳語として、「民衆、人民、大衆」というような言葉が羅列されている。これはイギリスの〝ピープル〟の訳としては正しいかもしれない。ところが、よく考えてみると、アメリカには〝人民〟などというものがあるわけはないのだ。

そもそも人民という言葉は、つねに支配者という言葉とワンセットになっている。たとえばイギリスの歴史は、国王・貴族と人民の関係史と言っても過言ではない。これに対してアメリカは、最初から国王や貴族などいない国である。そのような国で〝ピープル〟を翻訳するときに、人民と訳すのは本質的におかしいのである。

私が何となく感じていた、アメリカとイギリスの〝ピープル〟の違いとは、まさにそれなのである。だから、リンカーンの有名な〝Government of the people, by the people, for the people〟という言葉を、「人民の、人民による、人民のための政治」と訳すのは不適訳ということになる。

では、いったい何と訳すべきか。それは「皆の衆の、皆の衆による、皆の衆のための政治」と訳すほうが正確なのである。もっと砕《くだ》いて言えば、「みんなの、みんなによる、みんなのための政治をしよう」ということをリンカーンは言いたかったのだ。

みんなの、みんなによる、みんなのための政治をしよう——これこそが、アメリカ民主主義の本質である。

陪審員も〝皆の衆〟制度

考えてみれば、当然のことである。

アメリカ大陸に最初に移住したのは、プロテスタントの白人たちであった。彼らは自力で町を作り、市を作った。当然、そこには町長や市長がいなければならない。

では、誰が町長になるのか——〝皆の衆〟の中から選ぶしかないのである。また保安官も、裁判官も〝皆の衆〟の中から選ぶしかない。「あの人は正義感もあるし、法律にも明るいから判事になってもらおう」ということで、裁判官が任命されるのである。

万次郎にしても同じことである。彼らは船長を選ぶのでも、外から資格を持った人を呼ぶなどとは考えない。船長は〝皆の衆〟の中から選ぶのが当然だと思っているのだ。

また、アメリカの裁判が陪審員制度を採り入れることになったのも、この国の体質と大いに関係があるだろう。

陪審制度とは、単純に言ってしまえば「裁判官が有罪・無罪を決めてはいけない」という制度である。被告が有罪であるか否かは陪審員のみが決定できる。一方、裁判官の役目は、有罪と決まった被告にどんな刑を与えるかということだけである。つまり、裁判官は「法律の専門家」として法廷を指揮するにすぎないのだ。

この陪審制度の仕組みを、もう少し具体的に説明してみよう。

ある事件が起きて、裁判が行なわれることになった場合、まず始まるのは陪審員の選定である。陪審員は、そのコミュニティの選挙人名簿からアト・ランダムに十二人を選ぶことになっている。むろん、事件に関係しているような人は除外される。

この陪審員に選ばれても、今では忌避《きひ》する人が多いそうである。それはそうであろう。何日も拘束されるのに、日当は数ドルくらいしか出ない。だから陪審員に選ばれても、普通の勤め人はさまざまな理屈を付けて逃げるのだ。それで最近では陪審員は比較的時間の自由な学校の先生とか、主婦、あるいは失業中の人間というような人が多いと言う(だが、これも〝皆の衆〟の精神から見れば、そう悪いことではあるまい)。

さて、こうして選ばれた十二人が裁判所に呼ばれて、弁護側、検察側の言い分を聞く。ただし、外部の人の意見を聞いてはいけないし、新聞を読んでもいけない。つまり、法律のことなど考えなくていいから、日常の感覚で判断しろというわけである。裁判が一日以上にわたる場合は、少し離れたモーテルなどに宿泊となることもあるが、その際も新聞やテレビはなく、外部との電話も許されない。そして審理が終わったら、陪審員たちは別室に移って、有罪か無罪かを話し合うのである。

全員一致の評決が出たら、ふたたび法廷に戻って裁判官に結論を告げる。「無罪」となったら、ただちに被告は釈放される。「有罪」なら、裁判官が具体的な刑を決めるというのは、すでに述べたとおりである。

この陪審制度というのは、イギリス起源のものである。

最初は、「騎士たちの中で起こった揉《も》め事は騎士の間で片付ける」ということから、陪審員制度が始まった。つまり、国王が騎士に干渉してくるのを防ぐための制度であったわけである。まさに「国王と人民」の構図である。これがだんだんに広がって、陪審制度が定着したわけだが、その考えの底には「一人の裁判官はごまかせても、十二人のジェントルマンを欺《あざむ》くことはできまい」という常識がある。そのジェントルマンが、今では市民になっているわけである。

これがアメリカの体質にもすごく適《あ》ったというのは、やはり〝皆の衆〟で出来た国家であったからだろう。つまり、「殺人だろうが、強姦だろうが、法律の専門家の小むずかしい理屈で決めるのは嫌だ。われわれ〝皆の衆〟が常識で決めればいいではないか」ということから、アメリカで陪審制度が定着した。そう考えると、ひじょうに分かりやすいのである。

そして法律家のうち、被告を代表する者（弁護士）と州を代表する者（検事）が、市民の代表たる陪審を説得しようと努める。あくまでも有罪・無罪を決めるのは「皆の衆」の代表の陪審員なのである。このようにして、市民たちは主権在民ということを体験しているのだ。アメリカ映画の裁判シーンが面白いのはこのためである。

そして、これが〝公判第一主義〟の実体である。日本も建前では公判主義だが、実際には検事の調書（皆の衆は関与していない）が圧倒的な重要性を持っている。

アメリカ型民主主義の本質

アメリカは〝皆の衆〟の国である。〝人民〟の国ではない——こういう視点に立つと、いわゆる「アメリカ型民主主義」の本質も見えてくる。いや、正確に言えば「アメリカ型〝皆の衆〟主義」ということである。

われわれ日本人の目から見ると、アメリカの議員たちは極端に選挙民のことを気にする。日本の政治家も、地元に利益を誘導することは一生懸命やる。けれども、国家レベルの政策になると、これは選挙民とは離れた次元で決まることが多い。たいていは派閥や党の方針に従うということになるわけだが、選挙民のほうも、それが自然だと思って疑わない。これはヨーロッパでも似たようなところがある。

ところが、アメリカの場合、たとえば「ハイチに侵攻するか否か」、あるいは「堕胎を禁止すべきか」というような問題でも、政治家がまず気にするのは地元の意向である。

また、選挙民のほうでも、地元出身の議員が何をやっているかをつねにチェックしていて、少しでも気に食わないことをすると、どんどん電話をかけたり、手紙を書いたりして抗議する。

また、選挙のときの公約を破ったりしようものなら、大変な騒ぎになる。

なぜ、アメリカの政治家が選挙民のことに敏感なのかといえば、これも〝皆の衆〟の代表だからである。つまり国会議員といえども、それは〝皆の衆〟の中から、たまたま選ばれただけではないかということである。

日本人やヨーロッパ人の感覚としては、国会議員というと、何となく偉い人という感じがあるわけだが、アメリカでは〝皆の衆〟あっての議員なのである。だから、選挙民は議員にどんどん注文を付け、議員も〝皆の衆〟のことを気にするのである。

これは、〝皆の衆〟のほうが主人であって、議員は番頭のようなものだと思えば分かりやすいかもしれない。

昔の日本の商店では、実際に店を切り盛りするのは番頭の役目である。だが、実務をやっているからといって、番頭が偉いのではない。番頭といえども、店の主人の意向に逆らって商売はできない。それと同じように、アメリカの政治家はただの番頭だと思えばよい。だから、ご主人である選挙民の顔色をいつも窺《うかが》っているのである。

そこで、戦前の日米交渉のことを考えてみると、アメリカと談判決裂になったのは当然のことと言わざるをえない。というのも、日本側が交渉相手として話しているのは、ルーズベルト大統領やハル国務長官だからである。

われわれ日本人の感覚からすれば、大統領や長官が政治を動かしていると思いがちである。実際、日本なら首相や大臣が納得すれば、それで問題ない。だが、アメリカの場合、いくら政治家を説得しようと思っても、彼らが意見を変えるわけがない。なぜなら、大統領や長官はただの〝番頭〟であって、彼らを選んでくれた〝皆の衆〟に断わりなく方針を変えるわけにはいかないのだ。そんなことをやれば、選挙民たちは大騒ぎして、彼らを馘《くび》にしようとするであろう。

日本の政府には、そのあたりの事情が読めなかった。あくまでも大統領たちを説得すればいいと思ったのである。

今にして考えれば、日本の外交官たちが直接、〝皆の衆〟たるアメリカ国民に語りかけていたら、戦争を避ける道は充分にあったと思う。というのも、このときのルーズベルト大統領は「在任中に戦争を始めない」という公約で選ばれた人である。これはつまり、アメリカ国民の総意として、どことも戦争をしないということになっていたのだ。

アメリカにおいては公約は重い。政治家が勝手に公約を破ることは許されない。公約を変更するときは大変な仕事になる。公約は、選挙で選ばれたときに〝皆の衆〟と交わした契約書のようなものである。

といっても、このときのルーズベルトの本心は、イギリスをドイツから救うために何とか第二次大戦に参戦したいと考えていた。だが、公約としては「絶対に戦争を始めない」ということになっていたから、自分から戦争を始めるわけにはいかなかったのだ。

そこで、彼は国民には「日米間の和解の道を探る」と称して、実際には日本を追い詰めていくという複雑な戦略を採った。つまり、最初は日本に対して融和姿勢を見せながら、最後にハル・ノートという事実上の宣戦布告を突きつけることで、日本から戦争を起こさせるということにしたのである。

事実、ルーズベルトの戦略は見事に的中したわけだが、もし日本がアメリカという国は〝皆の衆〟主義なのだと見抜いていたら、彼の狡猾な作戦をひっくり返すことができたはずである。ハル・ノートが送られてきたときに記者会見をやればよかったのである。東京でやってもいいし、ワシントンでやってもいい。とにかく、アメリカの新聞記者を一堂に集めて、次のようなことを話せばよかった。

「ご存じのとおり、これまで日米間で現状打開の道を探ってきたわけだが、先日、かくのごとき無理な要求を満載した覚書（ハル・ノート）が、アメリカから突然、突きつけられた。これは実質的な国交断絶の書であって、日本としては遺憾きわまりない。アメリカ国民にぜひ分かってもらいたいが、日本は太平洋の平和を心から願っているし、妥協点を見付けたいと考えている」

もし、日本がこのように言っていれば、アメリカ国民はルーズベルトに対する監視を強めたであろう。そうなれば彼とても、いたずらに日米間の緊張を高め、日本を開戦に追い込むようなことはできなかったはずである。

ところが現実には、日本政府がアメリカ国民に直接話しかけることは、とうとうなかった。日本の外交官たちには、「外交交渉は密室で行なわれるもので、国民は関係ない」というセンスしかなかったからである。

蔣介石の巧妙的確な対米アプローチ

これに対して、シナの国民政府は、まことに巧みにアメリカ世論を誘導している。もともとシナ人は、夫婦喧嘩でも道に出て自分の言い分を喚《わめ》き合う社会だったという。こうした話を聞いて、武士的気質を持った戦前の日本人はシナ人を軽蔑したものである。夫婦の諍《いさか》いを路上で口論の形で行なって、集まった人に聞いてもらうなどというのは阿呆《あほう》のすることだと思った。だが、国際社会においては、自分たちに都合のいい主張を声高《こわだか》に宣伝するというシナ人の傾向は、まことに国益にかなう。「不言実行」の日本人から見ると、まことに嫌らしく思えたものだが、こと外交に関して言えば、これはシナ人のほうが正しいのである。

第一次大戦後に作られた国際連盟でも、国民政府はたびたび日本糾弾の演説をし、国際世論の同情を集め、日本のイメージはどんどん悪くなる一方であったと言ってよい。

そうしたシナ人の中でも、最も外交センスがあったのは蔣介石であった。日本と戦ううえで蔣介石が最大の外交目標にしていたのは、いかにしてアメリカを味方に引き入れるかということであった。

彼の判断は正しかった。日本にとって、ほんとうに厄介《やっかい》なのはアメリカだけなのである。イギリス、フランスは地理的に遠すぎるから、日本に圧力をかけることはできない。また、当時のソ連は太平洋に海軍を持っていないから、これも問題にならない。残るは太平洋に強力な艦隊を浮かべているアメリカしかない。しかもアメリカは、日露戦争以後はずっと日本に対して恐怖心と憎悪を抱いている。

そこで蔣介石が何をしたかといえば、まず宋美齢《そうびれい》という上海・浙江《せっこう》財閥の娘と結婚をする。そして昭和三年（一九二八）、アメリカ人牧師からキリスト教の洗礼を受けたのである。

この二つの持つ意味はまことに重要である。それはなぜか。

この当時のアメリカは、シナ大陸にたくさんのプロテスタント系の宣教師を送っていた。蔣介石が洗礼を受けた牧師も、その中の一人である。

私がアメリカで客員教授をしていた三十年ほど前にも、教会にはかならず募金箱が置いてあって、そこに「これこれの国で宣教している人のために寄付してください」ということが書かれていた。また、礼拝でも牧師がそういう宣教師たちの話をし、募金をするように呼びかけるのであった。

これは蔣介石が洗礼を受けたころも同じであっただろう。当時のアメリカ各地の教会には「シナの宣教師のために」と書かれた募金箱があったはずだし、また、牧師はシナで苦労しながら伝道する宣教師たちのことを説教壇から話したはずである。

教会というのは、言ってみれば民間の外交団である。しかも、そこには毎週、多くのアメリカ市民が行く。そこでしょっちゅうシナの話が出れば、彼らの関心がシナ大陸に向くのは当然であろう。

そういう状況で、シナの代表的指導者である蔣介石がプロテスタントの洗礼を受けたと聞けば、アメリカ中の信者はみな彼のことに親近感を覚える。しかも、彼の妻である宋美齢は九歳からアメリカに留学して、名門女子大のウェルズリー・カレッジを卒業した女性である。もちろん、彼女もプロテスタントの信者である。そうしたこともアメリカ人の耳には自然と入るのである。

こうして、蔣介石は「異教徒の日本人と戦う敬虔《けいけん》なるクリスチャン指導者」というパブリック・イメージを作り上げた。彼は宋美齢をアメリカに派遣し、各地で「日本の悪行」を涙ながらに訴えさせた。九歳でアメリカに渡り、アメリカの教会で洗礼を受けた可憐《かれん》な東洋女性が、流暢《りゅうちょう》な英語を駆使し、泣いて訴えているのを見れば、たいていのアメリカ人はシナに同情し、日本を憎むようになる。ステンド・グラスに宋美齢の似顔絵を入れた教会があったほど、彼女の影響は大きかった。

このようにして〝皆の衆〟の同情を集めているシナに対して、日本が対米外交で勝てるわけはない。

当時の日本のエリート外交官たちは、ワシントンの政府高官を相手に活動していればいいと信じていた。エリートどうしで話し合えば、日米関係は変わると思っていた。だが、宋美齢が涙ながらに全米各地で講演をしていた時点で、日本外交の敗北は決まっていたのである。〝皆の衆〟が「シナを援助し、日本を叩け」と言えば、そのとおりにワシントンの番頭たちは動くのだ。

いまだに教訓を学ばない対米外交

あれから半世紀以上経ったが、日本外交はあまり進歩していないように見える。それは、日本の首相や大臣がアメリカに行って記者会見で何を話しているかを聞けば、ただちに分かることである。

たとえば、平成六年二月に当時の細川首相が、日米貿易摩擦問題を話し合うため、ホワイト・ハウスでクリントン大統領と会談をした。これは結局、物別れに終わったのだが、問題はそのあとの記者会見である。

このとき彼が話したのは、言ってみれば専門用語の連発であった。彼は「数値目標は規制緩和に反し、管理貿易につながる」というような趣旨のことを話していたが、ただちにその意味を理解できたのは、その場にいたジャーナリストぐらいのものであろう。おそらく、記者会見のようすをテレビで見ていた一般のアメリカ人は、彼がいったい何を言いたいのかピンと来なかったはずである。第一、管理貿易《マネージド・トレード》という言葉自体、日常の生活に出てこない単語である。

日本ならいざ知らず、アメリカでは〝皆の衆〟の誰が聞いても分かるような言い方をしないと、記者会見をやる意味がない。ワシントンやニューヨークのエリート記者たちが同情してくれても、対日政策はピクリとも動かないであろう。

この場合だと「クリントン大統領は日本に対して、かくかくしかじかの目標額に達するまで、アメリカ製品を輸入せよとおっしゃいました。しかし、それは日本政府が国民に、むりやりアメリカ製品を買わせろということです。日本は自由主義の国です。そんな共産主義のようなことはできません」と訴えるべきなのである。こう言えば、多くのアメリカ人は、自国の政府が何かひどいことを日本に要求していると感じるであろう。

さらに時間があるならば、次のように説明すれば、もっとアメリカ人は日本に同情を覚えるであろう（以下のデータは、経済評論家唐津《からつ》一《はじめ》氏のご教示による）。

「それに、アメリカ政府は『日本人はもっとアメリカ製品を買うべきだ』とおっしゃいますが、すでに日本人は充分にアメリカ製品を買っているのです。

一人当たりの年間輸入量で見れば、日本人は平均四百四十五ドルのアメリカ製品を買っています。これに対して、アメリカ人は四百十五ドルの日本製品を買っているにすぎません。つまり、日本人のほうがアメリカ人よりも三十ドル多く使っているわけです。

それでもアメリカの対日赤字が減らないのは、日本の人口がアメリカの半分しかないからです。もし、この五兆円の赤字をも消せというのであれば、これは日本人が一人当たりにして、アメリカ人一人当たりの倍額のアメリカ製品を買わねばならないということになります。

アメリカ国民の皆さん。これは、はたしてフェアな要求でしょうか。人口が少ないというだけで、日本はなぜこのような目に遭わねばならないのでしょうか」

ここまで言えば、いかなるアメリカ人も「対日赤字解消の要求はアンフェアだ」と思うはずである。人口の多い国が少ない国をいじめているというイメージは、アメリカ人には強烈に作用するであろう。せっかくの記者会見なのだ。細川首相は、このような表現でアメリカの〝皆の衆〟に語りかけるべきだった。

こういうことを続ければ、アメリカの〝皆の衆〟の間に「日本叩きを控えよう」という雰囲気が絶対に出てくるはずである。そうなれば、アメリカの通商代表部の役人たちの顔も、がらっと変わってくるのだ。

だが、そんなことをいっさいやらずにワシントンの役人のご機嫌を取ろうというのが、日本の政治家や官僚である。あくまでも、天下国家の問題はエリートどうしの交渉で片が付くと思っている。しかし、何度も言うように、それではアメリカという国は動かないのである。

そこで私がぜひ提案したいのは、対米外交については二人の大使を作るということである。一方は従来のままの外交スタイルである。ワシントンを中心に、主に政府関係者を相手に活動する。条約の処理や、さまざまな事務手続きなどは、これは専門の外交官でなければ務まらぬ仕事である。

だが、それだけでは不充分なので、もう一人の大使を作る。それは、かつて宋美齢がやったように、アメリカの国民、つまり〝皆の衆〟に向けて直接訴えかけるということである。

これは外交官というプロではなく、アメリカ人にとってパブリック・イメージのいい人にお願いするのである。つまり、アメリカで最も人気があり、信頼のある日本人に、その人ならアメリカ人も話を聞く気になるような人物に、「日本の言い分」を、テレビや新聞で語ってもらう。それは数字や専門用語が並ぶような話であってはならない。多少、大雑把《おおざっぱ》な話でいいから、誰にでも分かる比喩《ひゆ》を使って、「日本はアメリカに敵意を持っていない。あなたたちと協調していきたいんだ」ということを訴えてもらうのである。

そうやって少しずつでも〝皆の衆〟の反日感情を和《やわ》らげていくことこそが、ワシントンでの外交にも繋がってくると思われる。

振り返ってみれば、戦前の日本もアメリカ人の共感を呼ぶような材料は一杯あったのだ。不況に苦しむ農民の写真でもよかった。あるいは通州事件で残虐な殺され方をした日本人居留民の話でもよかったのだ。

今でも残念に思うのだが、通州における残虐な現場に、どうして欧米の新聞記者やカメラマンを招かなかったのだろう。彼らはプロであり、ニュース・バリューのあるネタなら地の涯《はて》まで行く。日本は軍用機を出してでも連れて行くべきだったのだ。世界中の同情は翕然《きゅうぜん》として日本に集まり、シナ事変（日華事変）が不要になった可能性も大きいのである。

そうして直接アメリカ人に伝えていれば、あれほどの反日感情は生まれなかったし、石油を全部ストップしてしまうという乱暴なことも起こらなかったのではないか。

しかし、実際にはシナ事変のあたりから、日本ではそういった外交センスがまったく失われていった。社会主義的な官僚がどんどんどんどん力を増していったからである。

エリートだけで国家を運営すると、相手国の〝皆の衆〟が念頭から薄れ、ものごとはみな悪いほう悪いほうへと進むのである。

【ハル回想録原文】"His Government's intention, in instructing him to ask for the meeting at one o'clock, had been to give us their note a few minutes in advance of the attack at Pearl Harbor. Nomura's Embassy had bungled this by its delay in decoding. Nevertheless, knowing the importance of a dead line set for a specific hour, Nomura should have come to see me precisely at one o'clock, even though he had in his hand only the first few lines of his note, leaving instructions with the Embassy to bring him the remainder as it became ready." (*The Memoirs of Cordell Hull*, p.1097)

人種差別の世界を叩き潰した日本

——あとがきに代えて

アジアを解放した大東亜戦争

今日、マスコミなどでは、アメリカなど連合国との戦争を「太平洋戦争」と呼んでいるが、当時、日本人はそれを「大東亜戦争」と言っていた。

日本は何も太平洋だけで戦ったのでなく、シナ大陸や東南アジアにおいても戦ったわけだから、「太平洋戦争」という言い方は事実を伝えていない。そもそも、この名称は戦後、GHQがプレス・コードを作って言論規制を行なった結果、使われるようになったものであるから、素性《すじょう》のいいものではないのだ。

では、なぜ「大東亜戦争」という名称が用いられていたかといえば、これは国際経済のブロック化やABCD包囲陣によって、日本の存続が危機に晒《さら》されていたことに由来する。

何せ、石油までが止められているのだ。そのままでいれば、艦船一隻も動かせなくなるのは目に見えていた。これでは、国を守るという最低限のことすら不可能になってしまう。どの国からの輸入もできないのであれば、日本は日本なりの生き残り戦術を行なうしかない。そこで「大東亜共栄圏」というアイデアが作られた。これは、東アジア全体を欧米の支配から切り離してもやっていける経済圏にするという意味であった。

このような事情であるから、先の戦争は、侵略というよりも、むしろ自衛のための戦いと言ったほうが現実を反映している。それは、第2章で述べたように、あのマッカーサーですら認めたことなのである。

しかも東南アジアにおいて、日本はその地を〝侵略〟したわけではなく、白人に支配されている状況から解放しようとした。その意味では、白人支配からの解放戦争でもあった。

実際に、戦時中に独立まで達成できたのはフィリピンとビルマ（ミャンマー）だけであったが、その他の地域についても、民族自決の国家を作ろうとしたのは明確なことである。もとより軍事力を用いた解放であったが、当時、東南アジアの植民地を解放しようと思えば、それ以外に方法はなかったのである。

そのことは、敗戦後、日本の捕虜をインドネシアの兵隊がまことに大切に扱ってくれたことや、東南アジアで戦った今村均《ひとし》将軍が敗戦後、ジャワ島に連行されたとき、現地の人々が「独立の歌」を歌って歓迎してくれたことでも分かるであろう。

これに対して日本が負けたあと、連合国はいったい東南アジアに対して何をやったか。イギリスもオランダもフランスも、日本が解放した地域を、軍事力を用いて再び植民地にしようとした。白人たちが東南アジアを利権の対象としか見ていなかったことは、この一事からも明確である。

だがが、白人たちの支配は長くは続かなかった。東南アジアに進出した日本は、現地の独立運動を支援した。そのときの民族主義者たちが、再び戻ってきた白人たちに対して頑強な抵抗を示したからである。一度、独立を経験した人たちが、「もう二度と昔の姿には戻りたくない」と思うのは当たり前の話である。

そうして東南アジア諸国は続々と独立を実現し、植民地はまったく消えうせた。日本の念願が、ついに叶《かな》ったのである。

シンガポールの日本占領の記録であるノエル・バーバーの『不吉な黄昏《たそがれ》』（原田榮一訳、中公文庫）も、その最終ページには次のように書かざるをえなかった。

「〝あらゆる禍《わざわい》の後に福が来る〟の喩《たと》え通り、白人至上の伝説を打破して、アジア全域を究極の独立に導く一連の事件の動機となったのは、日本軍の戦勝なのだから、今やシンガポールを自らの国とするアジア人たちは、皮肉なことだが、日本軍へある程度は感謝すべきである。（中略）白人基地《トアン・バザール》を取り巻く畏敬の念と神秘的な雰囲気は永久に失われてしまった（後略）」

しかも、戦後急速に復興した日本からの進出企業が活躍したことで、東南アジアは栄え、今や日本にとって東南アジア諸国との貿易量は、アメリカとの貿易量とほぼ同じになった。今後は、アメリカよりも東南アジアのほうが、日本にとって重要な貿易相手となるであろう。

これは戦前の状態から考えると夢のような状況である。戦前の日本は、アメリカやイギリスからの貿易を止められ、東南アジアからの輸入も白人によって止められ、窒息《ちっそく》寸前の状態になった。しかし、今やそんなことは起こりえない。東南アジアの諸国とわれわれは自由貿易をしていて、それを塞《せ》き止めるような勢力はいない。

もし、現在のような状況が戦前にあったなら、日本はあの大戦争をしなくてもよかったのである。そう考えると、時代の変化に感無量の思いである。

英霊たちの念願の実現

一言で言えば、戦前の日本は昭和五年（一九三〇）のアメリカのホーリー・スムート法、その二年後に続いたイギリス経済圏のブロック化によって、経済的な脅威を受けた。これはいずれも、日本からの品物を「買わないよ」ということで、高率関税を課したものであった。当時の日本は、これに耐える工夫をし、かつ満洲に活路を求めて苦境を凌《しの》いだ。

さらに、アメリカは昭和十四年（一九三九）に通商航海条約の破棄を通告し、イギリスやオランダも二年後、これに続いた。これは日本に対して重要資源を「売らないよ」ということであった。

「買わないよ」にはよく耐えた日本だが、「売らないよ」には参った。日本は、羊毛、綿、マニラ麻（ビニール時代の前のことだ）から始まって、鉄、錫《すず》、アルミニウム、ゴムなど近代産業の柱になる物資を決定的に欠いているうえに、さらに致命的なことに石油がなかった。

アメリカのルーズベルト大統領とイギリスのチャーチル首相が相談し、オランダに言うことを聞かせれば、日本に石油は入らないのだ。イラン、アラブ諸国、マレー半島、北ボルネオ（ブルネイ）はイギリスの支配下にあり、インドネシアはオランダの植民地であった。

日本に「売らないよ」と言えば、重要物資は何も入らなくなる。石油の備蓄半年分（七ヵ月説もある）ぐらいのところで、日本は戦争に突入した。手持ちの石油のあるうちに戦わねばならないというのが、日本海軍の宿命だったのである。

ところが今の日本は「売らないよ」という政策に脅迫されることはない。それというのも、アラブ諸国もアジア諸国も、みな日本に「売りたい」のである。なぜか。みな独立国になったからである。

日本はアジアを白人植民地から解放するための戦争をしたとか、資源が欲しいから侵略したとかいう、動機論に入る必要はない。ここでは、結果論で充分である。結果として、全アジア、そして全世界が独立し、その波はアメリカの黒人の市民権獲得運動にまでおよんだ。これは厳然たる結果である。

この結果のゆえに、今の日本は「売らないよ」という、日本にとって最も恐ろしい状況を免れている。日本製品を「買わないよ」というのには、戦前の日本——技術も金融も、相対的にも絶対的にもずっと劣っていた日本——でも対応できた。現在の世界では、日本製品を「買わない」と言われても恐ろしくはない。そして、唯一怖かった「売らないよ」は問題でなくなった。日本はこの種の脅迫に膝を屈する必要はなくなったのである。

日米貿易摩擦があっても日本人が呑気《のんき》なのは、そのためであろう。戦前「売らないよ」で締め上げられたころの重苦しさを知っている世代としては、じつにありがたい状況である。

このありがたい状況が、どうして生じたかといえば、この前の戦争で戦い、かつ戦死された方々のおかげである。

戦死者は、戦後は一時、犬死《いぬじに》のように見られたことがあった。しかし、そんなことはない。あの人たちの念願どおりに、日本は大丈夫な国になったのである。

大東亜戦争は約一千三百五十日。そこで戦死された方々は「売らないよ」でじわじわと締め上げられた日本で成長されたので、その首を締められた祖国を救うために特攻にも参加されたのである。

「靖國《やすくに》の英霊たちよ、御身《おんみ》たちの死はけっして犬死ではなかったぞ」と報告したい。

驕らず、恥じず、共存共栄の道

しかし、だからといって、東南アジアに対して、われわれが恩人面《づら》をする必要はない。戦前の日本は植民地解放をやった。しかしそれは、白人のブロック経済に対抗するため、自給自足の経済圏を作るという目的もあったからである。だから、東南アジアに対して、日本人は恥じる必要もなければ、驕《おご》る必要もないというところが常識的な線であろう。ただそれでも、日本の存在がなければ、現在のような東南アジアの状況は出現しなかったというのは、間違いない事実として残る。

明治維新以来、日本は「有色人種でも近代国家を作りうる」ということを身をもって実践し、彼らの国作りのモデルとなった。戦後はかつて日本であった韓国も台湾も目覚ましい経済成長を遂げ、また日本企業が東南アジアに進出して工場を作り、モノづくりのノウハウも伝えてきた。だから、われわれは教師が教え子を見るような心持ちで東南アジアを見ておればいいのである。

私自身、教える立場にある人間だが、学問であれ、実業であれ、それぞれの道で教え子が成功しているのを見れば、それはそれは嬉しいものである。

もちろん、教え子のほうは教師に対して、いろいろ言い分はあるし、恨《うら》みもあるだろう。叱《しか》ったことも殴《なぐ》ったこともある教師は、教え子に感謝の言葉を強要するわけにはいかないのも知っている。

日本と東南アジアの関係も、そのようなものである。われわれは教師として、満足しつつ東南アジアの繁栄を眺め、共存共栄の道を拓《ひら》いていけばよいのである。

本書は、二〇〇八年十月に小社から出版された
『渡部昇一の昭和史㊣改訂版』の新装版です。

渡部昇一（わたなべ・しょういち）

上智大学名誉教授。英語学者。文明批評家。昭和５年（1930年）、山形県鶴岡市生まれ。上智大学大学院修士課程修了後、独ミュンスター大学、英オクスフォード大学に留学。Dr. phil., Dr. phil. h.c.（英語学）。第24回エッセイストクラブ賞、第1回正論大賞受賞。
著書に『英文法史』などの専門書のほか、『知的生活の方法』（講談社）、『「日本の歴史」①～⑦』『読む年表 日本の歴史』『渡部昇一 青春の読書』『古事記の読み方』『万葉集のこころ　日本語のこころ』『だから、論語を学ぶ』（ワック）などの話題作やベストセラーが多数ある。2017年4月逝去。

渡部昇一《わたなべしょういち》の昭和史《しょうわし》㊣《せい》 新装版《しんそうばん》

2021年４月20日　初版発行

著　者　渡部 昇一

発行者　鈴木 隆一

発行所　ワック株式会社
東京都千代田区五番町 4-5　五番町コスモビル　〒102-0076
電話　03-5226-7622
http://web-wac.co.jp/

印刷製本　大日本印刷株式会社

ISBN978-4-89831-838-6